SUJETS DE PÉDAGOGIE
ET D'ÉDUCATION

N. 349

SUJETS
DE PÉDAGOGIE
ET D'ÉDUCATION

EXTRAITS DE

LA COMPOSITION FRANÇAISE

AUX DIVERS EXAMENS

---

60 SUJETS AVEC 330 TEXTES DE SUJETS ANALOGUES

PAR

UNE RÉUNION DE PROFESSEURS

TOURS	PARIS
MAISON A. MAME ET FILS	**J. DE GIGORD**
IMPRIMEURS-ÉDITEURS	RUE CASSETTE, 15

ET CHEZ LES PRINCIPAUX LIBRAIRES

1920

PRÉFACE

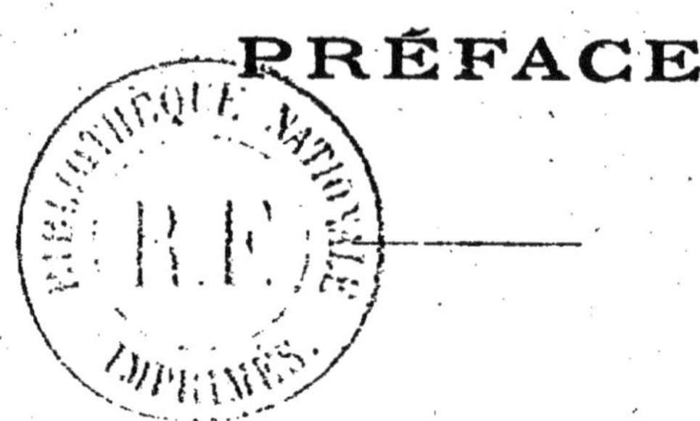

Une réforme de l'examen du brevet élémentaire et du concours d'admission aux écoles normales primaires a été établie par le décret du 20 juillet, l'arrêté du 5 août et la circulaire du 7 décembre 1915, dans le but d'élever l'examen du brevet au niveau normal du concours. La circulaire ministérielle du 1er mai 1917 complète cette réforme en unifiant les épreuves du brevet et du concours, et prescrivant de donner de plus en plus à ces épreuves le caractère professionnel des écoles normales primaires.

« Sous prétexte d'unifier les deux examens, dit cette circulaire, on a cru parfois devoir emprunter tous les sujets au répertoire traditionnel du brevet élémentaire. » C'est l'inverse qu'il faut faire : c'est dans le répertoire du concours des écoles normales qu'il faut puiser. N'oublions pas que, comme le concours, le brevet ouvre la carrière de l'enseignement, et que l'on ne saurait se montrer trop exigeant pour ceux qui réclament le droit d'instruire les jeunes Français.

« De même, à l'oral, on prendra des dispositions pour que les épreuves permettent d'apprécier, au brevet comme

au concours, « la capacité » pédagogique des candidats. Ce
sont de futurs instituteurs : il s'agit moins de chercher à
mettre leur mémoire en défaut que de voir s'ils sont
capables de faire une courte leçon ; on ne les interrogera
pas à l'improviste, on leur accordera quelques minutes de
préparation. Pour l'épreuve scientifique, on mettra entre
leurs mains les appareils simples, les produits usuels, les
êtres vivants, tout ce qu'ils auront à montrer à leurs élèves
pour rendre leur enseignement concret et pratique. Pour
l'épreuve des récitations, on exigera d'eux non pas une
liste de morceaux quelconques, mais une liste de textes
classiques, qui seuls méritent d'avoir accès dans les écoles.
Bref, à aucun moment, les membres du jury ne doivent
oublier le caractère pédagogique de l'examen. »

Ces passages de la circulaire permettent de se faire une
idée de l'orientation qu'on entend donner désormais au
brevet, et qui est une orientation pédagogique; ils invitent
à prévoir, en ce qui concerne la composition française, des
sujets se rapportant plus directement à la pédagogie et à
l'éducation.

Dans le *Bulletin de l'Instruction primaire*, juillet 1918,
M. Alliaud, inspecteur d'Académie de la Gironde, écrit
encore : « Les résultats, très mauvais, obtenus aux examens
du brevet élémentaire s'expliquent par les mêmes causes
que nous signalions l'an dernier : jeunesse de candidats,
maturité insuffisante de leur esprit, préparation médiocre
et hâtive, connaissances superficielles, mal assimilées,
inexactes souvent... L'esprit et la portée du brevet élémentaire ont été profondément modifiés par la nouvelle régle-
mentation, qui en a fait un examen presque pédagogique. »

C'est pour répondre au besoin né de cette orientation que l'on a fait choix, dans les trois volumes de la *Composition française aux divers examens*, de *soixante sujets* traitant de questions fondamentales de pédagogie et d'éducation.

A la suite de ces soixante questions traitées, on trouvera les textes de sujets analogues, dont le total est de *trois cent trente*. Ils ont été donnés dans les diverses académies, et peuvent être développés à l'aide des idées du sujet auquel ils sont joints.

SUJETS DE PÉDAGOGIE

SOIXANTE COMPOSITIONS FRANÇAISES
SUR DES SUJETS DE PÉDAGOGIE
ET D'ÉDUCATION

I

Psychologie et Pédagogie.

I

En quoi la morale (par conséquent la pédagogie) suppose-t-elle la psychologie ?

Sommaire. — 1º La morale implique que l'homme se connaît lui-même : comment employer et diriger des forces que l'on ne connaît pas ? Or l'homme se connaît par la psychologie. La morale suppose donc la psychologie.

2º Montrer qu'il y a une lacune dans les programmes prescrivant des leçons de morale, sans les faire précéder de notions essentielles de psychologie.

Développement.

I. — La morale s'adresse à des êtres intelligents et libres ; or c'est la pyschologie qui étudie l'intelligence et qui montre que l'homme est libre et n'est pas soumis aux lois nécessitantes, mais à une loi obligatoire.

1 — Sujets de Pédagogie n° 349.

C'est encore la psychologie qui, par l'analyse des idées et des sentiments de la conscience morale, démontre la réalité de cette loi.

Cette loi nous assigne un *idéal*, nous dit *ce que nous devons être*, ce qui implique la connaissance de ce que nous sommes, connaissance qui nous est donnée par la psychologie.

Cette loi nous indique une *fin* et les *moyens* de l'atteindre, c'est-à-dire les devoirs que nous avons à remplir.

Pour remplir ces devoirs, pour atteindre cette fin, nous devons nous connaître nous-mêmes, nous connaître dans le détail : connaître nos facultés, nos inclinations, nos penchants, nos passions, toutes nos manières d'être et d'agir ; car c'est tout cela que nous devons tourner au bien, soumettre à la loi du devoir, mettre en œuvre pour atteindre notre fin.

En un mot, la morale implique que l'homme se connaît lui-même : comment employer et diriger des forces que l'on ne connaît pas? Or l'homme se connaît par la psychologie.

. La morale suppose donc la psychologie.

II. — Les programmes de l'enseignement secondaire marquent des leçons de morale pour les classes de troisième et de quatrième, sans indiquer qu'elles doivent être précédées de quelques notions de psychologie. C'est évidemment une lacune. Même dans les leçons de morale les plus simples et les plus concrètes, on emploie des termes, on a recours à des notions que la psychologie seule définit, explique et précise.

Dans la *Préface* de sa *Morale* (Cours supérieur des écoles primaires), M. Cazes, inspecteur général de l'instruction publique, dit très bien :

« Nous avons cru devoir faire précéder le cours de morale d'une série de leçons sur la *connaissance de soi-même*, sur l'âme et ses principales facultés.

« Il n'est pas de maître qui, au cours de ses entretiens de morale, ne prononce devant ses élèves les mots *sensibilité, intelligence, volonté, sentiment, inclination, désir*, etc. ; — qui ne fasse appel à leur *jugement*, à leur *raison;* — qui ne les invite à cultiver leur *mémoire* et leur *imagination;* — qui ne leur répète, enfin, qu'il faut devenir des hommes de *volonté,* qu'il faut prendre de *bonnes habitudes.*

« Ces termes, que le maître emploie chaque jour, doivent être compris, et pour cela expliqués et définis. Quelques notions très élémentaires sur les facultés de l'âme, avec des exemples qui préparent et expliquent la définition, notions qui sont suffisamment concrètes et simples pour êtres comprises des jeunes élèves, nous ont donc paru trouver ici leur place, comme étant l'introduction naturelle au cours de morale[1]. »

Pensée. — Pour que l'enseignement de la morale soit autre chose qu'un enseignement fastidieux, il lui faut un fondement philosophique pris dans l'étude de la nature humaine, c'est-à-dire de la psychologie. (Paul Janet.)

Autres sujets. — 1. Montrer que, dans une partie de jeu à votre choix, on pense, on éprouve du plaisir, on agit. (C. É. P.)

2. Quels services peut rendre à l'éducateur l'étude de la psychologie ? (C. A. P.)

———

II

Expliquer le sens psychologique et la portée morale du précepte :

« *Connais-toi toi-même.* »

Sommaire. — On peut expliquer simultanément le sens psychologique et la portée morale du précepte.

I. — *Point de vue individuel.* — Connais-toi toi-même veut dire : sache que tu es un être intelligent et libre, une personne ; — sache quelles vies il y a en toi et quelles facultés les caractérisent ; — sache faire pratiquement entre ces vies les distinctions nécessaires ; apprécier à leur juste valeur toutes tes forces, toutes tes ressources ; — sache d'où tu viens et où tu vas, quelles sont tes qualités et tes défauts, quel est le motif qui te fait agir.

II. — *Point de vue social.* — Tu es un être sociable. L'humanité est un corps dont tu es membre. Sache à quoi tu es tenu en vertu de ce fait.

III. — *Point de vue religieux.* — Tu as des aspirations vers l'infini, des relations nécessaires avec Dieu.

IV. — Cette connaissance de soi-même ne doit pas être théorique, mais pratique. On connaît pour agir. Bossuet a dit : Malheur à la connaissance stérile...

———

[1] *Méthodologie de l'Enseignement de la Philosophie*, ch. III, v.

Questions pour mettre ce sujet à la portée d'enfants d'âge moyen.

On a dit : *Connais-toi toi-même.* Se connaître soi-même, n'est-ce pas distinguer sa raison, sa conscience, sa volonté, de ses sens, de son imagination, de ses instincts ; la vie morale de la vie sensitive ou animale ?

Se connaître soi-même, n'est-ce pas connaître ses qualités et ses défauts, ses bonnes et ses mauvaises tendances, ce que l'on est, ce que l'on sait, ce que l'on peut, ce que l'on doit, d'où l'on vient, où l'on va, ce que l'on a à espérer ou à craindre ?

N'est-ce pas savoir le motif qui nous fait agir, le but vers lequel on tend ?

N'est-ce pas aussi savoir que l'on fait partie d'une famille, d'une société, et que l'on se doit à la famille, à la société, comme la partie au tout, comme le membre au corps ?

N'est-ce pas enfin connaître Dieu, à qui l'on s'élève de la connaissance de soi-même, de qui l'on tient tout, à qui l'on doit tout, et pour qui l'on est fait ?

Pourquoi faut-il se connaître ?

N'est-ce pas pour se rendre meilleur ?

Développement.

I. — Connais-toi toi-même veut dire : Sache que tu es un être intelligent et libre, une personne ; sache que la personne humaine est composée d'une double nature : l'âme et le corps ; que ces deux natures sont substantiellement unies, de telle sorte que l'homme n'est ni une âme ni un corps seulement, mais un composé formé d'une âme et d'un corps, composé dont l'unité s'exprime par le mot moi, se rapportant à l'âme et au corps.

Sache qu'outre la vie *végétative*, caractérisée par la nutrition, il y a en toi la vie *sensitive* ou *animale*, caractérisée par la sensation, et la vie *morale* ou *vie humaine* proprement dite, caractérisée par l'entendement, le sentiment et la volonté.

Sache que l'âme est le principe de ces trois vies qui se manifestent par des opérations et des phénomènes divers ; sache que la vie sensitive contient éminemment la vie végétative ; que la vie morale, ou vie supérieure, contient éminemment aussi ces deux vies inférieures, et qu'elle doit les dominer ou les régir dans la mesure où elles peuvent être dominées et régies.

Sache que les appétits, les instincts, les sensations, l'imagination, les sens appartiennent à la vie animale ; sache que ces forces inférieures tendent à dévier (désordre que la déchéance originelle semble seule suffisamment expliquer) et que, si les facultés supérieures cessent de les régler, ces facultés supérieures vont elles-mêmes hors de la loi, à l'opposé de leur fin : elles se corrompent et dépravent les premières ; alors toute l'énergie que ces puissances ont reçue pour élever l'homme jusqu'à Dieu, elles l'emploient pour l'abaisser, l'entraîner au-dessous même de la brute, dans les désordres les plus monstrueux.

Sache distinguer ton âme, spirituelle, immortelle, de ton corps, matériel, périssable et sujet aux vicissitudes du monde physique. Sache discerner tes facultés morales, qui te distinguent des animaux, qui te font une place à part dans la création, qui t'assignent pour fin le souverain bien contemplé, aimé, possédé, de tes facultés sensitives, que tu partages avec les brutes, mais que tu as le devoir de moraliser, de régler par la loi supérieure qui te régit en qualité d'être moral ; ne confonds pas la raison avec les sens et l'imagination, les sentiments avec les sensations, la volonté avec les appétits et les instincts corporels.

Sache que la raison est la faculté de discerner le vrai du faux, le bien du mal, le beau du laid, et qu'elle prend aussi le nom de conscience morale et de goût dans ces deux dernières acceptions, c'est-à-dire appliquée à la morale et à l'esthétique. Sache que la raison, chez toi, est le principe naturel d'activité ; que le guide naturel de l'animal est l'instinct, et la raison le guide naturel de l'homme ; que la raison est ta règle et ta mesure ; que tu ne dois rien faire sans elle et contre elle ; qu'elle est « *la lumière qui éclaire tout homme venant en ce monde* » (Évangile) ; que le cœur et la volonté sont faits pour la suivre ; que toutes les forces qui sont en toi doivent la servir et se tenir dans le cercle qu'elle leur trace.

Sache distinguer, apprécier à leur juste valeur toutes tes facultés, toutes tes forces, toutes tes ressources, toutes tes inclinations, tous tes penchants ; sache les maintenir dans la règle, dans la hiérarchie, dans l'ordre ; ne laisse pas prévaloir ce qui doit être soumis : seule, la loi ou la raison a de l'autorité ; seule, elle doit exercer le commandement, l'empire.

Connais-toi toi-même, c'est-à-dire sache ce que tu es, quelle est ton origine et ta fin. Tu viens de Dieu, car tu es une créature ; tu te reconnais soumis à une loi que tu portes en toi-même, dont tu n'es pas l'auteur, la loi morale. La connaissance de toi-même t'élève à la connaissance de Dieu : toutes tes facultés supérieures t'indiquent, par leurs aspirations vers l'infini, que tu es fait pour l'infini, pour Dieu.

Connais-toi toi-même : sache quelles sont tes qualités et tes défauts ; recherche ceux-ci pour les combattre, les vaincre, les corriger ; celles-là, pour les développer, les fortifier, les perfectionner. — Sache ce que tu vaux, ce que tu peux, ce que tu dois : ce que tu peux est l'idéal et souvent la mesure de ce que tu dois ; et ce que tu penses, ce que tu aimes, ce que tu fais, la mesure de ce que tu vaux.

Aie le sentiment de ta dignité, de ta responsabilité, de tes devoirs et de tes droits, qui te rendent sacré, inviolable dans l'usage que tu fais de tes facultés pour remplir ces devoirs, pour exercer ou faire respecter ces droits.

Sache quel est le motif qui te fait agir ; tu n'en as qu'un de légitime, c'est-à-dire de moral par lui-même : le bien ou le devoir. Si tu t'inspires de ce seul motif, lui subordonnant tous les autres (intérêt, plaisir, passion), tu agis en homme, tu suis ton principe d'activité, tu es dans l'ordre, tu remplis ta destinée, et c'est une nécessité que tu sois finalement heureux, car le bonheur est la conséquence de l'ordre ; dans le cas contraire, tu te rends indigne de ta nature morale, de ta raison et de ta liberté, tu te dégrades, et c'est une nécessité que tu sois malheureux.

II. — Connais-toi toi-même : sache que tu es un être sociable ; tes besoins physiques, intellectuels et moraux, te le révèlent ; tu ne peux donc pas te considérer comme un être isolé ; tu ne peux pas séparer ton sort de celui de tes semblables ; l'humanité est un corps dont tu es membre, et un membre ne peut pas se désintéresser du corps dont il fait partie. Tu dois faire pour les autres hommes ce que tu voudrais qu'ils fissent pour toi, c'est-à-dire te dévouer à eux, chercher ton bonheur dans le leur ; en agissant autrement, tu serais dans le désordre, tu violerais la charité ; tu ne peux exister qu'en société, et la société n'est possible que par le dévouement réciproque des membres qui la composent, que par le sentiment efficace du lien de solidarité, en vertu duquel tout homme est responsable de ses semblables comme de lui-même, dans la mesure de l'action préservatrice ou bienfaisante qu'il peut exercer sur eux.

III. — Connais-toi toi-même : sache que tu es un être religieux, c'est-à-dire que tu as des aspirations vers l'infini, que tu as des relations nécessaires avec Dieu, à qui tu dois tout, parce que tu tiens tout de lui ; que tu es fait pour lui et à sa mesure ; qu'au fond tous tes devoirs sont des devoirs envers Dieu. Ta raison n'est qu'un reflet de sa sagesse, et c'est par elle que de la connaissance de toi-même tu t'élèves à la connaissance de Dieu.

Ainsi se bien connaître soi-même, c'est connaître Dieu et les droits et les devoirs de tout homme, de l'humanité.

IV. — La connaissance de soi-même est donc la science primordiale, la condition de tout ordre, de tout progrès moral. —

Le *bien savoir* toujours précède le *bien faire*; il en est le point de départ : on agit comme on connaît; on aime comme on voit, on doit voir comme il faut. La pratique du bien en suppose la connaissance, et la connaissance, dans une âme conséquente avec elle-même, se traduit toujours en acte. — Savoir pour savoir est vain; savoir pour vouloir, pour pouvoir, pour agir, est seul raisonnable.

D'ailleurs, ce n'est pas se connaître soi-même, connaître ses puissances et ses ressources que de ne savoir pas s'en servir, conformément à l'ordre conçu et voulu. La Sagesse éternelle nous dit elle-même « qu'*il faut faire la vérité pour arriver à la lumière* » (Évangile). Cette parole nous fait bien entendre que nous ne pouvons nous connaître nous-mêmes, qu'à la condition de faire un usage ordonné de nos facultés. La vérité connue et non pratiquée devient ténèbres; elle aveugle au lieu d'éclairer. « Malheur, dit Bossuet, à la connaissance stérile, qui ne se tourne pas à aimer et se trahit elle-même! »

Tel est le sens psychologique et la portée morale du précepte : « *Connais-toi toi-même.* »

Note. — Au point de vue chrétien, on peut ajouter ce qui suit :

Le *connais-toi toi-même* a un sens plus étendu encore pour la sagesse chrétienne. Au-dessus de la vie morale ou vie humaine proprement dite, il y a la vie divine; dans l'homme surnaturalisé, dans le chrétien, au-dessus de la vision naturelle, il y a la vision surnaturelle; au-dessus des lumières de la raison, il y a les lumières de la foi, dont la raison elle-même éprouve le besoin, quand elle n'est pas retournée, quand elle est à sa place dans la hiérarchie des puissances humaines [1].

« Au-dessus de la force d'impulsion naturelle que l'on appelle le cœur ou la volonté, il y a la grâce, cette force divine d'impulsion surnaturelle dont tout chrétien attentif et d'une volonté droite découvre en lui l'action.

« Mais il ne faut pas oublier que la vie surnaturelle suppose et contient éminemment la vie morale naturelle; la foi implique la raison, et la grâce la volonté. La foi est une lumière ajoutée à la raison, et la grâce, un secours donné à la volonté :

Le ciel est inutile à qui ne s'aide pas. (Rotrou.)

« Aux yeux de la foi, le bien et le mal sont mieux compris; la foi et la grâce rendent le bien plus désirable, plus nécessaire, et le mal plus odieux.

« Comme on trouve l'homme grand, quand on voit un Dieu se faire

---

[1] « Tous les grands hommes ont cru au surnaturel : Platon, Cicéron, Newton, Leibniz. La nature ne suffit pas aux grands esprits. Ils s'y trouvent à l'étroit. Ce monde, si vaste qu'il soit, est trop petit pour nous. » (Ozanam.)

homme ! Comme on comprend le prix de l'homme, quand on voit un Dieu souffrir et mourir pour le racheter ! Comme on sent l'horreur du mal moral, du péché, quand on sait que, pour l'expier, il a fallu la mort d'un Dieu ! L'homme le plus vraiment homme, c'est le chrétien ; c'est le disciple de celui dont on a dit : *Voilà l'homme* [1] !

« Connaître l'homme, c'est donc connaître le chrétien, c'est-à-dire l'homme tel que Dieu l'a fait et tel qu'il le veut, l'homme élevé au-dessus de la destinée naturelle qu'il pouvait avoir, mais qu'il n'a jamais eue, élevé à une destinée surnaturelle, la seule que la bonté de Dieu ait voulue pour lui.

« *Connais-toi toi-même* veut donc dire, pour le chrétien : sache que tu es frère de l'Homme-Dieu, de Jésus-Christ ; que tu es appelé à être un autre Christ, comme l'indique le mot *chrétien* ; à avoir des sentiments tout divins, à vivre d'une vie divine, n'ayant pas d'autre but que de suivre Celui qui a dit : *Je suis la voie, la vérité et la vie.* »

Pensée. — L'homme a coûté Dieu ! et Dieu ne coûterait rien à l'homme ! ce serait vraiment trop demander. (GOUNOD.)

Lecture. — *Connais-toi toi-même.*

Se connaître soi-même est chose nécessaire ;
Sans cela, l'homme à soi comme à Dieu fait défaut :
Le vrai savoir toujours précède le bien faire ;
On aime comme on voit [2], on doit voir comme il faut.

Ne confondons jamais l'esprit et la matière ;
Dégageons la raison, tenons-la ferme et haut ;
Distinguons le vouloir de l'appétit vulgaire ;
Gardons-le dans la loi ; c'est par là que l'on vaut.

C'est par là que, sur soi, l'on conserve l'empire ;
On pense, on aime, on veut ce que l'honneur inspire ;
Affermi dans le vrai, le cœur l'est dans le bien.

Et ce n'est point en vain qu'on a reçu son âme [3] ;
On comprend qu'elle est grande et que Dieu la réclame ;
Et, pour être plus homme, on devient plus chrétien [4].

(F. L.)

Autres sujets. — 1. « Connais-toi toi-même. » Telle était la maxime qu'un sage antique allait répétant à ses disciples et qu'il présentait comme la principale règle de vie.

Examiner l'importance de la connaissance de soi-même ; montrer les inconvénients qui résulteraient si l'on restait dans une ignorance

---

[1] « Depuis la venue du Christ, la moralité humaine a fait un pas dont les incrédules eux-mêmes sont forcés de tenir compte. Un nouvel idéal a été trouvé et proposé aux hommes. Ceux qui le nient en portent la peine. Quiconque a méconnu Jésus-Christ, regardez-y bien, dans l'esprit ou dans le cœur, il lui a manqué quelque chose. » (SAINTE-BEUVE.)

[2] Saint Thomas.

[3] Ps. 23.

[4] Saint Augustin.

complète de soi. Indiquer le moyen par lequel on peut, autant que cela est possible, arriver à se connaître, et insister sur les difficultés spéciales que l'on rencontre, quand on veut y parvenir. (Br. sup. Montpellier, Aspirants, 1914.)

2. Quelles sont les principales applications pratiques des connaissances psychologiques. Insister sur celles qui se rapportent au métier des armes. (Concours pour Saint-Cyr, 1911.)

3. « Il y a pour l'instituteur deux sujets à étudier : les enfants et lui-même ; deux tâches à remplir : leur éducation et la sienne. »

Que pensez-vous de cette maxime et quelle conclusion en tirez-vous ? (C. A. P.)

4. Développer cette pensée de Montaigne :

« Ce n'est pas une âme, ce n'est pas un corps qu'on dresse, c'est un homme ; et, comme dit Platon, il ne faut pas les dresser l'un sans l'autre, mais les conduire également comme un couple de chevaux attelés au même timon. » (C. A. P.)

5. Lequel est le plus difficile, de connaître les autres ou de se connaître soi-même ? (E. N. de Fontenay, 1889.)

III

Comment procéderiez-vous pour expliquer aux différents cours de l'enseignement primaire les analogies et les différences entre l'homme et l'animal ?

Développement.

I. — Cours élémentaire. — Voici d'abord comment la question pourrait être présentée aux plus jeunes enfants.

On demande, par exemple, à un petit enfant : « Avez-vous un petit chat à la maison ? — Oui, répondra-t-il. — Le petit chat a-t-il des yeux ? — Oui. — Il vous voit donc ? — Sans doute. — A-t-il des oreilles ? — Oui. — Vous entend-il ? — Certainement ; quand je lui dis : Minet ! Minet ! il vient tout de suite. Je lui donne quelquefois quelque chose de bon, et il me connaît, il m'aime. — Ce petit chat, qui a des yeux et qui vous voit, qui a des oreilles et qui vous entend, qui vous connaît et qui vous aime, il va à l'école ? — Oh ! non, il ne va pas à l'école. — Et pourquoi n'y va-t-il pas ? — Parce qu'il ne comprend pas. — Et pourquoi est-ce qu'il ne comprend pas ? — Parce qu'il n'a pas ce qu'il faut pour comprendre. — Oui, il n'a pas la raison. Qu'est-ce donc que la raison ? — *C'est ça qui fait comprendre.* » (Réponse donnée par un petit enfant.) Inutile de dire à l'enfant que cette expression *ça qui fait comprendre* n'est pas le mot, et qu'il faudrait dire : faculté ou puissance. Sa définition est bonne.

« Est-ce que vous valez plus qu'un petit chat ? — Oh ! oui, plus que tous les autres petits chats et que tous les gros ; ils ne comprennent pas, et moi je comprends. — Est-ce que je pourrais causer avec ce petit chat comme je cause avec vous ? Comprendrait-il mes questions et me ferait-il des réponses ? — Non. — Comment s'appelle cette feuille de papier que j'ai à la main et que je lisais tout à l'heure ? — Un journal. — Le chat voit-il, comme vous, ce journal ? — Oui. — Mais sait-il que c'est un journal ? — Non. — Peut-il le savoir ? Peut-on le lui apprendre ? — Non. — Et pourquoi ? » Ici, la réponse est plus difficile. « Parce que savoir que c'est un journal, c'est avoir une idée, et que le petit chat n'en a pas. C'est par les idées que l'on comprend. Le petit chat n'a que des sensations et des images. Il voit un objet et il en garde l'image dans son imagination. »

« Dites-moi maintenant pourquoi on a des chats dans les maisons ? — Parce qu'ils prennent les souris, qui font des dégâts en mangeant le fromage, le pain, les fruits. — Commande-t-on aux chats de prendre les souris ? — Oh ! non, ils le font sans qu'on le leur dise. — Est-ce qu'on leur apprend à le faire ? — Non, ils le font sans apprendre, ils le font d'instinct. — L'animal a l'instinct pour le conduire, c'est-à-dire quelque chose, une force intérieure qui le pousse à faire ce qui lui est utile et à éviter ce qui lui est nuisible ; l'homme a la raison, qui lui fait comprendre les choses, qui lui fait distinguer le vrai du faux, le bien du mal, etc. »

On peut continuer, en donnant soi-même des ouvertures à l'enfant, dans une langue très simple, en posant les questions de manière qu'elles renferment en substance et amorcent les réponses.

II. — Cours moyen. — S'il s'agit des enfants d'âge moyen, on pourrait procéder de la manière suivante.

Sommaire. — Montrer, dans une *première partie*, par les ressemblances entre l'homme et l'animal (vie végétative et vie sensible), que celui-ci est l'*analogue* de celui-là ;

— dans une *seconde partie*, par les différences essentielles (vie morale, facultés supérieures : raison et volonté libre), établir que l'animal n'est pas le *semblable* de l'homme ; qu'il en diffère, non pas seulement en degré, mais en nature.

I. — Y a-t-il des ressemblances entre l'homme et l'animal ?

Il y en a : l'animal partage avec l'homme la vie végétative, caractérisée par la nutrition, et la vie sensible, caractérisée par la sensation. L'animal est doué des mêmes sens que l'homme, soit externes : la vue, l'ouïe, l'odorat, le goût et le toucher; soit internes : la conscience sensible, l'imagination, la mémoire et une sorte de jugement instinctif, qui a été appelé l'estimative. La connaissance sensible, c'est-à-dire la connaissance par les sens, leur est commune; les appétits ou tendances vers les biens sensibles, vers les biens connus par les sens, également.

Voilà les ressemblances. Elles suffisent pour établir l'analogie.

II. — Mais voici les différences essentielles, qui font que la nature de l'un n'est pas la nature de l'autre.

Outre les deux vies, végétative et sensitive, l'homme est doué d'une vie supérieure, la vie morale, caractérisée par la raison et la volonté libre.

L'homme, par la raison, distingue le vrai du faux, le bien du mal, le beau du laid; il abstrait, il généralise, il a des idées ou représentations intellectuelles des choses; il juge, il réfléchit, il raisonne, c'est-à-dire il induit et déduit une vérité d'une autre. Quand il agit, il sait pourquoi : il a des motifs, il se détermine librement.

Rien de semblable chez l'animal.

Il y a, entre l'homme et l'animal, non une différence de *degré*, mais une différence de *nature*.

L'animal appartient à l'ordre physique, est soumis à des lois nécessitantes qui le conduisent fatalement à sa fin, enfermée dans l'existence physique.

L'homme appartient à l'ordre moral, est soumis à une loi obligatoire, qu'il a le droit et le devoir de suivre, pour atteindre la fin supérieure que réclame sa nature morale, son âme intelligente et libre, spirituelle et immortelle.

L'animal n'est donc que l'*analogue* de l'homme; il n'est pas son *semblable*.

III. — *Cours supérieur.* — Si la même question était posée aux candidats qui se présentent au brevet supérieur ou au baccalauréat de philosophie, ils n'auraient qu'à ajouter quelques développements au sujet sommairement traité ci-dessus, qui serait pour eux comme un canevas détaillé[1].

Pensées. — L'homme est une chose imparfaite, qui tend sans cesse à quelque chose de meilleur et de plus grand qu'elle-même.

(DESCARTES.)

---

[1] Exemples pris dans la *Méthodologie de l'Enseignement de la Philosophie*, ch. II, III.

L'homme tient de l'animal et même de la plante. Comment le nier ?
Mais il y ajoute la raison, la liberté morale, l'amour désintéressé,
l'art, la poésie, la science, le sentiment religieux. Sa nature lui permet donc de concevoir l'infini, le divin, l'idéal, de tendre à la perfection et d'aspirer à l'immortalité. (CH. WADDINGTON.)

L'homme n'est qu'un roseau, le plus faible de la nature, mais c'est
un roseau pensant. Il ne faut pas que l'univers entier s'arme pour
l'écraser. Une vapeur, une goutte d'eau, suffit pour le tuer. Mais,
quand l'univers l'écraserait, l'homme serait encore plus noble que ce
qui le tue, parce qu'il sait qu'il meurt, et l'avantage que l'univers a
sur lui, l'univers n'en sait rien. (PASCAL.)

Autres sujets. — 1. Montrer, par plusieurs exemples, la supériorité de l'homme sur les animaux. (C. É. P.)

2. Quel est le sens de cette définition :
L'homme est un animal raisonnable ? (Bacc. Philos. Clermont, 1902.)

3. Développer cette parole de T. Reid :
« Sans l'instinct, l'enfant ne deviendrait jamais homme, et sans
l'habitude, l'homme resterait toujours enfant. » (Bacc. Philos. Lille.)

4. Expliquer la différence de la vie instinctive ou animale et de la
vie réfléchie, morale, vraiment humaine.

II

Du respect dans l'éducation.

IV

Développer cette pensée :

« L'éducation est une œuvre d'autorité et de respect. »

Sommaire. — Deux parties indiquées par le texte.

1° Œuvre d'autorité. Éducation impossible sans un pouvoir moral
reconnu. L'autorité est un *pouvoir moral.* C'est dire qu'elle n'est pas
la *violence,* ni la *contrainte.*

2° Œuvre de respect. Respect, sentiment moral par excellence,
inséparable de la loi morale. Pas d'éducation possible, si l'éducateur
ne respecte pas l'enfant, si l'enfant ne respecte pas l'éducateur. Pourquoi ?

Développement.

I. — Faire l'éducation de l'enfant, c'est-à-dire tremper son âme, l'éveiller, l'exciter au bien, la détourner du mal, faire de l'enfant un homme et un homme vertueux, est impossible sans l'autorité, sans un pouvoir moral reconnu, auquel l'enfant se soumet de cœur et de volonté, en même temps que par devoir.

L'autorité est un pouvoir moral. C'est dire qu'elle n'est pas la violence ni la contrainte.

On peut être obligé d'employer la contrainte; mais celui qui la subit ne s'élève pas, ne fait pas son éducation : il n'agit pas en être libre, mais en esclave.

Quant à la violence, elle n'est pas raisonnable, elle n'est pas morale, et c'est par la raison et la moralité que se fait l'éducation.

Ce qui empêche l'autorité de dégénérer en violence immorale et en contrainte stérile, c'est le respect. L'éducation, qui est une œuvre d'autorité, est donc en même temps une œuvre de respect.

II. — Le respect est le sentiment moral par excellence; il est inséparable de la loi morale, et il ne s'attache qu'à l'idée du devoir.

Il faut que l'éducateur respecte l'enfant, qu'il voie en lui un être intelligent et libre, une personne qui a des devoirs qu'elle doit volontairement remplir et des droits qu'elle peut revendiquer; qui est inviolable dans l'usage légitime de ses facultés; à qui il ne faut parler et commander que raisonnablement, avec les égards et les réserves que l'on doit à tout être moral, mais plus encore à l'enfant, à cause de sa faiblesse et de son inexpérience.

Si l'éducateur ne respecte pas l'enfant, il n'y a pas d'éducation possible. Il en est de même, si l'enfant ne respecte pas l'éducateur. Le maître qui n'est pas respecté n'est pas le maître : ses ordres sont méprisés, ses conseils impuissants, son autorité méconnue.

Au fond, faire l'éducation d'un enfant, c'est lui apprendre à respecter tout ce qui est respectable, tout ce qui est juste, tout ce qui est bien. L'enfant qui ne sait pas respecter est un enfant qui n'est pas élevé ou qui est mal élevé.

Le respect, comme l'honneur bien entendu, est un des noms du devoir, le nom sous lequel on le désigne le plus souvent.

Se respecter soi-même, respecter ses semblables, respecter Dieu, ces expressions résument les trois parties de la morale

1*

pratique. La prudence est le respect de l'intelligence ; le courage, le respect de la volonté ; la tempérance, le respect de la sensibilité soit physique, soit morale ; la justice et la charité, le respect de ses semblables ; la piété et l'adoration, le respect de Dieu.

III. — L'éducation est donc bien une œuvre d'autorité et de respect ; elle est impossible sans l'autorité reconnue chez l'éducateur par l'enfant, sans le respect du maître pour l'élève et de l'élève pour le maître.

Pensées. — Celui qui veut mollement, veut sans vouloir : il n'y a rien de moins propre à exercer le commandement, qui n'est qu'une volonté ferme et résolue. (BOSSUET, *Politique tirée de l'Ecriture sainte.*)

Il y a quelque chose de divin à ne se tromper pas, et rien n'inspire tant de respect ni tant de crainte. (*Id.*)

Lecture. — *Éducation des parents par les enfants.* — Il n'est pas douteux que l'enfant ne développe chez le père et chez la mère une puissance morale qu'ils n'avaient pas auparavant. Il les attendrit et les fortifie. Son sourire dilate l'âme la plus sèche, ses besoins nous arrachent à l'égoïsme ; comme il nous force de penser à lui, il nous habitue à moins penser à nous-mêmes. Ses souffrances nous déchirent et ouvrent en nous la source de la pitié et de la compassion. Les anxiétés qu'il cause, les veilles, les alternatives de crainte et d'espoir que nous donne sa vie fragile, cette torture paternelle ou maternelle que ne peut pas même soupçonner celui qui ne l'a pas éprouvée, sont une école d'énergie morale dont rien n'approche. Ces nuits lentes et tristes, où l'œil fixe ne se détache pas de la figure décomposée de l'enfant, et y suit avec effroi le débat de la vie et de la mort, soit qu'elles se terminent par un dernier soupir douloureusement arraché, ou par un sourire ineffable, signe d'une résurrection inespérée, creusent l'âme jusqu'à des profondeurs inconnues et l'élèvent en même temps jusqu'aux plus hautes régions de la grandeur morale. L'enfant ramène la paix dans un ménage en désordre, la décence et l'honnêteté dans un ménage mal réglé, l'ordre et l'économie dans un ménage dissipateur. Devant cette créature pure et innocente, les passions se taisent, les vices se cachent, la famille se purifie. (P. JANET, Ch. Delagrave, éditeur. — Texte de dictée. Br. él. Aix, Aspirantes, 1900.)

Autres sujets. — 1. Commentez, en montrant les applications pratiques, ce passage du moraliste génevois Amiel :

« L'empire de soi dans la tendresse, telle est la condition de l'autorité sur l'enfant. Que l'enfant ne découvre en nous aucune passion, aucune faiblesse dont il puisse user, qu'il se sente incapable de nous tromper ou de nous troubler, et il nous sentira supérieur à lui par nature, notre douceur aura pour lui une valeur toute particulière, car elle lui inspirera du respect. L'enfant qui peut nous communiquer colère, impatience, agitation, se sent plus fort que nous, et l'enfant ne respecte que la force. » (Br. sup. Alger, Aspirants, 1902.)

2. Quelqu'un a dit :

« Maintenir dans le devoir ceux auxquels on commande est peu de chose, quand on sait s'y maintenir soi-même. »

Expliquer cette pensée en l'appliquant à l'éducation. (Br. sup. Aix, Aspirants, 1901.)

3. La première qualité morale d'un éducateur de la jeunesse est la dignité personnelle. — Montrez-le.

Comment, en toutes circonstances, dans votre existence d'homme et de citoyen et dans votre carrière d'instituteur, ferez-vous preuve de dignité ? (Br. sup. Toulouse, Aspirants, 1901.)

4. Le brevet supérieur n'est rien autre chose qu'un titre attestant votre aptitude à donner l'enseignement.

Il faut cependant, pour être une bonne institutrice, bien des qualités que ne révèle pas l'examen.

Dites quelles sont ces qualités. (Br. sup. Clermont, Aspirantes, 1905.)

5. Développez cette pensée :

« Plus on a d'autorité, plus on doit montrer de modération et de prudence. » (Br. él. Seine, Aspirants, 1894.)

6. L'autorité d'un instituteur sur ses élèves. Quels en sont, à votre avis, les principaux éléments ? (Br. sup. Nancy, Aspirants, 1911.)

7. Parlez du respect que l'éducateur doit à l'enfance. Montrez les raisons de ce respect et indiquez comment il doit se traduire dans la pratique. (Br. sup. Caen, Aspirants, 1911.)

8. Expliquez et commentez cette parole d'Amiel :

« La bonté est le principe du tact, et le respect pour autrui, la première condition du savoir-vivre. » (Br. sup. Paris, Aspirantes, 1915.)

V

Importance sociale et morale du sentiment du respect. — Quels défauts doit-on corriger dans l'enfant à qui l'on veut inspirer ce sentiment? — Moyens de le développer.
(Br. sup. Lille, Aspirantes, 1896.)

Sommaire. — Dans une *première* partie, caractériser le sentiment du respect, qui n'est au fond que le sentiment du devoir, de manière à préparer la *seconde* partie, où l'on mettra en évidence l'importance sociale et morale du respect.

Dans une *troisième* partie, indiquer les défauts à corriger, si l'on veut inspirer ce sentiment : grossièreté, étourderie, esprit de contradiction, esprit d'insubordination et de révolte ; — et enfin, dans une *quatrième* partie, les moyens de développer le respect.

Développement.

I. — Le sentiment du respect n'est au fond que le sentiment du devoir ; c'est le sentiment d'une nécessité morale ; il accompagne toujours l'idée du devoir et il est inséparable de la loi morale.

Nous respectons nos semblables dans leur vie, dans leur intelligence, dans leur liberté, dans leur sensibilité, dans leur conscience, dans leur honneur, dans leurs biens ; nous respectons la loi morale, nous respectons l'autorité, nous respectons le bien, le dévouement, la vertu ; nous respectons nos parents, nos maîtres ; nous nous respectons nous-mêmes, nous respectons Dieu : ce sont là autant de devoirs.

Le respect est un nom du devoir ; c'est même le nom sous lequel on le désigne ordinairement, s'il s'agit d'un devoir de justice. On définit la justice : le respect des droits d'autrui.

II. — L'importance sociale et morale du respect ressort de ces considérations.

Le sentiment du respect n'est au fond que le sentiment moral, c'est-à-dire l'amour du bien et la haine du mal. C'est un stimulant et un frein : un frein contre l'injustice, contre la violation du droit ; un stimulant pour le bien, pour la vertu, pour le courage, pour l'héroïsme, pour tout ce qui est digne de respect, de vénération, d'admiration. La vénération et l'admiration ne sont que des formes supérieures du sentiment du respect.

L'éducation, a-t-on dit, est une œuvre d'autorité et de respect. Elle n'est pas possible sans le sentiment du respect, chez l'enfant pour le maître, et chez le maître pour l'enfant.

La famille et la société sont fondées sur ce sentiment, que le philosophe Kant appelle très justement « le sentiment moral par excellence ».

III. — Les défauts qu'il faut corriger dans l'enfant à qui l'on veut inspirer le sentiment du respect sont :

1° La grossièreté dans le langage et dans les manières. « Toute dégradation individuelle ou nationale, nous dit Joseph de Maistre, est sur-le-champ annoncée par une dégradation rigoureusement proportionnelle dans le langage. » On peut en dire autant des manières ;

2° L'étourderie, qui empêche l'enfant de réfléchir, de se rendre compte, de discerner ce qui est bien de ce qui est mal, de se respecter et de respecter les autres ;

3º L'esprit de raillerie, qui porte l'enfant à se moquer de tout, à tourner en ridicule ce qu'il y a de plus respectable, de plus sacré, de plus saint ;

4º L'esprit de contradiction, qui fait tout confondre : le vrai et le faux, le bien et le mal, la vertu et le vice ;

5º L'esprit d'insubordination et de révolte, qui porte au mépris de l'autorité et qui est tout l'opposé du sentiment du respect.

« La déférence (un des noms du respect), dit Joubert, suppose une opinion modeste de nous-mêmes, de la considération pour les pensées et les sentiments des autres, et, par suite, entre autres précieuses vertus, la bonté, la douceur et le pouvoir de nous maîtriser. »

IV. — Puisque le respect est un des noms du devoir, le sentiment du devoir et le sentiment du respect se développent simultanément et de la même manière. On a le sentiment du respect dans la mesure où l'on a celui du devoir.

Le premier moyen de développer chez l'enfant le sentiment du respect, c'est de le convaincre de la dignité de la personne humaine, de l'être intelligent et libre, soumis à la loi morale, laquelle lui impose des devoirs et lui confère des droits, droits et devoirs qui le rendent inviolable et sacré, et partant digne de respect.

Pour le chrétien, le sens de la dignité humaine est encore plus élevé. Dieu s'est fait homme et a élevé l'homme à la dignité divine. L'accomplissement de la morale évangélique est résumé par cette parole du Christ : « Ce que vous avez fait au moindre de mes frères, c'est à moi-même que vous l'avez fait. »

Inspirer le sentiment du respect, c'est inspirer le sentiment de la justice et de la charité, à l'égard de soi-même, des autres, de Dieu.

Comme moyens pratiques spéciaux, l'éducateur fera prendre aux élèves des habitudes de politesse, de réserve, de retenue, de convenance, de bienséance, de circonspection, dans tous les rapports de l'école et de la famille. Il en donnera l'exemple lui-même dans sa tenue, dans ses procédés, ne disant, ne faisant rien qui ne soit digne, qui ne puisse être imité.

Autres sujets. — 1. Des moralistes et des éducateurs se sont plaints amèrement qu'une crise d'irrespect sévisse en ce moment parmi la jeunesse. Vous montrerez l'importance du respect, particulièrement pour les jeunes gens. Vous vous appuierez sur ce jugement d'un philosophe grec : « Dans l'intérieur de la famille, les jeunes gens doivent respecter leurs parents ; au dehors, tout le monde ; dans la solitude, eux-mêmes. » (Br. sup. Besançon, Aspirants et Aspirantes, 1912.)

2. Le respect. Le décrire et le définir à l'aide d'exemples. Quelles sont les qualités de l'intelligence et du cœur qu'il suppose, et, par contre, quels sont les défauts que vous découvrez chez les irrespectueux ? (Br. sup. Grenoble, Aspirantes, 1914.)

3. Expliquez et commentez cette parole d'Amiel :

« La bonté est le principe du tact, et le respect pour autrui la première condition du savoir-vivre. » (Br. sup. Paris, 1915.)

III

Culture de la raison.

VI

Commenter cette parole de Bossuet :

« Le vrai homme est celui qui peut rendre bonne raison de sa conduite. »

Sommaire sous forme de questions. — Le vrai homme, n'est-ce pas celui qui suit son principe naturel d'activité, la raison ? qui agit raisonnablement, moralement, par devoir, non uniquement par passion, par plaisir, par intérêt ?

Et celui qui agit ainsi peut-il rendre bonne raison de sa conduite, c'est-à-dire en donner les motifs, la justifier ?

Quels sont ceux qui ne peuvent pas rendre bonne raison de leur conduite ?

Le paresseux, l'égoïste, le sensuel, le dissipé, l'inconstant, l'homme violent, colère, le présomptueux, peuvent-ils rendre bonne raison de leur conduite ?

Pourquoi ne le peuvent-ils pas ?

Développement.

Il s'agit de montrer l'identité de ces deux idées : être vrai homme, et pouvoir rendre bonne raison de sa conduite.

I. — Deux facultés caractérisent l'homme : la raison et la volonté. La raison est le principe de la volonté : « la volonté est faite pour suivre la raison, » dit Bossuet. De là cette parole de saint Thomas : « Le principe d'activité, chez l'être raisonnable, c'est la raison. »

Le vrai homme, c'est donc celui dont la volonté est toujours d'accord avec la raison, celui dont la conduite est constamment raisonnable.

Mais quel est l'homme dont la conduite est constamment raisonnable ? C'est celui qui agit uniquement par devoir, qui subordonne tout autre motif d'action à celui-là. La passion, le plaisir et l'intérêt peuvent lui servir de stimulants ; ce sont des forces qu'il ne dédaigne pas ; mais il ne les substitue jamais à la seule force raisonnable et morale : le devoir ou le bien.

II. — Et maintenant, quel est l'homme qui peut rendre bonne raison de sa conduite, c'est-à-dire en expliquer les motifs, la justifier ? C'est évidemment celui-là, puisqu'il agit toujours par le seul motif digne de l'homme, le seul légitime devant la conscience et devant Dieu ; le seul qui réponde à sa nature et à sa destinée, le seul qui soit dans l'ordre et qui le mène à sa fin.

L'homme qui n'agit point raisonnablement, moralement, par devoir, mais que la passion entraîne, que le plaisir séduit, que l'intérêt aveugle, ne saurait rendre bonne raison de sa conduite. Il n'agit pas par un motif légitime, par un motif que la conscience puisse louer : il n'est pas vrai homme, il n'est pas dans la vérité de sa nature.

Au fond, l'homme qui peut rendre bonne raison de sa conduite, c'est l'homme qui remplit tous ses devoirs.

III. — Le paresseux, l'égoïste, le sensuel, le dissipé, l'inconstant, l'homme violent, colère, le présomptueux, peuvent-ils rendre bonne raison de leur conduite ? Evidemment non.

Le paresseux fuit le travail, qui est un devoir ; l'égoïste oublie que c'est pour lui un devoir de s'aimer et d'aimer ses semblables comme lui-même, raisonnablement ; le sensuel manque au devoir de maintenir les sens sous l'empire de la raison ; le dissipé manque du sérieux, de l'attention nécessaire à l'exercice de la raison ; l'inconstant suit son imagination vagabonde, ses caprices : le devoir ne change pas, il est toujours le même ; l'homme violent, colère, se laisse dominer par la passion : il s'écarte de la règle et de la mesure, qui sont le devoir même en toute chose ; le présomptueux en fait autant par orgueil.

Il en est ainsi de tous les hommes qui ne sont pas de vrais hommes ; ils ne peuvent pas rendre bonne raison de leur conduite.

La parole de Bossuet se trouve pleinement justifiée.

Pensées. — L'homme n'est pas né pour être heureux, mais il est né pour être un homme à ses risques et périls. (E. BERSOT.)

Le but de la vie est moral, non animal. (JOUFFROY.)

VII

Expliquer et justifier cette parole de Joubert :

« Il faut rendre les enfants raisonnables, mais non les rendre raisonneurs. »

Sommaire. — 1° Dire ce que c'est que rendre l'enfant raisonnable; 2° Dire ce que c'est que rendre (ou laisser devenir) l'enfant raisonneur, de manière à conclure que le devoir d'empêcher les enfants de devenir raisonneurs est tout aussi impérieux que celui de les rendre raisonnables, puisqu'on ne peut être raisonnable qu'à la condition de n'être pas raisonneur.

Développement.

Pour expliquer et justifier cette parole de Joubert, il suffit de définir et de caractériser ces deux idées : rendre l'enfant *raisonnable* et rendre l'enfant *raisonneur;* la conclusion sera nécessairement que, si l'on veut former l'enfant, si l'on veut en faire un homme, il faut le rendre raisonnable, et non pas le rendre raisonneur.

I. — Et d'abord, qu'est-ce que rendre l'enfant *raisonnable?* C'est évidemment lui apprendre à distinguer sa raison de ses sens, de son imagination, de ses instincts; c'est l'instruire, le tirer de l'ignorance, le garder de l'erreur; c'est lui faire discerner le vrai du faux, le bien du mal, le beau du laid, c'est-à-dire lui former le jugement, la conscience, le goût; c'est l'habituer à penser, à parler, à agir par raison, à conformer sa volonté à sa raison; à aimer le vrai, le bien, le beau; à détester le faux, le mal, le laid; à s'inspirer dans toute sa conduite de l'idée et du sentiment du devoir, et non de la passion, du plaisir, de l'intérêt, ou du moins à ne s'en inspirer qu'en les subordonnant au devoir; à dominer, par la volonté raisonnable, toutes les forces aveugles qui sont en lui et à les employer au service du bien et du devoir, à l'accomplissement de sa destinée morale.

Rendre l'enfant raisonnable, cela revient donc à dire qu'il faut le rendre homme, l'élever de la vie des sens ou animale à la vie de la raison, ou vie morale, ou vie humaine proprement dite; en d'autres termes, rendre l'enfant raisonnable, c'est faire son éducation, c'est lui enseigner à distinguer pratiquement sa raison de tout ce qui n'est pas elle, à en faire une force libre, indépendante de tout ce qui est au-dessous d'elle et qu'elle doit dominer; à la respecter en soi et dans les autres; à en faire usage dans la conduite de la vie, à y conformer toutes ses pensées, tous ses sentiments, tous ses actes; c'est lui enseigner à garder la dignité de sa nature, à rester dans l'ordre, à tendre à sa fin par toutes les ressources dont il dispose, par tous les dons que Dieu lui a faits, par le respect de tous les droits et l'accomplissement de tous les devoirs.

Voilà ce qu'il faut faire pour rendre l'enfant raisonnable.

II. — Et maintenant qu'est-ce que rendre l'enfant *raisonneur*, ou plutôt, — puisqu'on ne doit pas le faire, — qu'est-ce que l'enfant qu'on a rendu ou qui s'est rendu lui-même raisonneur?

L'enfant qu'on a rendu ou qui s'est rendu lui-même raisonneur est celui qui ne fait pas usage, mais abus de sa raison; qui, habituellement aveuglé par l'égoïsme, c'est-à-dire par la passion, l,, plaisir ou l'intérêt, par les illusions de l'imagination et des sens, déraisonne au lieu de raisonner, confond le vrai et le faux, le bien et le mal, le beau et le laid, suivant les mobiles très divers et très variables qu'il peut avoir; qui juge et se règle par ses impressions et ses sensations, au lieu de juger et de se régler par la vérité et la justice, par la raison et la conscience; qui, au lieu de se rendre aux raisons qu'on lui donne ou d'en présenter de bonnes, imagine des prétextes ou des excuses; qui ne veut pas voir la vérité chaque fois qu'elle le condamne; qui ne reconnaît pas ses défauts et ses fautes, qui ne peut souffrir qu'on les lui montre, qu'on l'en avertisse, qu'on l'en reprenne, qui s'en défend et réplique incessamment quand on le fait; qui, par de mauvais raisonnements, par des sophismes, s'efforce de se donner le change et de le donner aux autres, se mettant ainsi dans l'impossibilité de se réformer et de se former, de faire, en un mot, son éducation et de devenir un homme.

III. — On le voit, la conclusion à tirer des définitions qui précèdent ne saurait être que celle-ci : le devoir d'empêcher les enfants de devenir raisonneurs est tout aussi impérieux que celui de les rendre raisonnables, puisqu'on ne peut être raisonnable qu'à la condition de n'être pas raisonneur. « La première chose à leur apprendre, ajoute Joubert, c'est qu'il est raisonnable qu'ils obéissent, et déraisonnable qu'ils contestent. »

Autres sujets. — 1. Définissez ce qu'on entend par un enfant raisonnable, un enfant raisonneur. Pourquoi les deux mots ont-ils le même radical? Montrez, en faisant au besoin deux petits portraits, la différence de sens qui existe entre les deux mots. (Br. él. Aix, Aspirantes, 1912.)

2. On veut apprendre aux enfants à raisonner et l'on supporte difficilement les raisonneurs.

Montrer toute la différence qui existe entre un enfant raisonnable et un enfant raisonneur. (Br. él. Grenoble, Aspirants, 1910.)

3. Comment peut-on opposer la raison et le raisonnement, ainsi que l'a fait Molière, par exemple, dans les vers qu'il met dans la bouche de Chrysale :

> « Raisonner est l'emploi de toute ma maison,
> Et le raisonnement en bannit la raison » ?
>
> (Br. sup. Paris, Aspirants, 1914.)

4. Molière fait dire au bonhomme Chrysale :
« Raisonner est l'emploi de toute... » (Comme ci-dessus.)
Expliquez cela. (Bacc. 1re partie, Caen, 1912.)

5. « La foi qui n'agit point, est-ce une foi sincère? »
Commenter ce vers d'Athalie et montrer que, dans la vie, il ne suffit pas d'afficher de grands principes, mais qu'il est nécessaire de les faire passer dans nos actes.
> (Br. sup. Toulouse, Aspirants, 1907 et 1908.)

VIII

Comment il faut faire appel à la raison chez les enfants.

Sommaire. — Profiter de toutes les occasions pour faire appliquer aux enfants les premiers principes.

Dire la force, la valeur d'un principe.

Énumérer quelques-uns des premiers principes de la raison : identité, causalité, raison suffisante, principes moraux, et montrer comment chacun d'eux s'applique dans la conversation ordinaire, dans la vie courante.

Conclure en insistant sur l'ouverture d'esprit et la fermeté de raison que donne l'habitude des principes.

Développement.

Il faut faire appel à la raison, chez les enfants, en les provoquant à appliquer les premiers principes toutes les fois que l'occasion s'en présente.

Ce qu'est un principe. — « Un principe, a-t-on dit, c'est du savoir en puissance, c'est de la connaissance en germe. La science est dans le principe, comme le mouvement dans le ressort et dans la vapeur, comme la scène du monde dans le soleil qui nous la révèle. Et quand le principe est tout à fait universel et absolu, c'est un soleil qui peut envoyer des clartés dans toutes les directions et qui fait le jour dans toutes les régions du vrai. » (P. COCONNIER, *la Science catholique,* nº 1.)

Par exemple, ces deux principes : *On ne donne que ce que l'on a, tout effet ou tout fait a sa cause proportionnée,* sont vrais partout, vrais toujours, vrais en tout ordre de choses, et il suffit de se les rappeler pour réfuter d'un mot les propositions suivantes, qui résument tant d'erreurs ou de faux systèmes :

> On trouve dans l'effet ce qui manque à la cause,
> Du mouvement fatal jaillit la liberté,
> L'amour est le reflet d'une insensible essence,
> De l'aveugle matière éclôt l'intelligence,
> Et de l'impersonnel, la personnalité. (F. L.)

Principe d'identité. — On rencontrera, par exemple, ces formules : *un ami est un ami, ce qui est promis est promis;* on montrera que c'est le principe d'identité, — *ce qui est, est,* — qui est ici rappelé, pour signifier : on doit être ce que l'on est; on doit agir conformément à ses sentiments bien connus; tenir la parole donnée; n'être pas un homme qui promet et qui ne tient pas ce qu'il promet.

C'est un vieil axiome de droit que « donner et retenir ne vaut ». Celui, par exemple, qui fait une donation ne peut, sous peine de nullité de l'acte, y ajouter une clause qui en détruise l'effet. — Autre exemple : une loi qui établirait dans son premier article une liberté et la supprimerait ensuite en multipliant les exceptions de personnes ou de choses.

A propos du retour à la loi de trois ans de service militaire : « Il faut ce qu'il faut, » disaient les paysans dans leur bon sens patriotique; ou encore : « Il faut faire le nécessaire, » et pas seulement la moitié du nécessaire, ce qui équivaudrait à ne rien faire du tout.

Principe de causalité. Les quatre genres de causes. — Dans les leçons de choses, dans les lectures expliquées, les quatre genres de causes en lesquelles se résout pratiquement le principe de causalité fournissent un plan très simple et très suggestif d'interrogation : *cause matérielle* : de quoi est faite une chose; *cause formelle* : comment elle est faite (quelle est sa nature); *cause efficiente* : par qui ou par quoi elle est faite; *cause finale* : pourquoi, pour quel but elle est faite.

> Un bloc de marbre était si beau
> Qu'un statuaire en fit l'emplette;
> Qu'en fera, dit-il, mon ciseau?
> Sera-t-il dieu, table ou cuvette?

Il est facile de faire découvrir les quatre genres de cause dans ces vers de La Fontaine :

1° La cause *efficiente* : statuaire;

2° La cause *matérielle* : bloc de marbre;

3° La cause *formelle* : dieu, table ou cuvette; la cause *finale* : expression de mon idéal;

4° Ce que quelques logiciens ont appelé cause *instrumentale* : ciseau.

Il va de soi que ce qui importe, ce ne sont pas les mots, les termes par lesquels on désigne les causes, mais les idées qu'elles expriment, les questions qu'elles suggèrent : par qui ou par quoi, de quoi, comment, pourquoi.

Cause signifie ici, dans un sens très étendu, tous les principes auxquels on peut rattacher les propriétés d'un être et ses relations.

Principe de raison suffisante. — Au principe de causalité, que l'on vient de rappeler, si nous ajoutons le principe de *raison suffisante : Toute chose a sa raison*, c'est-à-dire aucune chose n'existe sans une raison qui explique *pourquoi* et *comment* elle existe, — nous verrons qu'il n'est pas moins fécond en applications pratiques.

« Il n'y a pas de fumée sans feu, » disons-nous, quand circule sur quelqu'un de nos semblables une rumeur calomnieuse. D'ordinaire, que de légèreté, et souvent que d'injustice dans cette conclusion !

On nous raconte des faits extraordinaires; avant de les croire, demandons-nous si ces faits ont des raisons suffisantes pour être et pour être crus. On accuse telle personne que nous connaissons bien, et que nous savons être incapable de la malhonnêteté qu'on lui attribue : rappelons-nous le principe de raison suffisante et n'ajoutons pas foi à ce qui peut n'être qu'une calomnie. Que d'amis peuvent être brouillés pour n'avoir pas appliqué ce principe! Ils ont cru, sans raison suffisante, de faux rapports, se sont laissé tromper par de fausses apparences, par des insinuations malveillantes.

S'il faut facilement croire le bien, il faut difficilement croire le mal. Le bien se suppose, le mal se prouve. La bienveillance risque moins d'errer que la disposition à croire le mal sur des indices et sans preuves certaines, disposition contraire au principe de raison suffisante.

Premiers principes de l'ordre moral ou pratique. — Il y a certaines maximes spécieuses, dont on aperçoit facilement la fausseté en les rapprochant des premiers principes de l'ordre moral ou pratique, qui sont ceux-ci : *il y a le bien, il y a le mal; il faut faire le bien; il faut éviter le mal; il faut remplir le devoir.* — Si, en regard de ces principes, qui sont les premières données de la conscience morale, nous mettons les maximes suivantes : *il faut faire comme tout le monde, — il faut vouloir ce qu'on ne peut empêcher, — la fin justifie les moyens, — il faut suivre la nature,* — elles se trouvent réfutées par la seule affirmation des principes.

Il faut faire comme tout le monde : il faut faire le bien, et il faut le faire toujours et partout, quand même personne ne le ferait; — *il faut vouloir ce qu'on ne peut empêcher :* il faut éviter le mal, il ne faut jamais le vouloir, y donner son consentement, alors même qu'on ne pourrait pas l'empêcher; — *la fin justifie les moyens :* il faut éviter le mal dans les moyens comme dans la fin; le mal ne peut devenir le bien par le but qu'on se propose; quelle que soit la fin poursuivie, il ne saurait se justifier; — *il faut suivre la nature :* il y a le bien qu'il faut faire, le mal qu'il faut éviter, le devoir qu'il faut remplir, quelle que soit la nature, bonne ou mauvaise.

Ce que montrent ces exemples. — On voit, par ces quelques exemples, quelle ouverture d'esprit et quelle fermeté de raison donne l'habitude des principes. En provoquant les enfants à l'examen des choses, il faut donc, autant qu'on le peut, les habituer à mettre en acte les principes qui sont en puissance dans leur esprit, à se rendre compte de ce qu'ils voient, de ce qu'ils entendent.

« Si les principes ne peuvent se perdre, ils peuvent s'obscurcir et se fausser. Ainsi, quoique tout homme appelé à y penser ne puisse manquer d'avouer que tout fait a une cause, et que la liaison des causes et des effets est constante, que de gens pensent en réalité comme si le hasard, le caprice ou des volontés arbitraires menaient les phénomènes du monde!...

« Il est des esprits sans nombre à qui on ne causerait aucun étonnement en leur racontant les choses les plus absurdes, les plus impossibles. Pourquoi? N'ont-ils pas dans l'esprit les principes qui leur permettent de comprendre que l'absurde est impossible? Il les ont;

mais ils les laissent dans l'oubli : ils les laissent dormir, pour ainsi dire. De fausses associations d'idées, des souvenirs incohérents, désordonnés, provenant de récits fantastiques, ont littéralement faussé leur esprit. » (MARION, *Leçons de psychologie*, 24ᵉ leçon.)

Cette revue rapide que nous venons de faire de quelques-uns des premiers principes de la raison, tant de l'ordre spéculatif que de l'ordre moral, montre qu'il n'en est pas un qui ne puisse être oublié dans la pratique ou vivement compris et vérifié par l'esprit attentif. Toute contradiction apparaît immédiatement comme telle, c'est-à-dire comme absurde, à l'esprit éveillé et averti; mais encore faut-il l'éveiller ou l'avertir. Il y a beaucoup d'esprits à qui la contradiction ne fait pas peur, parce qu'ils ne savent pas la remarquer. Dans ce cas, il faut la leur faire toucher du doigt, leur montrer qu'ils admettent le oui et le non sur le même objet; en d'autres termes, qu'ils admettent qu'une même chose est et n'est pas en même temps, comme ferait celui qui prétendrait avoir trouvé un *cercle carré,* c'est-à-dire une figure qui serait en même temps et ne serait pas un cercle ou un carré.

Il faut saisir toutes les occasions de développer chez les enfants la raison pratique, le sens moral, la conscience; de leur donner, par des exemples pris dans leur vie journalière, par des principes dégagés des faits, la notion très nette du juste et de l'injuste; de leur inspirer la crainte de Dieu, c'est-à-dire l'amour du bien et la haine du mal.

Dans la vie pratique, on reconnaît une raison mûre, pleinement et sainement développée, au rôle prépondérant donné à l'idée et au sentiment du devoir dans la conduite propre et dans les jugements sur la conduite des autres; à l'habitude de dominer les événements, d'y introduire l'ordre et la règle, s'ils dépendent de soi, et, s'ils n'en dépendent pas, de les juger du moins à la lumière des principes[1].

« Apprendre à raisonner et à vouloir, c'est l'instruction et l'éducation la plus haute. Donner à la raison la perception très nette des grands principes qui dominent et éclairent toutes les sciences; proposer à la volonté une idée élevée qui la préserve des défaillances et illumine la vie tout entière, est infiniment meilleur qu'entasser des connaissances et des pratiques; car c'est créer une individualité distincte, originale; c'est apprendre à un esprit à chercher, à trouver la vérité par lui-même, c'est former une volonté capable de se frayer un chemin et de résister au torrent. » (P. VALLET, prêtre de Saint-Sulpice, *La Vie et l'Hérédité.*)

---

[1] Ce sujet est pris dans la *Méthodologie de l'Enseignement de la Philosophie*, ch. III, III, p. 81.

IV

Motifs d'action.

IX

Comment pensez-vous pouvoir expliquer d'une manière concrète, à de jeunes enfants, les quatre motifs d'action: passion, plaisir, intérêt, devoir?

Sommaire. — Expliquer ce qu'on entend par motifs d'action et tracer des portraits.

Développement.

Pour expliquer les quatre motifs d'action à de jeunes enfants, je leur ferai comprendre d'abord, puis dire ce que c'est qu'un motif d'action, c'est-à-dire ce qui porte à agir, à faire une chose. Puis, par une série de questions suggestives, je les amènerai à distinguer ceux qui s'inspirent surtout ou presque uniquement de l'un de ces motifs d'action, ce qui pourra nous conduire à tracer quatre portraits : celui du *passionné*, celui de l'*épicurien*, celui de l'*utilitaire*, celui de l'*homme consciencieux* ou homme de devoir.

Je m'efforcerai de prendre les éléments de ces portraits dans la vie courante des enfants et dans les faits qu'ils connaissent.

Je leur dirai, par exemple :

Un de vos camarades, Pierre, se fâche contre quelqu'un qui l'a trompé dans le jeu, et il menace de le battre, au lieu de s'expliquer et de faire avec bienveillance les reproches mérités; quel est le sentiment qui le pousse? C'est la colère, la vengeance; la colère et la vengeance sont des sentiments désordonnés, des passions : Pierre agit par *passion;* s'il fait habituellement ainsi, c'est un *passionné.* Il fait mal; car il faut dominer, maîtriser ses passions.

Au lieu de faire ses devoirs classiques, Paul va s'amuser; il évite ce qui lui demande de l'effort : une leçon à étudier, un problème à faire; il recherche ce qui lui donne du plaisir : la distraction, le jeu. Il ne sait pas se bien tenir, être attentif à une explication, parce que ça coûte de se bien tenir, d'être attentif. Il préfère ce qui le fait jouir à ce qu'il doit faire, à ce que la conscience lui prescrit; il sacrifie le devoir au *plaisir*. Paul est ce qu'on appelle un *épicurien*, c'est-à-dire qu'on peut le ranger parmi les disciples du philosophe Épicure, qui disait que le plaisir est le but de la vie, en quoi il avait tort; car le but de la vie, ce n'est pas le plaisir, mais le bien, c'est-à-dire ce qui convient, ce qui est raisonnable, ce que la conscience commande.

Mathieu a commis une faute et, craignant les suites fâcheuses qu'elle peut avoir pour lui, il la nie et laisse soupçonner un de ses camarades. Pourquoi a-t-il commis ce mensonge et cette injustice vis-à-vis de son camarade? Pour s'épargner une réprimande, une humiliation, une punition, il a cherché son avantage, sans tenir compte des reproches de sa conscience, qui lui disait qu'il faisait là une vilaine action. Il a agi par *intérêt*. S'il agit souvent ainsi, c'est un *intéressé*, un *utilitaire*, qui met l'intérêt au-dessus de tout, qui sacrifie son devoir à ce qu'il croit lui être utile, sans s'inquiéter si son intérêt est légitime et ne nuit pas à d'autres.

Voici maintenant un enfant qui fait toujours ce qu'il faut, qui est toujours à son *devoir* : c'est Thomas. Il travaille quand il faut travailler, écoute quand le maître explique, s'amuse quand c'est le temps de la récréation; il n'est ni envieux, ni jaloux, ni colère avec ses camarades; il ne néglige pas le travail, qui lui coûte, pour le jeu ou l'amusement, qui lui plairait davantage; il est incapable de tromper au jeu pour se donner l'honneur de la victoire, de copier une composition ou des devoirs pour se procurer une meilleure place au détriment de ses camarades. Thomas est un enfant *consciencieux*, il agit par *devoir :* ce qui ne l'empêche pas de se passionner pour ce qu'il fait, car il y met tout son cœur; d'y trouver son plaisir et son intérêt; car on trouve toujours de la satisfaction et on assure son véritable intérêt en faisant ce qu'on doit.

Autres sujets. — 1.

« Pierre qui roule n'amasse pas mousse. »

Imaginer l'histoire d'une personne qui n'a jamais su se contenter de son sort et qui a exercé successivement sept ou huit métiers. Ces changements continuels l'ont réduite à la gêne : elle n'a rien amassé pour ses vieux jours.

Voir Ier vol., p. 37. (Br. él. Besançon, Aspirantes, 1909.)

2. Prenez un de ces dictons (ou tel autre que vous préférez) : « Qui trop embrasse mal étreint. — Pierre qui roule n'amasse pas mousse. »

Expliquez le sens de votre mieux; imaginez une petite histoire qui le ferait mieux comprendre d'un enfant.

(Bacc. 1re partie Lille, 1902.)

3. Le proverbe dit : « Pierre qui roule n'amasse pas mousse. » D'autre part, on a pu dire : « Il est bon de voyager, cela étend les idées et rabat l'amour-propre. »

Vous montrerez tour à tour ce que ces deux pensées contradictoires ont de juste, en les appliquant et les appuyant d'exemples. Vous direz ensuite comment elles peuvent se concilier.

(Br. él. Grenoble, 1909.)

4. Expliquer les proverbes suivants en essayant d'expliquer les contradictions qui y apparaissent :

Tel père, tel fils.	Plus fait douceur que violence.
A père avare, fils prodigue.	Qui ne risque rien n'a rien.

Pierre qui roule n'amasse pas mousse.
Quiconque a beaucoup vu doit avoir beaucoup retenu.

(Bacc. 1re partie Poitiers, 1910.)

5. Écrivant à un ami qui se laisse facilement décourager, vous lui montrerez la nécessité de la persévérance et vous amènerez, en les commentant un peu, les proverbes suivants :

Pierre qui roule n'amasse pas mousse ;
Trois déménagements équivalent à un incendie ;
Il ne faut pas jeter le manche après la cognée.

X

Énumérer et expliquer les motifs d'action à l'aide des fables de La Fontaine et en faisant des questions et des réponses brèves et précises.

Ne pas manquer d'apprécier certaines maximes morales transformées par La Fontaine en règles de prudence utilitaire.

Observation. — Le texte indique suffisamment la marche à suivre.

Développement.

Qu'appelle-t-on motif ou mobile d'action? — Ce qui porte à agir. Le motif est fourni par la raison, il est raisonné : par exemple, l'intérêt, le devoir ; le mobile est fourni par la sensibilité : par exemple, la passion, le plaisir.

Motif s'emploie souvent pour mobile ; c'est le terme générique. Voilà pourquoi l'on dit simplement les motifs d'action.

Le devoir est toujours un motif, et non un mobile d'action ; c'est le motif moral. L'intérêt n'est pas moral : c'est un motif égoïste, comme la passion et le plaisir ; voilà pourquoi on peut aussi l'appeler mobile d'action.

Qu'est-ce qui nous porte à agir? — La passion, le plaisir, l'intérêt, le devoir. La passion pousse, le plaisir attire, l'intérêt conseille, le devoir commande avec autorité, oblige : il s'impose à la volonté sans la contraindre.

Comment s'appelle celui qui n'agit que par passion? Un passionné. — Celui qui ne cherche que le plaisir? Un épicurien. — Celui qui n'agit que par intérêt? Un utilitaire. — Le passionné, l'épicurien, l'utilitaire, agissent-ils raisonnablement? Non, car la raison prescrit d'agir par devoir.

Quand agit-on en homme? — Quand on agit par devoir, par raison : la raison est le principe naturel d'activité chez l'homme, comme l'instinct est le principe naturel d'activité chez l'animal. Agir en homme, agir moralement, agir raisonnablement, agir par devoir, ces expressions ont même sens.

La passion, le plaisir, l'intérêt, peuvent-ils se joindre au motif du devoir? Oui, mais il faut que le motif du devoir les domine et les règle, c'est-à-dire que le motif du devoir soit le principal, et que les autres ne lui soient point opposés, mais conformes. Le devoir avant tout et malgré tout. Fais ce que dois, advienne que pourra. Heureux ceux qui mettent leur passion, leur plaisir, leur intérêt dans leur devoir! Les saints en arrivent là.

Par quel motif a agi la cigale imprévoyante? Par plaisir. — Par quel motif a agi la cigogne? Par passion. — Et le renard? Par intérêt. — Et la colombe qui jette un brin de paille à la fourmi sur le point de se noyer? Par devoir. — Et le rat rongeant les mailles qui retiennent le lion captif? Par devoir.

Quel devoir remplit la colombe? Un devoir de charité. — Et le rat? Un devoir de justice. — La reconnaissance, qui rend le bien pour le bien, est un devoir de justice.

Quelles vertus pratique l'homme qui remplit tous ses devoirs envers ses semblables? La justice et la charité. — Qu'est-ce que la justice? Le respect des droits d'autrui. — Qu'est-ce que la charité? Le dévouement, le don de soi, le sacrifice de son égoïsme au bonheur d'autrui. — Quelle maxime résume les devoirs de justice? Celle-ci : *Ne fais pas aux autres ce que tu ne veux pas qu'ils te fassent.* Quelle maxime résume les devoirs de charité?

Celle-ci : *Fais pour les autres ce que tu veux qu'ils fassent pour toi.*

Cette maxime : « Il faut autant qu'on peut obliger tout le monde, » à quelle vertu se rapporte-t-elle? A la charité. — Et cette autre : « Il ne se faut jamais moquer des misérables? » A la justice.

Le motif que La Fontaine donne pour engager à pratiquer ces deux maximes n'en altère-t-il pas le caractère obligatoire? Oui. Est-ce parce qu'on peut avoir besoin d'un plus petit que soi qu'il faut autant qu'on peut obliger tout le monde? Non, mais parce que c'est un devoir de charité. Est-ce parce que l'on peut être un jour malheureux soi-même qu'il ne faut pas se moquer des malheureux? parce qu'on veut être épargné par les autres qu'il faut les épargner soi-même? Non, mais parce que c'est un devoir de justice. A-t-on le droit de se moquer des misérables? Non, on n'en a pas le droit. Qu'est-ce que le droit? Un pouvoir moral. On n'a pas le pouvoir moral de se moquer des misérables. On n'agit pas moralement, pas raisonnablement, pas en homme, si on le fait. On ne peut le faire sans manquer à son devoir, sans commettre une faute, sans violer le droit qu'a le malheureux d'être respecté dans son malheur.

N'avoir pas le droit de faire une chose, c'est avoir le devoir de ne pas la faire. Qu'est-ce que le devoir? C'est une nécessité morale. Le devoir est nécessaire à la vie morale, à la vie de l'âme raisonnable et libre, comme la nourriture est nécessaire à la vie physique, à la vie du corps.

Est-ce qu'on peut agir moralement en agissant à la fois par devoir et par intérêt? Oui, mais l'intérêt doit être subordonné au devoir et réglé par lui : il doit être moralisé. De même pour la passion et le plaisir. La passion, le plaisir, l'intérêt sont des ressorts naturels d'activité qui sont bons, s'ils sont moralisés, c'est-à-dire dominés, réglés par la raison, la conscience, le devoir. Séparés du devoir, ce sont des motifs ou mobiles intéressés. Le passionné, l'épicurien, l'utilitaire agissent, non en hommes, mais en égoïstes. Ce sont des égoïstes.

Faut-il imiter la fourmi? Oui, dans sa prévoyance; non, dans sa dureté impitoyable. La fourmi manque absolument de charité, c'est une égoïste. Faut-il imiter le corbeau? Non, car il ne faut être ni vaniteux, ni sot. Faut-il imiter le renard? Non, car il ne faut être ni rusé, ni trompeur, ni voleur. Faut-il imiter la cigogne? Non, car il n'est pas permis de se venger, de rendre le mal pour le mal. L'injustice des autres autorise-t-elle la nôtre? Est-il permis de tromper un trompeur? Non, il est défendu d'être injuste envers qui que ce soit.

Quel est le meilleur moyen d'apprécier la conduite des hommes ? C'est d'examiner leurs motifs d'action.

Qu'est-ce qu'une bonne action ? C'est celle qui est conforme à la raison, à la conscience, à la loi morale. Une action bonne en elle-même peut-elle être moralement mauvaise ? Oui, si celui qui la fait agit avec un motif mauvais ; par exemple, celui qui ferait du bien à un malheureux pour obtenir de lui un acte coupable.

Une action faite uniquement par passion, par plaisir ou par intérêt, peut-elle être moralement bonne ? Non, parce que celui qui la fait n'agit pas moralement. Peut-elle être moralement belle ? Non, car pour qu'elle soit moralement belle, il faut qu'elle soit moralement bonne. Le beau excite notre admiration. Or, on n'admire pas un homme qui expose sa vie uniquement pour gagner une prime, une somme d'argent.

Le bien, dans l'ordre pratique, comme le vrai dans l'ordre spéculatif, est la condition du beau ; mais il ne suffit pas qu'une action soit bonne pour être belle, il faut encore qu'elle demande de la force pour la faire. Un riche, par exemple, donne un sou ou un morceau de pain à un pauvre : il fait une bonne action, non une belle action ; mais un homme héroïque expose sa vie par dévouement, par charité, pour sauver un de ses semblables, dans une inondation, dans un incendie : il fait une belle action. C'est une action moralement bonne et qui demande de la force pour la faire.

« Une belle action, a dit Montesquieu, est celle qui a de la bonté et qui demande de la force pour la faire. » — Le *Paysan du Danube* (LA FONTAINE, liv. XI) fait une très belle action : elle est bonne, désintéressée, généreuse ; elle exige beaucoup de courage, de force d'âme pour être accomplie.

Autres sujets. — 1. Quelle morale peut-on tirer des fables de La Fontaine ? (Bacc. 1re partie Sorbonne, 1903.)

2. Quelles sont les raisons qui vous ont fait travailler jusqu'ici ?
Crainte des punitions ou désir des récompenses ?
Petite vanité ou gloriole ?
Espoir intéressé du succès ?
Désir de contenter les vôtres et vous-même ? (Br. él. Dijon, Aspirantes, 1899.)

3. Pour quel motif devons-nous faire le bien ? Est-ce pour obéir aux ordres de Dieu ? aux préceptes de notre conscience ? aux exigences de la vie sociale ? ou bien est-ce pour une autre raison ? (Bacc. Philos. Aix, 1902.)

4. Essayez, en faisant appel au souvenir de ce que peuvent vous avoir montré vos parents, vos maîtres, vos livres et vos propres

réflexions, de vous expliquer comment vous comprenez le devoir. (Br. sup. Bordeaux, Aspirants, 1901.)

5. Une mère a donné à chacune de ses trois filles un billet de cinquante francs. Chacune d'elles lui rend compte de l'emploi qu'elle a fait de cette somme. Appréciation de la mère. (Br. él. Paris, Aspirantes, 1908.)

6. Expliquez et commentez, en donnant des exemples, cette pensée d'un moraliste contemporain :

« Ce n'est pas l'importance ni la petitesse de la tâche qu'on accomplit qui en fait la noblesse ou la vulgarité, mais l'esprit dans lequel on l'accomplit. » (Br. él. Montpellier, Aspirants, 1908.)

XI

« *Sois fort, sois juste, sois bon,* »

**disait une mère à son fils âgé de douze ans.
Comment comprenez-vous qu'un enfant de cet âge puisse mettre en pratique ce triple conseil?**

(Br. él. Nancy, Aspirantes, 1899.)

Observations. — La question posée précise et circonscrit le sujet, elle indique dans quel sens il faut choisir et tourner les idées et les exemples.

Il s'agit de montrer, en caractérisant les trois vertus recommandées dans le texte, que l'enfant de douze ans « peut mettre en pratique le triple conseil de sa mère ».

Il sera bien de faire voir, en même temps, comment les trois vertus s'enchaînent, s'appellent, se complètent, et comment la bonté contient et couronne les deux autres.

Se rappeler ce vers de Victor Hugo à une jeune fille :

Sois bonne. La bonté contient les autres choses.

Développement.

La mère se contente souvent de dire à l'enfant : *Sois sage!* Et ce mot renferme tout, si on l'entend bien. « Le mot sage, dit à un enfant, remarque Joubert, est un mot qu'il comprend toujours et qu'on ne lui explique jamais. » L'enfant n'y voit d'abord qu'une recommandation contre la turbulence. Peu à peu, à mesure que s'éveillera sa raison, que se dégagera et s'affermira sa conscience, il comprendra que la sagesse s'étend à l'ensemble de la conduite.

La mère fait bien, alors, de préciser davantage son conseil. Ces trois mots : *Sois fort, sois juste, sois bon!* qu'elle lui dit à douze ans, qu'elle doit même lui dire plus tôt, — « Il n'est jamais trop matin pour mettre l'homme à l'école des devoirs » (COMPAYRÉ), — ces trois mots rappellent à l'enfant l'ensemble des qualités qui constituent la *vraie sagesse*, dans laquelle il doit grandir, comme il grandit en âge et en vigueur physique.

C'est un fait d'expérience, que les plus hauts principes de la raison, s'ils sont bien présentés, sont accessibles aux plus jeunes intelligences. « Prenez les simples discours de la philosophie, dit Montaigne; sachez les choisir et présenter à point : ils sont plus aisés à comprendre qu'un conte... Un enfant en est capable au partir de la nourrice, beaucoup mieux que d'apprendre à lire ou à écrire[1]. » (*Essais*, liv. I, chap. xxv.)

Et non seulement les idées morales sont accessibles à l'enfant, non seulement il en est capable, mais encore ce sont les premières qu'on doit lui enseigner. « Il faut, dit encore Joubert, que les idées spirituelles et morales entrent les premières dans la tête; car, si elles y trouvaient la place prise par les dogmes de la physique, elles ne pourraient plus s'y faire jour. L'esprit alors, habitué à se contenter de ces notions grossières, en refuserait de meilleures. »

I. — Sois fort! Pour se commander à soi-même, pour ne pas reculer devant les difficultés de la vie, pour aimer l'effort au lieu d'en avoir peur et de le fuir, pour réaliser la devise des anciens : « Une âme saine dans un corps sain, » pour éviter le mal et faire le bien, pour être juste et bon, il faut à l'enfant de la force : de la force physique, de la force intellectuelle, de la force morale. La mère tient à ce que son fils possède ces trois forces. Il acquerra et conservera la première par l'hygiène et la gymnastique, les jeux mouvementés, les exercices corporels; il acquerra et conservera la seconde par l'étude, par l'attention et la réflexion, par l'expérience. Quant à la troisième, qui est la force proprement dite, qui est la raison d'être et le couronnement des deux autres, qui peut même les suppléer si elles font en partie défaut, cette force morale qu'on nomme la vertu et que la mère recommande principalement à son fils, l'enfant la conquerra et la conservera

---

[1] Voir *Méthodologie de l'Enseignement de la Philosophie*, ch. II, II : Philosophie mêlée à tout l'enseignement (p. 26).

par la fidélité à tous ses devoirs, par la pratique constante du bien.

Cette force, c'est la patience et l'endurance pour supporter la fatigue, la souffrance physique et les contrariétés de toutes sortes; c'est le courage pour ne pas se laisser aller à la paresse, à l'indolence, à la nonchalance, à l'apathie; c'est la fermeté d'âme dont l'enfant a besoin pour résister à ses caprices et à ses mauvais penchants, ainsi qu'aux mauvais conseils et aux mauvais exemples; pour se préserver non seulement de la légèreté et de l'étourderie, mais de l'orgueil, de la haine, de l'envie, de la colère, de l'intolérance, de toutes les passions malveillantes qui ne sont que les formes de l'égoïsme et de la faiblesse d'âme.

L'éducation ne fait des âmes libres que si elle fait des âmes fortes. « La faiblesse est incompatible avec la liberté, » a dit justement Vauvenargues. Sans aller, avec La Rochefoucauld, jusqu'à affirmer « qu'elle est le seul défaut qu'on ne saurait corriger[1] », on peut avouer, avec Lacordaire, « qu'elle est le malheur de notre nature le plus difficile à porter. » On n'est injuste, on n'est mou ou indulgent pour soi et dur pour les autres, on ne contracte de mauvaises habitudes, on ne devient vicieux, que parce qu'on est faible, que parce qu'on manque de force; et l'enfant de douze ans, s'il veut faire son éducation, s'il veut devenir un homme, peut et doit apprendre à se gêner, à remporter des victoires sur lui-même, à user de sa liberté, à faire respecter ses droits comme il respecte ceux des autres, à mettre en pratique le conseil de sa mère : *Sois fort !*

II. — *Sois juste !* On a dit « qu'il y a dans le cœur d'un petit enfant le même sentiment de profonde justice que dans l'âme d'une grande nation ». (OCTAVE FEUILLET.) L'enfant comprend donc facilement la maxime de justice : *Ne fais pas aux autres ce que tu ne veux pas qu'ils te fassent.*

Il ne veut pas qu'on lui veuille ou qu'on lui fasse du mal : il n'en doit pas vouloir ni en faire aux autres. Il ne veut pas qu'on le taquine, qu'on le brusque, qu'on le maltraite, qu'on l'insulte, qu'on l'outrage, qu'on se moque de lui, qu'on lui manque de respect, qu'on le méprise, qu'on le trompe, qu'on lui mente, qu'on dise du mal de lui, qu'on le calomnie, qu'on le vole, qu'on cherche à lui nuire de quelque façon que ce soit, qu'on méconnaisse sa dignité et ses droits, qu'on l'empêche d'user de sa liberté, d'obéir à sa conscience et de remplir ses devoirs : la justice qu'il veut pour lui, il doit la vouloir pour les autres.

---

[1] Voir 1er vol., 2e partie, LI, p. 136.

Il sera juste dans l'intérieur de la famille, à l'école, partout.

L'obéissance à ses parents et à ses maîtres est une des formes de la justice; il y joindra pour eux la reconnaissance. Il est juste qu'il reconnaisse leurs soins, leurs sacrifices, et qu'il y réponde par l'exactitude à suivre leurs recommandations au sujet du travail et de la conduite.

Envers ses frères, ses sœurs, ses camarades, il a constamment l'occasion de pratiquer la justice. Tout ce qu'il ne veut pas qu'ils lui fassent, il ne le leur fera pas. Il évitera les querelles dans les jeux, les taquineries en classe, les jalousies, les injures, les menaces, les coups, tout ce qui peut faire de la peine aux autres. Il se gardera de se donner des torts, et, s'il s'en donne, il les réparera. Il sera loyal, fidèle à sa parole, à ses promesses; il n'en fera pas qu'il ne soit résolu à tenir.

A tout moment, il aura donc sujet de se rappeler le conseil de sa mère : *Sois juste!*

III. — *Sois bon!* Ce qui prouve que l'on est fort et juste, c'est que l'on est bon. Les forts et les justes, ce sont les bons. La bonté est la perfection de la force et de la justice : elle en est l'épanouissement, le rayonnement.

Dans l'ordre moral ou pratique, rien n'est vrai, rien n'est beau, rien n'est grand, que ce qui est bon. Une idée, un sentiment, un acte, un procédé, ne sont vrais, ne peuvent être beaux que s'ils sont bons. L'on n'est vrai, l'on n'est fort, l'on n'est juste, l'on ne peut avoir une âme belle et grande que si l'on est bon.

A douze ans, l'enfant peut comprendre et mettre en pratique tout cela. Il comprendra qu'il y a une chose qu'il ne doit aimer ni à faire, ni à donner, c'est de la peine; qu'il doit faire pour les autres ce qu'il veut que les autres fassent pour lui; qu'il doit vouloir du bien à tous comme à lui-même; que c'est précisément en cela que consiste la bonté; enfin qu'il ne doit vouloir de mal à personne.

Il aimera à faire plaisir, et il ne voudra pas son bonheur aux dépens du bonheur des autres. Il le cherchera, au contraire, en s'occupant de celui des autres. Il comprendra ce beau vers de Victor Hugo, adressé à une jeune fille :

> Sois bonne. La bonté contient les autres choses.

Elle contient, ou plutôt elle est la force par excellence; elle contient la justice parfaite. Il n'y a pas de force morale, pas de vraie force où il n'y a pas de bonté, et « l'indulgence (la bonté) est une partie de la justice ». « On n'est juste qu'envers ceux que l'on aime. » (JOUBERT.)

IV. — Ainsi l'adolescent peut sans cesse mettre en pratique le triple conseil de sa mère. Tout ce qui l'entoure, personnes et choses, lui en fournit l'occasion. Il ne s'élèvera, il ne fera son éducation, il ne deviendra un homme, — un homme est un être fort, juste et bon, — que s'il y est fidèle, et dans la mesure où il y sera fidèle. Tous ses devoirs, présents et futurs, se résument en ces mots : *Sois fort, sois juste, sois bon*[1] !

Pensées. — L'esprit est le côté partiel de l'homme, le cœur est tout. (LACORDAIRE.)

L'esprit sans la bonté, c'est l'abeille sans le miel. (JULES CLARETIÈ.)
La bonté, c'est l'amour gratuit. (LACORDAIRE.)

On peut parfois se permettre une plaisanterie entre camarades, mais il faut en user sobrement, car c'est un jeu dangereux. (X.)

On ne prête pas à rire, si l'on commence par rire de soi. (P. SYRUS.)

Fontenelle, dans un de ses *Éloges*, dit du personnage qu'il célèbre : « Enfin, il était d'humeur agréable, même dans son intérieur. »

Et Joubert, dans ses *Pensées :* « Il faut mettre son velours en dedans. »

« Il n'y a pour la volonté vertueuse qu'un principe de force : c'est l'amour. » (MGR D'HULST.)

Autres sujets. — 1. Qu'est-ce que la bonté ? A quoi reconnaît-on qu'une personne est bonne ? Avantages de la bonté : 1º pour autrui 2º pour celui qui l'exerce. Est-il difficile d'être bon ? (C. É. P. Pas-de-Calais, 1892.)

2. On fit un jour, auprès de plusieurs personnages célèbres, une enquête afin de savoir quelle est la plus belle qualité chez une femme. L'un dit : *C'est l'esprit ;* un second : *C'est la volonté ;* un autre enfin : *La bonté.*
Que pensez-vous de ces différentes réponses ? Quelle est votre opinion personnelle ? Justifiez-la. (Br. sup. Poitiers, Aspirantes, 1907.)

3. Apprécier cette pensée de La Rochefoucauld :
« Rien n'est plus rare que la véritable bonté. Ceux mêmes qui croient en avoir, n'ont d'ordinaire que de la complaisance ou de la faiblesse. » (Bacc. Philos. Nancy.)

4. Expliquer, par des exemples, ce vers de V. Hugo :

Personne n'est méchant, et que de mal on fait !

Est-il juste ou faux, suivant votre expérience personnelle ? (Bacc. 1re partie Paris, 1911.)

---

[1] Voir un autre sujet sur la *bonté*, 3e vol., 6e partie, VIII.

V

Volonté, obéissance, caractère.

XII

Commenter ce vers :

« Et l'homme n'apprend rien, s'il n'apprend à vouloir. »

(F. L.)

Sommaire sous forme de questions. — Tout ce que l'homme apprend sans apprendre à vouloir, n'est-il pas vain et illusoire?

De quoi sert-il de connaitre la vérité, si on ne la pratique pas? les règles, si on ne les suit pas?

Apprendre à vouloir, n'est-ce pas apprendre à obéir à la raison, à la conscience, à faire le bien, à faire son devoir, à conformer sa volonté à celle de Dieu?

Le paresseux sait-il vouloir?

Et l'enfant dissipé? Et l'enfant indiscipliné? Et le désobéissant? Et l'entêté?

Comment apprend-on à vouloir?

Quel est l'homme qui sait vouloir?

Développement.

Ce vers signifie qu'apprendre à vouloir est tout pour l'homme; que, s'il n'apprend cela, il n'apprend rien.

Pour voir la vérité de cette assertion, il suffit de bien entendre ce que c'est qu'apprendre à vouloir.

Apprendre à vouloir, c'est apprendre à diriger sa volonté, à en faire usage, à obéir à la conscience, à faire le bien, à pratiquer la vertu, à rester dans l'ordre, à tendre à sa fin.

Mais cela, c'est tout pour l'homme; c'est le but de la vie. Tout le reste est moyen relativement à ce but.

Donc tout ce qui ne tourne pas à apprendre à vouloir est vain, illusoire, déréglé.

Les moyens ne sont plus moyens et deviennent même des obstacles, s'ils n'aident à atteindre la fin. Voilà pourquoi Bossuet a dit : « Malheur à la connaissance stérile qui ne se tourne pas à aimer et se trahit elle-même! » La vérité n'éclaire pas; elle aveugle, si la volonté y reste étrangère. Notre-Seigneur nous en avertit : « Faites la vérité, nous dit-il, vous arriverez à la lumière. » Il nous donne la lumière comme le fruit de la vérité pratiquée.

On ne doit s'instruire que pour devenir meilleur. Mais comment devient-on meilleur, sinon en formant sa volonté, en la maintenant dans la règle, en lui apprenant à obéir à la loi, à se conformer à l'ordre, à la volonté de Dieu?

Pourquoi dit-on que l'instruction sans l'éducation est nuisible? N'est-ce pas parce qu'apprendre à vouloir est le but et que l'instruction qui ne sert pas, qui n'aboutit pas à la formation de la volonté peut devenir et devient nécessairement un instrument funeste? Dès qu'elle ne nous rend pas meilleurs, elle n'est pas un bien, pas un vrai bien. « Le vrai bien, dit saint Augustin, est celui qui nous rend meilleurs. »

L'instituteur qui se contente d'instruire ses élèves et qui ne leur apprend pas à vouloir fait une œuvre, non seulement incomplète, mais dangereuse. Il perd de vue le but de l'instruction et le laisse aussi perdre de vue à l'enfant. C'est là un désordre, un dérèglement, un malheur.

Former l'homme, c'est donc former sa volonté. La volonté est l'homme même. Qui ne sait vouloir ne sait rien; il n'a nulle valeur, il n'est pas un homme. Qui sait vouloir sait tout; il est dans l'ordre, il tend à sa fin et il y arrive.

Au fond, savoir vouloir, c'est savoir faire son devoir, c'est croire que tout est possible dans l'ordre moral, que vouloir c'est pouvoir, que l'on doit, dans la mesure de ses forces, agir en conséquence, quels que soient les circonstances et les obstacles.

Le paresseux a peur de l'effort : il ne sait pas vouloir. Le dissipé ne saurait régler sa volonté, parce qu'il est incapable d'attention : il ne voit pas la règle. L'indiscipliné a une volonté pervertie : il connaît la règle, et ne la suit pas. Obéir, c'est faire acte de volonté raisonnable : le désobéissant fait le contraire. L'entêté va à l'opposé de la règle et il s'obstine dans cette voie : il ne fait pas usage de sa volonté. La volonté est faite pour suivre la raison, elle ne mérite plus le nom de volonté, quand elle se pervertit.

De ces principes et de ces considérations il ressort évidemment qu'apprendre à vouloir est tout pour l'homme; que le reste, sans cela, est vain et illusoire; que ce qui donne du prix à tout, c'est la volonté droite, moralisant tout, se servant de tout pour conduire l'homme à sa fin.

Lectures. — *L'école.* — C'est se tromper sur les écoles, sur leur but, sur leur grandeur, que d'y voir surtout la propagation de la science; il faut y chercher, il faut y mettre la propagation du courage et de la vertu. Nous avons eu beau, depuis un siècle, transformer les forces de la nature et les mettre au service de l'homme; l'homme est encore et il sera, jusqu'à la consommation des siècles, la plus grande force qui existe sous le ciel. Non, ce n'est pas parce qu'il sait qu'il meurt; c'est parce qu'il veut mourir pour le devoir. Le génie n'est si grand que parce qu'il est lui-même, pour la plus grande part, le produit d'une volonté héroïque. Apprendre à ne pas défaillir, quand parle l'humanité ou la patrie, c'est apprendre son métier d'homme et de citoyen.

Fondons des écoles pour éclairer l'intelligence, mais surtout pour fortifier les volontés. Un peuple innombrable, avec une immense étendue de terres, et de terres fertiles, s'il manque d'initiative et de courage, est voué à la décadence, au mépris; tandis qu'une poignée d'hommes au cœur de chêne, jetés sur une terre ingrate, trouveront ou se feront la route vers le succès et l'avenir. Ils lutteront contre l'homme ennemi, contre la nature ennemie; ils endureront les privations; ils braveront les périls; ils ne connaîtront ni les découragements, ni la fatigue; ils transformeront la terre, ils parcourront la mer sans maîtres et sans rivaux : ils se feront de leurs rivaux des auxiliaires ou des serviteurs. Ils seront Rome ou Venise, ou l'Angleterre ou la Hollande, partant d'un coin de terre pour conquérir le monde. (J. Simon, Hachette, éditeur. — Texte de dictée. Br. él. Clermont, Aspirants, 1899.)

Éducation de la démocratie. — La démocratie a une leçon à apprendre : celle qui enseigne l'activité personnelle, infatigable, la résistance consciencieuse, l'opiniâtreté invincible, ce qui fait un caractère, ce qui fait un homme, et ce sont des caractères, ce sont des hommes qu'il nous faut, si nous ne voulons pas que les éléments de notre nation soient un amas d'atomes que le vent des quatre coins du ciel forme et balaie à plaisir. Pour moi, je ne sais pas de plus pressant problème, averti en quelque sorte par le lieu même où j'écris ceci, une de ces dunes de sable que la mer dépose sur son rivage, et qui, poussées par le vent, marchent d'année en année, engloutissant ce qu'elles trouvent devant elles. Un homme les a arrêtées : il a planté des arbres qui, jetant de profondes racines, fixent le sable et résistent au vent; la vie a été plus forte que les éléments. Essayons de faire comme lui : sur ce sol mouvant de la démocratie tourmentée dans tous les sens par ses violences et les violences de ses maîtres, semons des hommes; non pas des sages antiques, qui se croisent les bras et se résignent à être ensevelis tout vifs, mais des hommes qui veuillent exister, respirer, agir, prendre leur place au soleil, la garder et l'étendre; j'entends que le moyen de fixer la démocratie est de susciter dans chacun des individus qui la composent la conscience personnelle, le sentiment du droit et le courage pour le défendre. (E. Bersot. — Texte de dictée. Br. él. Toulouse, Aspirants, 1902.)

Autres sujets. — 1. « Mon enfant, tu es le dernier de la classe, mais il dépend de toi cependant d'avoir, à la manière, et à ton rang, autant de mérite que n'importe lequel de tes camarades. Tu peux même en avoir davantage, si tu te donnes plus de peine qu'eux. »

Commenter et apprécier cette pensée :

« N'estimez-vous pas que la volonté et la persévérance aient plus de prix que l'intelligence? » (Br. él. Lille, Aspirants, 1902.)

2. « Une éducation qui n'exerce pas les volontés est une éducation qui déprave les âmes. Il faut que l'instituteur enseigne à vouloir. »

Cette opinion vous paraît-elle juste? Avez-vous des réserves à faire? Comment peut-on enseigner à vouloir? (Br. sup. Alger, Aspirants, 1908.)

3. Défiez-vous de l'homme qui trouve tout bien, de l'homme qui trouve tout mal, et encore plus de l'homme que tout laisse indifférent. »

Que pensez-vous de ce conseil? (Br. sup. Alger, Aspirants, 1908.)

4. Un candidat au baccalauréat écrivait, l'an dernier, que « la loi du moindre effort est la loi du monde moderne ». — Quelle est votre opinion à ce sujet et quelles seraient les conséquences de ce principe par vous posé? (Bacc. 1re partie Clermont, 1910.)

5. Commentez la pensée suivante :

Dans la vie, il n'y a pas de bonne ou de mauvaise chance, et la déveine n'est qu'un mot dont on se sert pour déguiser ses propres malfaçons. Ce n'est pas la destinée qui fait l'homme, c'est l'homme qui fait sa propre destinée. (A. Theuriet.) (Br. sup. Grenoble, 1908.

XIII

Pourquoi importe-t-il à l'enfant d'agir par lui-même? Doit-on favoriser l'initiative des élèves dans les travaux de classe? Comment? Quel écueil faut-il éviter?

Sommaire. — Répondre aux questions posées.

I. — (1re question.) Il importe à l'enfant d'agir par lui-même, parce que c'est pour lui le seul moyen efficace de se former.

II. — (2e et 3e questions.) Pour favoriser l'initiative des élèves, il faut se contenter de suivre et d'aider la nature, en l'empêchant de dévier, de se fausser, de se pervertir.

III. — L'écueil à éviter, c'est l'indocilité et la présomption. Il faut développer, chez les élèves, la confiance en soi et l'esprit d'initiative, sans les rendre indociles et présomptueux.

Développement.

I. — Il importe à l'enfant d'agir par lui-même, parce que c'est pour lui le seul moyen efficace de se former, de faire son éducation, de devenir un homme.

Il a une intelligence et une volonté; il faut qu'il apprenne à en faire usage, et il ne l'apprendra pas, s'il n'agit pas par lui-même.

L'instinct d'imitation est très utile, mais il ne faut pas en abuser : il faut le limiter et le compléter par l'instinct d'originalité. Chaque homme doit être soi, et non un autre.

L'imitation, pour être vraiment bienfaisante, ne doit pas être servile, mécanique, simiesque, mais humaine. L'enfant n'est pas un singe ni un automate, mais une personne, un homme, qu'il faut traiter comme tel, qu'il faut amener à penser et à agir par lui-même, en faisant usage de toutes ses facultés, de toutes ses forces, de toutes ses ressources.

II. — Voilà pourquoi il faut favoriser l'initiative des élèves dans les travaux de classe.

Pour cela, il faut se contenter de suivre et d'aider la nature, en l'empêchant de dévier, de se fausser, de se pervertir; enseigner le moins possible, et faire trouver le plus possible; employer avec les élèves la méthode inductive, plutôt que la méthode déductive; leur faire découvrir et formuler la règle de grammaire, par exemple, au lieu de la leur donner; les habituer à l'observation, à la pensée personnelle, et faire l'éloge de tout effort accompli dans cette voie; ne pas les tenir toujours en lisière; leur adresser des questions suggestives qui les excitent à chercher, à entreprendre, à découvrir, à compter sur eux-mêmes, à voler de leurs propres ailes; tourner les leçons de morale de façon à leur donner le sentiment de leur dignité et à les préserver de se mettre à la remorque des autres; dans les leçons d'histoire, souligner tout particulièrement les exemples remarquables de ce que peut l'esprit d'initiative; dans celles de géographie, leur découvrir les vastes champs où leur activité pourra s'exercer; dans la mutualité scolaire, leur faire faire l'apprentissage et leur montrer les ressources de l'association; ne pas donner trop d'importance à des travaux de pure mémoire et de pure imitation, priser davantage les travaux où l'esprit d'initiative des élèves se manifeste; user fort peu, dans la forme, de l'autorité; la réserver pour des cas exceptionnels et extraordinaires; procéder par des conseils et des insinuations plutôt que par des ordres; les laisser réfléchir, se convaincre et se mettre à l'œuvre eux-mêmes.

« On n'élève pas un homme, a-t-on dit, en le contraignant sans cesse sous le joug, ce joug fût-il paternel. L'éducation vraie, développante, n'est pas possible par la contrainte, mais par l'entraînement. »

III. — L'écueil à éviter, c'est l'indocilité et la présomption. Il faut développer la confiance en soi, l'esprit d'initiative, chez les élèves, sans les rendre indociles et présomptueux.

On évitera cet écueil en dirigeant la volonté de l'enfant sans la briser, en l'amenant à vouloir de lui-même, avec énergie et persévérance, ce qui est juste et raisonnable; en l'habituant à plier sa volonté devant l'autorité légitime, devant les droits des autres; à sacrifier au devoir ses préférences et ses caprices.

— Voir les deux dissertations qui ont pour texte : *L'homme doit entreprendre comme s'il pouvait tout, et se résigner comme s'il ne pouvait rien* (3ᵉ vol., 5ᵉ part., XII). — *J'aurai du moins l'honneur de l'avoir entrepris* (2ᵉ vol., 5ᵉ part., XXXIV).

Lecture. — *La première leçon de vol.* — Voulez-vous voir deux choses étonnamment analogues? Regardez d'une part la femme au premier pas de l'enfant, et d'autre part l'hirondelle au premier vol du petit.

C'est la même inquiétude, les mêmes encouragements, les exemples et les avis, la sécurité affectée, au fond la peur, le tremblement... « Rassure-toi... Rien n'est plus facile... » En réalité, les deux mères frémissent intérieurement.

Les leçons sont curieuses. La mère se lève sur ses ailes; le petit regarde attentivement et se soulève un peu aussi. Puis vous la voyez voleter; il regarde, agite ses ailes... Tout cela va bien encore, cela se fait dans le nid. La difficulté commence pour se hasarder d'en sortir. Elle l'appelle, elle lui montre quelque petit gibier tentant, elle lui promet récompense, elle essaye de l'attirer par l'appât d'un moucheron. Le petit hésite encore. Et mettez-vous à sa place. Il ne s'agit pas ici de faire un pas dans une chambre, entre la mère et la nourrice, pour tomber sur des coussins. Cette hirondelle d'église, qui professe au haut de sa tour sa première leçon de vol, a peine à enhardir son fils, à s'enhardir peut-être elle-même à ce moment décisif. Tous deux, j'en suis sûr, du regard plus d'une fois mesurent l'abîme et regardent le pavé... Pour moi, je vous le déclare, le spectacle est grand, émouvant. Il faut qu'il croie sa mère, il faut qu'elle se fie à l'aile du petit, si novice encore... Des deux côtés, Dieu exige un acte de foi, de courage. Noble et sublime point de départ!... Mais il a cru, il s'est lancé, et il ne retombera pas. Tremblant, il nage soutenu du paternel souffle du ciel, des cris rassurants de sa mère... Tout est fini... Désormais, il volera indifférent par les vents et par les orages, fort de cette première épreuve où il a volé dans la foi. (MICHELET. — Texte de dictée. Br. él. Paris, Aspirantes, 1900.)

Autres sujets. — 1. Montrer que, pour l'enfant et l'adolescent, tous les exercices de la classe sont une perpétuelle école de la sensibilité, et surtout de la volonté, aussi bien que de l'intelligence. (Br. sup. Dijon, Aspirants, 1898.)

2. Commentez cette parole de Mme de Maintenon :
« Laissez faire parfois aux enfants leur volonté, afin de connaître leur inclination. »
Dites si ce précepte vous paraît d'une application possible ; et, si tel est votre avis, indiquez quelques cas où l'on pourrait le mettre en pratique. (Br. sup. Paris, Aspirantes, 1905.)

3. Une jeune fille de bonne nature et bien élevée entre dans la vie avec une somme de connaissances et de principes, d'habitudes morales et intellectuelles, qui déterminent sa valeur.
De cet apport faites trois parts, et dites ce qu'elle doit au foyer domestique, à l'école, à elle-même. (Br. él. Paris, Aspirantes, 1901.)

4. La docilité chez les élèves.
Quels en sont les avantages et les inconvénients ?

5. Qu'est-ce qu'avoir de l'initiative ? Dans quelles circonstances de votre vie d'écolier avez-vous pu faire preuve d'initiative ? (Br. él. Aix, Aspirants, 1909.)

6. Expliquez, surtout par des exemples, ce conseil de La Fontaine :
« Ne t'attends qu'à toi seul. » — Vous paraît-il une bonne règle de conduite ? Doit-il nous rendre égoïstes ? (Br. él. Toulouse, Aspirants, 1909.)

7. La Fontaine a dit :
« Ne t'attends qu'à toi seul ; c'est un commun proverbe. »
Montrez qu'en effet, il est sage de ne pas trop compter sur les autres et de s'aider surtout soi-même. Mais faites voir aussi qu'il ne faut pas s'appuyer de cette maxime pour se dispenser d'aider les autres, quand nous pouvons le faire. (Br. él. Bordeaux, 1908.)

8. Pour un jeune homme intelligent et bien doué, qu'y a-t-il de préférable, ou d'entrer dans la vie avec l'appui de bonnes conditions matérielles, dues à sa famille, ou de n'avoir à compter, pour faire son chemin, que sur ses propres forces ? (Br. sup. Nancy, Aspirants, 1911.)

9. « Il faut enseigner le moins possible et faire trouver le plus possible. » (HERBERT SPENCER.)
Appréciez ce précepte et montrez dans quelle mesure il peut être appliqué à l'école primaire. (C. A. P. Pas-de-Calais.)

XIV

N'existe-t-il pas une éducation personnelle de l'individu par lui-même? Quelles en sont les principales règles?

Sommaire. — 1º Non seulement il existe une éducation de l'individu par lui-même, mais il n'y en a point d'autre ; toutes les autres l'impliquent et sont absolument inefficaces sans elle.

2º Cette éducation a pour *première règle* une connaissance de soi-même puisée moins dans les leçons et les livres que dans l'observation personnelle (examen de conscience), et pour *deuxième règle*, l'application de la volonté à la formation et à la réforme du caractère.

On fait son éducation morale en apprenant à vouloir, et on apprend à vouloir en faisant des actes de volonté.

Développement.

I. — Oui, il existe une éducation de l'individu par lui-même, et l'on peut même dire qu'il n'y en a point d'autre, que l'éducation est une œuvre essentiellement personnelle, pour laquelle on peut recevoir des conseils et des secours, mais qu'il faut absolument faire soi-même.

« Nous ne sommes jamais, dit Legouvé, que le développement de nous-mêmes. » L'éducation ne crée pas la nature, elle la développe et la rend féconde. Toute éducation n'est donc qu'un développement. La tendance des éducateurs doit être, non de marquer leurs élèves de leur empreinte, de les former à leur image, de perpétuer en eux leur manière de penser et de juger, mais de faciliter le développement de la vitalité intellectuelle et morale de chacun.

Pour l'éducation proprement dite, plus encore que pour l'instruction, la parole de Mᵍʳ Dupanloup est vraie : « Ce que fait le maître par lui-même est peu de chose, ce qu'il fait faire est tout. »

De quoi s'agit-il, en effet, en éducation? De former ou de réformer son caractère. Le caractère se compose des inclinations, des penchants, des passions, des habitudes. Pour se former ou se réformer le caractère, il faut connaître ses qualités et ses défauts, ses bonnes et ses mauvaises tendances ou dispositions.

2*

II. — De là la **1re** RÈGLE : *Se connaître soi-même.*

Pour se connaître soi-même, les lumières des parents et des maîtres, comme celles des livres, sont sans doute d'un grand secours, mais elles ne suffisent pas; il faut s'étudier soi-même directement, c'est-à-dire s'observer, se voir agir, se rendre compte des mobiles auxquels on obéit.

La pratique de l'examen de conscience, si recommandée par les moralistes, donne cette science précise et explicite de soi-même qui est la première condition du progrès moral. L'homme qui vit toujours au dehors, qui ne rentre jamais en lui-même, ne se connaît pas et ne peut former ou réformer son caractère.

Mais la connaissance de soi-même serait inutile, si elle restait spéculative, si la volonté n'intervenait pas pour réprimer les inclinations mauvaises et fortifier les bonnes, pour combattre les passions, pour détruire les mauvaises habitudes et en contracter de bonnes.

De là, la **2e** RÈGLE : *Exercer la volonté à combattre les défauts et les vices, à acquérir les vertus et les qualités.*

Les vices et les vertus sont des habitudes : la répétition des actes bons donne ou accroît les vertus; les vices se détruisent en évitant les actes qui les ont produits et en faisant des actes opposés.

Le travail, c'est-à-dire l'activité physique, intellectuelle et morale, sagement employée et dirigée, rentre dans cette seconde règle; il éloigne la pensée du mal, écarte les tentations, maintient l'âme et le corps dans un état sain et accroît leur puissance d'action.

C'est ici surtout que ressort le caractère personnel de l'éducation, parce que c'est la volonté qui est en cause, et que rien n'est plus personnel que la volonté.

On fait son éducation morale en apprenant à vouloir, et on apprend à vouloir en faisant des actes de volonté. C'est en nous-mêmes qu'est toute notre valeur, en nous-mêmes qu'il faut prendre notre point d'appui. Il faut se donner, et non pas subir l'impulsion; faire ce qu'on doit, et non ce que tout le monde fait; agir, et non *être agi*; être actif, et non passif; recevoir judicieusement les leçons de l'expérience, faire tourner ses fautes et celles des autres à son profit, se créer une hygiène morale pour la santé de l'âme comme, à partir d'un certain âge, tout homme sensé s'est fait une hygiène physique pour la santé du corps et est devenu, au moins pour les cas ordinaires, son propre médecin.

On oublie généralement trop, en éducation, le facteur personnel; on ne lui fait pas sa part; on compte trop en dehors de lui et sans lui : c'est de l'individu en définitive qu'il s'agit ; c'est du développement personnel que dépend l'avenir moral.

« Il s'est fait lui-même, il est le fils de ses œuvres, » dit-on d'un homme énergique qui, par son travail, a conquis une belle position ; on peut l'affirmer aussi d'un homme qui, par une lutte persévérante contre ses passions, par l'habitude de triompher du mal par le bien, est parvenu à se créer cette haute situation, morale qui fait dire de lui : c'est un caractère !

III. — Concluons : 1° que non seulement il existe une éducation de l'individu par lui-même, mais qu'il n'y en a point d'autre, que toutes les autres l'impliquent, ne sont qu'un secours pour elle, et sont absolument inefficaces sans elle ; 2° que cette éducation a pour 1re *règle*, une connaissance de soi-même puisée moins dans les livres et les leçons que dans l'observation personnelle, et, pour 2e *règle*, l'application normale de la volonté à la formation et à la réforme du caractère.

Autres sujets. — 1. Développer cette pensée d'un auteur contemporain :

« La vie doit être une éducation incessante. Il faut tout apprendre, depuis parler jusqu'à mourir. » (Br. sup. Corrèze, Aspirantes, 1893.)

2. Montrer, par des exemples pris dans votre expérience personnelle, comment et dans quelle mesure vous avez pu faire vous-même l'éducation de votre volonté. (Br. sup. Lille, Aspirants, 1898.)

3. On dit avec raison que l'éducation n'est pas achevée après la jeunesse, mais qu'elle doit être l'œuvre de toute la vie.

En effet, il faut toujours tâcher de se perfectionner.

Puis, chaque âge amène de nouveaux devoirs.

Après avoir développé ces idées, résumez-les en faisant le tableau d'une vie honnête et bien remplie. (Br. sup. Paris, Aspirants, 1901.)

4. L'éducation du caractère. (Bacc. Philos. Toulouse, 1905.)

5. Montrer qu'il y a des dispositions naturelles au vice ou à la vertu, et étudier de ce point de vue l'influence de l'éducation morale. (Bacc. Philos. Rennes, 1905.)

6. Une femme célèbre a dit :

« Je dois avoir de gros défauts ; je suis comme tout le monde, je ne les vois pas. »

Montrez qu'il faudrait cependant étudier ses défauts.

On ne parviendrait pas toujours à s'en corriger ; mais on serait modeste et plus indulgent pour les autres. (Br. él. Paris, Aspirantes, 1899.)

7. Développer cette pensée de Gœthe :

« Le talent se forme dans la solitude, le caractère dans la société. »
(Br. sup. Maine-et-Loire, Aspirants, 1893.)

XV

Commenter cette parole :

« Celui-là seul est bien gardé qui se garde lui-même. »

Sommaire. — Il est donné dans le premier alinéa du développement.

Autre sommaire sous forme de questions. — Que veut dire être gardé ?

Contre qui et contre quoi faut-il être gardé, préservé, défendu ?

Qui doit être le gardien de l'enfant, de l'homme ?

Pourquoi l'enfant a-t-il particulièrement besoin d'être gardé, surveillé ?

Que signifie se garder soi-même ?

Cela ne veut-il pas dire qu'il faut que notre conscience nous défende elle-même ? qu'il faut se préserver soi-même ?

Celui qui ne se préserve pas lui-même, quelqu'un peut-il le préserver ? Peut-on sauver celui qui veut se perdre ?

Les forces qui sont hors de nous peuvent-elles nous maintenir dans le bien, si nous ne le voulons pas, si nous n'avons pas la crainte de Dieu, l'horreur du mal, la volonté d'user de toutes nos forces pour rester bons ?

Quelles conclusions pédagogiques peut-on tirer de cette maxime, au point de vue de l'usage de la liberté, de la formation du caractère, du rôle de la surveillance dans l'éducation ?

Se rappeler ce mot de Joubert :

« Il faut que les enfants aient un gouverneur en eux-mêmes : il y est mieux placé et plus assidu qu'à leur côté. »

Développement.

Pour commenter cette parole, nous avons : 1º à dire ce que c'est qu'*être gardé* et ce que c'est que *se garder soi-même;* 2º à établir que *celui-là seul est bien gardé qui se garde lui-même;* 3º à tirer des *conclusions* pédagogiques.

I. — Être gardé veut dire être défendu, protégé, conservé, mis à l'abri du danger, en sûreté contre les tentations, préservé des occasions.

Se garder soi-même signifie même chose. Celui-là se garde

qui se défend, qui fuit le danger, qui évite les occasions, qui repousse les tentations, qui se tient dans la vérité, dans le bien; qui lutte contre tout ce qui pourrait l'en faire sortir, le faire déchoir, le livrer à l'erreur, au mal; qui met entre le mal et lui la barrière infranchissable d'une conscience toujours attentive, toujours vigilante, toujours ferme.

Tout homme a le devoir de se garder. Ce devoir est l'usage même de la raison ou de la conscience, de la volonté raisonnable et libre.

Tout homme a également le devoir de garder ses semblables; nul ne peut dire comme Caïn : « Suis-je le gardien de mon frère? »

Tout homme est le défenseur-né des droits et des devoirs de l'homme. On est responsable de ses semblables dans la mesure de l'action préservatrice ou bienfaisante que l'on peut et que l'on doit exercer sur eux. On participe à l'injustice que l'on n'empêche pas, pouvant l'empêcher. On viole soi-même les droits que l'on laisse violer par peur ou par intérêt.

On doit se garder et garder les autres : c'est la justice chrétienne, c'est-à-dire le devoir dans son intégrité, la rectitude morale dans sa perfection.

On doit plus à qui a le plus besoin, à qui est plus faible, plus impuissant, plus inexpérimenté. Voilà pourquoi l'enfant, l'ignorant, plus incapables de se défendre, plus exposés à s'égarer, à être victimes, doivent être l'objet d'une sollicitude spéciale. Ils peuvent si facilement se tromper, se laisser séduire, entraîner! Il faut veiller sur eux, écarter d'eux les dangers, les occasions, les mauvais exemples, les scandales. Il faut les éclairer, les fortifier, leur apprendre à se garder eux-mêmes, c'est-à-dire à faire usage de leur raison et de leur volonté. C'est en cela même que consiste l'éducation. Rien n'est fait pour l'éducation tant que cela n'est pas fait.

II. — Il nous reste à établir que c'est en vain que l'on garde un homme qui ne se garde pas lui-même : il ira nécessairement à sa perte.

Au fond, se sauver, c'est vouloir se sauver. Tout est occasion, tout est danger, tout est péril pour celui qui ne se garde pas lui-même; son âme est une place ouverte, abandonnée, livrée à tout ennemi.

On dit que « le Ciel est inutile à qui ne s'aide pas », qu'il ne saurait nous sauver sans nous, qu'il peut tout avec nous et ne peut rien sans nous : c'est dire que tout ce que Dieu et les hommes peuvent faire pour nous sauver, n'a d'efficacité que par notre action personnelle, que rien ne nous devient propre et ne nous garde sûrement que par la vigilance de la conscience et l'action de la volonté.

Toutes les forces extérieures, toutes les lois divines et humaines, toutes les mesures de police et de répression, que peuvent-elles pour préserver celui qui n'a pas l'instinct de la préservation morale, qui n'a pas la crainte de Dieu, ou, ce qui est même chose, l'horreur du mal?

Peut-on sauver celui qui veut se perdre? Et vouloir se perdre, n'est-ce pas déjà être perdu? Quelque bon que soit le milieu où il est placé, quelque favorables que soient les occasions, quelques moyens qu'on lui donne et qu'il ait à sa portée, rien ne prévaudra contre le sommeil de sa conscience, contre l'inertie de sa volonté. Les avantages n'existent que pour ceux qui les veulent, les moyens pour ceux qui les emploient, la sécurité pour ceux qui ne portent pas leur perte en eux-mêmes.

Quiconque ne se garde pas soi-même, dans la mesure où il le peut et le doit, est perdu par le fait même. Pour l'être intelligent et libre, pour l'homme en possession de sa raison, ne pas se garder, c'est se perdre, c'est déjà être perdu.

On est perdu, quand on n'a pas le sentiment de sa dignité, quand l'autorité de la conscience n'est plus respectée, quand l'horreur du mal, qui est le signe de la vie, qui est l'instinct de la préservation morale, n'existe plus, parce qu'il n'y a plus rien à préserver, parce que tout est perdu.

III. — Ajoutons que cette maxime, bien comprise, est une des premières règles de la pédagogie.

Si l'on ne s'en inspire pas dans la famille et à l'école, impossible de donner une éducation morale vraie, de former des caractères, des hommes sur qui l'on puisse compter et qui puissent compter sur eux. Pour qu'un enfant apprenne à se garder, à se diriger lui-même, il ne faut pas le tenir toujours en lisière, avoir sans cesse l'œil sur lui et vouloir, par une surveillance perpétuelle, matériellement impossible, se substituer à lui dans le souci de sa préservation et dans la conduite de sa vie. La vraie formation morale consiste, de la part du maître, à enseigner, et, de la part de l'élève, à apprendre la lutte personnelle contre le mal, l'effort personnel pour le bien.

« Il faut, a dit Joubert, que les enfants aient un gouverneur en eux-mêmes : il y est mieux placé et plus assidu qu'à leur côté. » Ce gouverneur, ce surveillant, qui d'ailleurs n'empêche pas l'autre, mais que personne ne peut efficacement suppléer, c'est une conscience éclairée et droite, habituée à prendre en elle-même et en Dieu, non autour d'elle et dans l'œil du maître, sa règle et son point d'appui.

Il convient d'ailleurs de se rappeler que seule la surveillance ou la direction qui a pour base le sentiment de la confiance dilate et élève, inspire la droiture, la loyauté, l'honneur, tandis qu'une surveillance ou une direction étroite, défiante, soupçonneuse, comprime et déprime, fausse le caractère, appelle la tromperie, la ruse, l'hypocrisie.

La meilleure surveillance est celle qui apprend à l'enfant à se surveiller, à se gouverner lui-même ; celle qui établit une atmosphère morale, un milieu moral tel qu'il puisse y faire sûrement l'apprentissage de la liberté.

C'est un être libre qu'il s'agit de former, à qui il faut apprendre à conquérir la liberté, à en user et à ne pas en abuser. On ne s'improvise pas homme libre. La liberté s'apprend, se conquiert par la réflexion, par l'expérience, par l'usage. On ne la conquiert pas, on ne l'apprend pas, si l'on est toujours mené, toujours passif, toujours sans initiative, comme un simple mouton.

Qu'arrive-t-il à un jeune homme qui, enfant, n'a pas appris à se diriger, à se garder lui-même, quand, de la famille et de l'école, il passe tout à coup dans le milieu social ? Comme il n'a pas jusque-là trouvé en lui-même sa règle, comme il ne sait pas user de sa liberté, il n'a pas de consistance dans l'esprit ni dans le caractère, et il devient facilement victime des erreurs ambiantes, victime de ses passions et des passions des autres.

Pour éviter ce triste résultat, l'éducation doit développer chez l'élève l'esprit critique et l'autonomie du caractère. « Le but de l'éducation doit être, non seulement d'enseigner la vérité, mais encore de discerner le vrai au milieu des erreurs auxquelles il est incessamment mêlé... Une éducation moderne où l'on ne fait pas à la critique sa part, où manque une éducation du sens critique, est une éducation manquée... Sans doute il faut avouer que tous les hommes ne sont pas aptes à se diriger eux-mêmes, qu'un bon nombre est né mouton et mené ; mais, tandis que l'idéal d'une éducation paraît être pour quelques-uns d'augmenter le plus que l'on peut le nombre des dociles et des menés, l'déal de l'éducation vraie et adaptée à ce temps se trouve, au contraire, à réduire le plus possible le nombre des simples moutons. Il faut donner du ressort aux âmes, tremper les caractères, éveiller, aiguiser et fortifier les intelligences. » (*Quinzaine* du 1er nov. 1904.)

« Ce qui fait notre force, disait un homme d'État anglais, c'est que, chez nous, les honnêtes gens sont aussi hardis que les coquins. Le moment est venu, pour les honnêtes gens de France, d'imiter l'exemple de la libre Angleterre. Il faut que nous cessions d'être des moutons bêlants pour devenir des citoyens actifs, énergiques et fiers, ayant conscience de leur nombre et de leur force, capables de tout entreprendre et de tout oser pour faire respecter leurs droits. » (Mgr LACROIX, *Lettre au Matin*, avril 1905.)

Pensées. — On n'élève pas les âmes sans les affranchir. (GUIZOT.)

Un enfant ne doit ni commander ni être obéi à tout propos, comme le font les enfants gâtés ; mais il ne faut pas non plus qu'il soit asservi comme un esclave et qu'il ait peur d'avoir une pensée. Un enfant qui ne délibère jamais, qui ne pense jamais, qui est passif dans tous ses actes, ne sera propre un jour qu'à obéir lâchement aux hommes et aux choses qui le domineront par l'effet du hasard.

(LACORDAIRE.)

Une action féconde ne peut s'exercer que dans une atmosphère de bonne humeur. (X.)

Autres sujets. — 1. Mme de Staël a dit :
« Il y a deux routes à prendre en toute chose : retrancher ce qui est dangereux, ou donner des forces nouvelles pour y résister. ».
De ces deux voies, laquelle est la meilleure ?

2. Selon Plutarque, on demandait à Agésilas : « Que faut-il apprendre à l'enfant ? » Et le roi répondit : « Ce qu'il doit faire étant homme. » Comment comprenez-vous cette parole et qu'en pensez-vous ? (Bacc. 1re partie Caen, juillet 1906.)

3. Un ancien a dit : « L'école doit préparer non à la science, mais à la vie. »
Appréciez cette pensée souvent développée par les pédagogues contemporains qui, sans méconnaître l'utilité de la science, se préoccupent surtout de former des hommes capables de se conduire eux-mêmes, d'agir et d'être utiles à eux-mêmes et à leur pays. (Br. sup. Lille, Aspirants, 1909.)

4. «Le grand but de l'éducation est d'apprendre à l'homme à s'élever lui-même, lorsque d'autres auront cessé de l'élever. » (GUIZOT.)
(Bacc. 1re partie Nancy, 1913.)

5. On demandait à Agésilas ce qu'il serait d'avis que les enfants apprissent : « Ce qu'ils doivent faire étant hommes, » répondit-il.
(MONTAIGNE.)

Il s'agit, dans la pensée de Montaigne, non pas de donner aux enfants une instruction spécialisée en vue de telle ou telle profession, mais de préparer leur caractère et leur intelligence aux nécessités de leur future vie d'hommes. — Quelles sont à votre avis les études qui seraient le plus profitables aujourd'hui à la réalisation de ce dessein ? (Bacc. 1re partie Alger, 1912.)

XVI

« *Ah! quand je serai mon maître!* »

s'est écrié un jour devant vous un des élèves de votre
école. Dans la leçon de morale du lendemain, vous vous
efforcez d'expliquer la nécessité de l'obéissance pour
le soldat, pour le citoyen, pour le commerçant et pour
l'industriel : on dépend toujours de quelqu'un ou de
quelque chose. Mieux vaut en prendre allègrement son
parti.

(Br. él. Toulouse, Aspirants, 1899.)

Observations. — Le texte donne suffisamment les idées et les
exemples à développer.

N'y a-t-il pas mieux à faire, pour sagement obéir, qu'à prendre
allègrement son parti de nos multiples dépendances ?

Insister sur la loi morale, sur le devoir, qui est toujours notre
maître, soit que l'on commande, soit que l'on obéisse.

Développement.

Je veux, mes amis, vous enseigner aujourd'hui deux choses
qui vous paraîtront opposées, et qui n'en sont pourtant qu'une
seule.

Ce que je vais vous dire m'a été inspiré par un mot échappé
hier à l'étourderie de l'un d'entre vous.

Ayant éprouvé de la répugnance à obéir, de la peine à accomplir un travail commandé, il s'est écrié : *Ah! quand je serai mon
maître!*

Voilà un cri spontané qui en dit plus long que ne le croit celui
qui l'a poussé.

Votre maître?... Vous ne le serez jamais : beau rêve, si vous
voulez ; mais... rêve.

Votre maître?... Vous pouvez aussi bien l'être toujours, et
même dès à présent : c'est l'idéal de votre vie morale, et votre
devoir est de le réaliser dans la mesure du possible.

Ce sont les deux choses opposées, contradictoires en apparence,
qui peuvent n'en faire qu'une seule. On appelle cela un *paradoxe*,
une opinion contraire à ce qui est admis généralement.

Il y a des paradoxes qui sont absolument faux ; celui-ci possède
une grande part de vérité, vous allez le voir.

I. — D'abord, vous ne serez jamais votre maître.

Vous dites : *Ah ! quand je serai mon maître !* Qu'est-ce que cela signifie ? Prétendez-vous qu'un jour ou l'autre, quand vous serez sorti de l'école, par exemple, vous pourrez agir absolument à votre guise, ne rien faire qu'à votre tête, sans dépendre de qui ou de quoi que ce soit, sans avoir à répondre de vos actes ?

Y aura-t-il jamais, je vous le demande, un moment dans votre vie où vous ne porterez pas la responsabilité de vos actes, où vous serez dispensé de remplir votre devoir ?

Le devoir, voilà le seul maître auquel il ne vous sera jamais permis de ne pas obéir. Le devoir, c'est la conscience (la raison en tant qu'elle discerne le bien du mal), qui nous le dicte. Pascal fait observer que « la raison commande bien plus impérieusement qu'un maître, car en désobéissant à l'un on n'est que malheureux, et en désobéissant à l'autre on est un sot ». La raison pratique, c'est-à-dire la conscience morale, commande bien plus impérieusement encore : en lui désobéissant, on n'est pas seulement un sot, on est un malhonnête homme.

Mais, outre qu'ils dépendent du devoir, les hommes ne dépendent-ils pas encore d'une foule de choses et de personnes ?

Ne dépendons-nous pas tous des phénomènes de la nature physique avec leurs lois fatales : du chaud et du froid, de la pluie et du beau temps ; de notre tempérament, de notre constitution, de notre état de santé ou de maladie ; de nos passions, de nos habitudes, qui nous font tributaires de notre passé, et enfin de la mort ?

Est-on le maître de semer et de récolter ce que l'on veut et quand on le veut ? Et si l'on fait une bonne moisson ou une bonne vendange, est-on le maître de vendre un bon prix ses produits ? Etes-vous le maître de dire : Je ne veux pas être malade... Je ne veux pas qu'il pleuve... Je ne veux pas mourir ?

Quand donc serez-vous votre maître ? Ne faut-il pas que vous avouiez que vous ne le serez jamais ?

Je pourrais m'arrêter là, sur ce premier point. Mais je tiens à vous donner d'autres exemples, afin de vous bien graver dans l'esprit ces vérités pratiques. — Après les choses, les personnes.

Un soldat est-il son maître ? Ne doit-il pas se soumettre à la discipline militaire, discipline qui impose bien des privations, des gênes, des sujétions ?

Le citoyen n'est-il pas tenu d'obéir aux lois du pays, soit dans la vie privée, soit dans la vie publique ? Ne faut-il pas qu'il soit probe, honnête, juste ; qu'il accepte les charges que l'Etat fait peser sur lui dans l'intérêt de tous ?

Et vous n'ignorez pas que, pour ceux qui les transgressent, les lois civiles et militaires ont une sanction pénale. Il y a des tribunaux pour juger et punir les coupables.

Le soldat et le citoyen sont-ils donc leurs propres maîtres ?

Mais, à leur tour, ceux qui exercent l'autorité, les chefs de l'armée, les magistrats, les fonctionnaires, à quelque degré qu'ils soient de la hiérarchie, depuis le garde-champêtre jusqu'au président de la République, ceux, en un mot, qui ont l'air de n'obéir à personne, parce qu'ils commandent à tout le monde, ceux-là aussi ont des obligations. Ils ont à répondre de leurs actes, et en particulier des ordres qu'ils donnent. Ministres, rois ou papes, tous sont obligés de suivre les lois, surtout la loi morale, loi supérieure qui les domine toutes, et de laquelle toutes tirent leur autorité. En dehors des principes de cette loi, ils agiraient arbitrairement, c'est-à-dire d'après leur fantaisie, ou leur passion, ou leur intérêt, ce qui est inadmissible, et ce qui tournerait du reste à leur préjudice.

Vous le voyez, toutes ces situations, que l'on serait parfois tenté de croire indépendantes, ont leurs obligations, leurs responsabilités. — Je préfère alors, direz-vous, être un commerçant, un industriel, ou même un employé, un ouvrier.

Là encore, vous dépendrez de beaucoup de choses et de beaucoup de personnes.

Un commerçant dépend de ses clients ; il subit la hausse et la baisse, qui l'exposent à des pertes ; s'il fraude, ses clients le quittent ; s'il spécule, il s'expose à de mauvaises affaires ; même en restant honnête, il souffre de la concurrence.

Un industriel, un artisan, un patron, un ouvrier, dépendent les uns des autres. Le capital a ses risques, comme le travail. L'ouvrier doit se soumettre à son patron, s'il ne veut pas perdre son salaire et se trouver sans travail. Le patron est soumis aux lois générales de la production et de la répartition des produits, à l'offre et à la demande, aux accidents de son outillage, comme aussi, et par-dessus tout, aux lois de sa conscience, qui lui prescrivent des devoirs à l'égard de ses ouvriers.

Que de dépendances, que de devoirs accumulés ! Vous entrevoyez déjà qu'il est difficile d'échapper à la nécessité de l'obéissance, et qu'il vaut mieux en prendre allègrement son parti, puisque toutes ces dépendances portent en elles-mêmes leur sanction.

Avais-je, d'ailleurs, besoin d'aller chercher bien loin des exemples ? Regardez dans votre famille, et voyez comment se conduisent vos parents, qu'ils soient dans l'une quelconque des conditions sociales que je viens d'énumérer, ou même dans une condition plus véritablement indépendante, comme est celle de l'agriculteur.

Et moi-même, mes amis, que vous appelez le maître, est-ce que vous me croyez bien indépendant? Qu'est-ce que je fais à cette heure? Je vous donne une leçon... Pourquoi? C'est mon devoir, et je ne crois pas que je cesse d'être mon maître en le remplissant. Au contraire, je le suis d'autant plus, que mieux je remplis mon devoir.

Vous le voyez donc : personne n'est son maître, dans le sens que vous entendez.

II. — Je viens d'affirmer que je suis mon maître en remplissant mon devoir. C'est qu'en effet, en dehors du devoir, il n'y a pas de vraie liberté. La maîtrise de soi réside dans l'empire de la volonté raisonnable sur les appétits, les instincts, les passions, sur les forces dévoyées de la nature. Satisfaire des passions coupables, des désirs que la raison désapprouve, c'est faire abus de la liberté, c'est être esclave. L'homme qui refuse d'obéir à la loi, au devoir, est esclave de tout ce qui diminue, de tout ce qui abaisse, de tout ce qui dégrade. L'homme le plus libre, le plus maître de lui, c'est l'homme vertueux.

Cela étant, vous aussi vous pouvez toujours, et dès à présent, être vos propres maîtres.

Et pour cela, il n'y a pas d'autre moyen que celui que je vous ai signalé tout d'abord : vouloir toujours son devoir, et toujours le faire.

Obéissez au devoir dans quelque condition que vous vous trouviez; n'oubliez pas votre dépendance de la loi morale; soumettez-vous-y librement, c'est-à-dire par l'effort de votre volonté libre et raisonnable : vous serez votre maître.

On a dit justement : *Il faut apprendre à obéir pour savoir commander.* Je vous montrerai une autre fois que savoir obéir et savoir commander sont une même chose; que celui qui sait commander, obéit en commandant; qu'un acte de commandement est tout d'abord un acte d'obéissance; que celui qui donne raisonnablement un ordre et celui qui l'exécute obéissent tous deux, et celui-là tout le premier.

Ce sera un autre paradoxe.

Une parole de La Bruyère, que je vais vous donner à méditer, vous mettra peut-être sur la voie pour en pénétrer le sens :

« Un homme sage ni ne se laisse gouverner, ni ne cherche à gouverner les autres : il veut que la raison gouverne seule et toujours. »

III. — Obéir à la raison, au devoir, soit en donnant un ordre, soit en l'exécutant, c'est être son maître. On ne saurait l'être autrement.

Pensées. — « Nul ne fait ce qu'il veut, une force majeure domine partout : les moments passent rapidement et avec une extrême précipitation ; qui les manque, manque tout. » (BOSSUET, *Politique tirée de l'Écriture sainte.*)

La force du commandement poussée trop loin, jamais plier, jamais condescendre, jamais se relâcher, s'acharner à vouloir être obéi à quelque prix que ce soit : c'est un terrible fléau de Dieu sur les rois et sur les peuples. (*Id.*)

Lecture. — Du discours prononcé par M. Émile Faguet, le 27 mai 1906, au nom de l'Académie française, à l'inauguration du monument élevé à Paris, sur la place du Panthéon, à l'occasion du troisième centenaire de la naissance de Pierre Corneille, nous extrayons le passage suivant :

« *L'homme est un être qui est fait pour se surpasser.* » Le plus pur de Corneille est dans cette grande parole. C'est lui qui, plus fortement que tout autre au monde, nous a dit que la lutte contre nous-mêmes est la condition même de notre vie et la condition même de notre bonheur vrai ; que l'indépendance est le plus grand des biens, mais qu'il faut faire attention à ceci, que l'indépendance consiste d'abord à ne pas dépendre de soi-même ; que nous ne devons pas nous obéir ; que nous devons nous élever au-dessus de nous ; qu'il n'y a pas de plus grandes ni de plus vives jouissances que celles de la volonté, et que la volonté consiste à n'avoir plus qu'un désir qui est de combattre le désir, et à n'avoir plus qu'une passion qui est de maîtriser les passions.

« *Être maître de soi*, » mot qui a perdu presque tout son sens pour avoir été trop employé, et souvent par des gens qui n'étaient point pour le comprendre ; mot merveilleux pour qui le prend dans toute son étendue ; être maître de soi, ne pas permettre qu'en notre maison spirituelle ce soient nos domestiques qui nous gouvernent : passions, désirs, ressentiments, rancunes, petites ambitions et petites vanités ; mais gouverner ce monde-là et le faire taire, et régner sur tout ce qui est nous ou prétend l'être, dans un grand silence par où se marque l'autorité du maître occupé à sa tâche et ne s'en laissant point divertir.

« *Se surpasser*, c'est-à-dire, non point, comme a dit Montaigne en se jouant, prétendre faire « la poignée plus grande que le poing et la brassée plus grande que le bras », mais dépasser tout ce qui en nous nous rapetisse, dépasser tout ce qui en nous est ce qu'à l'ordinaire nous croyons être nous ; aller jusqu'aux dernières limites de ce que nous pouvons être et de ce que nous n'imaginions pas que nous pussions devenir ; voilà ce qui est se surpasser. Se surpasser, c'est se remplir, puisque aussi bien se remplir, c'est surpasser infiniment le

vie. Chamfort a dit encore : « Un homme d'esprit est perdu, s'il ne joint pas à l'esprit l'énergie de caractère. »

« C'est par le caractère que l'homme vaut. Le talent, le génie sont des dons admirables ; mieux vaut un cœur libre et fier. Un homme peut n'avoir qu'un esprit médiocre ; s'il est indépendant, ce n'est pas un homme vulgaire, il a droit à nos respects. Celui qui se laisse enchaîner, qui participe à des trafics honteux, qui ne sait pas sortir d'une position immorale, qui ne sait pas pour rester digne sacrifier une passion, un plaisir ou un intérêt, celui-là, fût-il la plus belle intelligence, n'est qu'un homme méprisable.

« Il faut du caractère et de l'esprit d'indépendance à l'enfant, pour ne pas imiter les exemples et suivre les conseils des mauvais camarades ; à l'électeur, pour résister à la pression des partis et voter selon sa conscience ; au juré, pour ne pas se laisser intimider par les menaces ou gagner par les promesses ; au magistrat, au juge, pour rendre des arrêts et non des services, pour être l'homme de la justice et non du pouvoir quand le pouvoir devient arbitraire et viole les droits ; au critique, pour redresser l'opinion qui s'égare, pour repousser les admirations de complaisance ou de commande, pour montrer la sottise de l'engouement et de la vogue ; au publiciste, au poète, pour faire le livre qui vaut, non le livre qui se vend, le livre qui dit des vérités utiles, non celui qui exploite, pour se faire lire, tout ce qu'il y a de bas et d'animal dans la nature humaine ; il en faut au député pour servir les intérêts du pays, non ceux d'un parti, pour avoir le courage de ses votes, pour ne pas se prêter à des manœuvres déloyables ; il en faut aux chefs d'une administration, aux chefs de l'armée, pour accorder l'avancement au mérite, non à la faveur ; il en faut à tout homme qui veut dire une vérité dure à entendre, remplir un devoir dont les suites menacent de tourner contre lui. L'histoire nous montre que c'est en restant indépendants du monde que les chrétiens ont transformé le monde. » (Extrait de notre *Cours de Philosophie*, par F. J., 4ᵉ leçon de morale individ., notions complémentaires.)

IV. — Ils sont rares aujourd'hui les vrais hommes de caractère. A beaucoup d'hommes manquent les principes arrêtés ; à un plus grand nombre, la volonté ferme. Que faut-il faire dès l'enfance, pour former des hommes de caractère ? Il faut apprendre à l'enfant à obéir. Selon une expression de Joubert, il faut « rendre indestructibles ses rectitudes morales ». Le tuteur auquel on enchaîne un jeune arbrisseau est destiné à lui donner une rectitude propre permanente, lorsque, ayant crû, on le détachera de son appui.

« L'obéissance est une équation librement établie entre une volonté et une règle ; et la règle, c'est ce qui est droit, c'est ce qui est juste, c'est ce qui est exact, c'est la rectitude même. Une règle, une loi, un commandement, sont supposés une expression de la vérité, de la justice et de l'ordre... Donc, obéir à la règle, à la loi, à l'autorité légitime qui commande, c'est se faire, jour par jour, heure par heure, droit comme la règle elle-même ; c'est pratiquer le juste, c'est faire en soi la rectitude. Aussi, lorsqu'un enfant a grandi dans l'habitude d'obéir, la droiture lui devient comme naturelle : il lui faut un effort pour deviner ce qui est tortueux... Et l'obéissance, qui donne à la volonté de l'enfant cette rectitude qui ne fléchit ni à droite ni à gauche, est en même temps ce qui lui donne cette fixité que rien n'ébranle et cette constance que rien ne lasse. Le volonté qui obéit au caprice, à la fantaisie, à l'impression, n'a pas de raison pour se perpétuer... Au contraire, l'enfant qui ne veut qu'obéir a une raison décisive de vouloir aujourd'hui ce qu'il voulait hier, et de vouloir encore demain ce qu'il veut aujourd'hui. Les passions changent, les caprices changent, les impressions changent ; la règle ne change pas, et la volonté qui lui obéit participe à son invariabilité.

« Les hommes manquent à la société, parce que la force manque aux hommes, et la force manque aux hommes, parce que l'obéissance a manqué aux enfants. Qu'est-ce, en effet, qui crée des volontés fortes, de mâles caractères, des hommes enfin ? C'est l'habitude d'une généreuse et libre obéissance. L'indépendance prématurée ne fait pas l'homme, elle le défait[1]. »

Apprendre à obéir, c'est apprendre à faire son devoir ; le devoir c'est l'obéissance à la loi, à la règle, à l'ordre ; c'est la tendance à la perfection de notre nature.

« C'est la règle obéie chaque jour qui donne peu à peu l'énergie, c'est-à-dire la fermeté, non la violence, dans l'emploi de la force. »

« Tout ce qui gêne l'homme le fortifie, a dit Joseph de Maistre ; il ne peut obéir sans se perfectionner, et par cela seul qu'il se surmonte il est déjà meilleur[2]. »

C'est ainsi que l'on devient un homme et que l'on n'est pas une chose. L'obéissance librement acceptée, l'obéissance raisonnable et raisonnée, non point raisonneuse, imposée sans doute, jusqu'à un certain point, par la contrainte, à l'enfant que le caprice domine, mais non sans la lui montrer légitime, utile, néces-

---

[1] P. FÉLIX, *le Progrès par le Christianisme*, 1869.
[2] *Cours de Philosophie*, par F. J., 4e leçon de mor. individ., not. compl.

saire; l'obéissance, tel est le grand moyen d'éducation, de formation du caractère. Les grands caractères, les caractères types de l'humanité se sont formés par ce régime. « L'homme obéissant racontera ses victoires », les victoires de sa volonté. « Obéir, c'est vaincre. » (Lacordaire.) Le divin modèle de l'humanité, le Christ, a voulu obéir. Obéir, c'est apprendre à vouloir, à *avoir du caractère*[1].

> **Lecture.** — *Une parole austère.* (A des jeunes gens, 1903.)
> Permettez qu'on vous dise une parole austère :
> Au temps où nous vivons, c'est celle qu'il vous faut.
> Il s'agit de tremper en vous le caractère,
> Pour ne pas regretter qu'il vous ait fait défaut.
>
> Nous en avons manqué, je ne veux point le taire :
> Voilà pourquoi la haine autour de nous prévaut.
> Soyez prêts à lutter contre l'esprit sectaire ;
> Ayez une foi ferme, et portez le cœur haut.
>
> Soyez forts, soyez bons, pour pouvoir être justes,
> Des hommes de bon sens et de vouloir robustes,
> Sachant garder le droit, l'honneur, la liberté.
>
> Le bon sens est français, ainsi que le courage ;
> Vous n'accepterez pas l'odieux héritage
> Dont le siècle naissant paraît être infecté. (F. L.)

Autres sujets. — 1. Distinguer ce qu'Epictète entend par les « choses qui dépendent de nous et celles qui n'en dépendent pas ». (Bacc. Philos. Lyon, novembre 1899.)

2. Qu'entend-on par force de caractère ? Quelles en sont les conditions psychologiques ? Quelle en est la valeur morale ? (Bacc. Philos. Sorbonne, novembre 1905.)

3. L'éducation du caractère. (Bacc. Philos. Toulouse, juillet 1905.(

4.   « La foi qui n'agit point, est-ce une foi sincère ? »

Commenter ce vers de Joad, dans *Athalie*, et montrer que, dans la vie, il ne suffit pas d'afficher de grands principes, mais qu'il est nécessaire de les faire passer dans ses actes. (Br. sup. Toulouse, Aspirants, 1907.)

5. Définissez ce qu'il faut entendre par *le sage* dans ce vers de La Fontaine :

> Le sage dit, selon les gens :
> « Vive le Roi ! Vive la Ligue ! »

---

[1] Voir les deux sujets précédents et les sujets du 1er et du 2e volume indiqués en références.

Et dites si cette sagesse doit, à votre avis, être enseignée telle quelle aux enfants.

Dans la négative, comment leur expliquerez-vous les deux vers ci-dessus? (Br. sup. Grenoble, Aspirants, 1903.)

XVIII

Quels sont les moyens pratiques par lesquels l'homme peut arriver à corriger son caractère et à gouverner ses passions?

Sommaire. — I. — Définir le caractère, au sens du texte.

Il faut corriger le mauvais caractère en s'attaquant aux mauvaises inclinations, aux mauvais penchants, aux mauvaises habitudes qui le constituent.

Que faut-il faire contre les mauvaises inclinations et les mauvais penchants?

Que faut-il faire contre les mauvaises habitudes?

II. — Pour prévenir et réprimer les passions mauvaises, il faut s'attaquer à leurs causes, qui sont extérieures ou intérieures.

Il y a, en outre, divers moyens que la raison et l'expérience suggèrent : la vigilance, la garde des sens, la fuite du mal, le travail, l'examen de conscience, la crainte de Dieu, la prière, la fréquentation des sacrements.

La résistance au mal ne suffit pas, il faut faire le bien.

Développement.

I. — Le caractère, au sens du texte, c'est l'ensemble de nos dispositions innées et acquises. Avoir tel ou tel caractère signifie : avoir tel naturel ou telle manière d'être, telles inclinations, tels penchants ou telles habitudes.

Ce qui constitue le caractère, ce sont donc les inclinations, les penchants, les habitudes. Il faut corriger le mauvais caractère en s'attaquant aux mauvaises inclinations, aux mauvais penchants, aux mauvaises habitudes.

Les inclinations et les penchants deviennent mauvais par abus, excès, déviation, désordre. Ils doivent être contenus, ramenés et maintenus par la répression sous l'empire de la volonté raisonnable. Il ne faut rien leur accorder contre la conscience, c'est-à-dire contre le devoir; il faut faire des actes opposés à ceux qu'ils nous demandent. S'ils nous demandent, par exemple, des actes d'égoïsme et de lâcheté, il faut faire des actes de générosité et de courage.

Relativement aux habitudes, il faut en user de même. On sait que les mauvaises habitudes sont empêchées ou détruites par les bonnes ; *empêchées,* si celles-ci sont formées les premières et ont pour ainsi dire pris la place ; *détruites,* dans le cas contraire. Les unes et les autres se contractent par la répétition des mêmes actes. Il y a donc à mettre un terme aux actes des habitudes mauvaises à détruire, et à multiplier les actes des bonnes habitudes à établir ou à maintenir.

Est-on, par exemple, porté à la paresse ? Il faut se créer des occupations utiles, multiplier les actes de diligence, se fixer des tâches à accomplir par semaine, par jour, par heure, et se rattraper quand on y manque, ne rien laisser d'inachevé ou en retard. — Est-ce à la colère que l'on est enclin ? Il faut rechercher les causes qui la font naître et s'efforcer de les supprimer ou, tout au moins, de les atténuer. C'est, d'ordinaire, la vanité, l'orgueil, la mollesse, la susceptibilité, qui sont les causes de la colère. Un bon moyen de prendre peu à peu la force de se dominer dans les occasions difficiles, c'est de se vaincre dans le détail, de s'attendre avec calme aux mécomptes, petits et grands, dont la vie est faite.

II. — Les passions mauvaises ne sont innées qu'en partie, elles sont surtout notre œuvre. Ce sont des inclinations, des penchants, des besoins, des désirs déréglés. C'est nous qui, au lieu de maintenir nos inclinations et nos désirs sous l'empire de la raison, de les régler, en un mot, et de les discipliner, les avons laissés s'exalter et se pervertir, ou même avons pris à tâche de les exalter et de les pervertir, par l'imagination et la réflexion, par l'abstention ou la complicité de la volonté. Il est en notre pouvoir de veiller sur nous, d'empêcher nos passions de naître et de les détruire, si elles sont nées.

Pour prévenir et réprimer les passions, c'est à leurs causes qu'il faut aller. Ces causes sont :

Ou *extérieures,* telles que les *circonstances* habituelles ou accidentelles : milieu où l'on vit, position de fortune, rencontre d'un objet ; les *influences morales* : l'éducation, les exemples, les lectures ; —

Ou *intérieures :* l'*organisme,* qui nous prédispose à telles passions ; l'*imagination,* qui remet sous les yeux l'image de l'objet et du plaisir convoités, en les transformant et les exagérant ; la *volonté,* qui concourt au développement de la passion soit par consentement, c'est-à-dire en laissant faire, soit par complicité, c'est-à-dire en s'en faisant l'auxiliaire.

Outre ce moyen fondamental, qui consiste à détruire les effets dans les causes, il y a, soit pour se préserver des passions, soit pour les combattre, les moyens suivants que recommandent la raison et l'expérience :

La *vigilance*, qui a toujours l'œil ouvert sur les occasions ;

La *garde des sens*, qui sont les portes par où le mal moral, le péché, entre le plus ordinairement dans l'âme, auxquels il ne faut accorder que ce qui est utile ou nécessaire, dont il ne faut nous servir, comme de toutes nos facultés, que moralement ;

La *fuite du mal*, sous quelque forme qu'il se présente : « Qui aime le péril, y périra. » (Eccl. III, 27.) — Il faut avoir horreur du mal, le fuir par instinct de conservation morale, comme on évite un péril imminent de mort par instinct de conservation physique.

Le *travail*, source et préservatif de la vertu, qui tourne vers un but utile toutes nos énergies, que la passion fait dévier ;

L'*examen de conscience* journalier, qui nous fait connaître et nos défauts et nos manquements, et nous porte à prendre de bonnes résolutions.

La *crainte de Dieu*, qui est le commencement de la sagesse, le fondement de la vie humaine, « aussi nécessaire, dit Joubert, pour nous maintenir dans le bien, que la crainte de la mort pour nous retenir dans la vie ; »

La *piété*, qui « est utile à tout, qui a pour elle les promesses de la vie présente et celles de la vie future » (Saint Paul) ;

La *prière* et la *fréquentation* des sacrements, qui mettent à la disposition de l'homme la force même de Dieu, avec laquelle il peut tout.

III. — Voilà quelques-uns des moyens de cultiver et de fortifier l'âme, de la préserver du joug des passions ou de l'y soustraire, soit dans la correction du caractère, soit dans la répression des passions.

La résistance au mal ne suffit pas. Le meilleur moyen de l'éviter, de s'en préserver, de s'en guérir, c'est de faire le bien. Il n'y a que le bien qui soit assez fort pour repousser ou détruire le mal.

« En fait de stratégie, dit Lacordaire, celui qui se défend sans attaquer perd la moitié de ses forces. La volonté doit donc, quand la passion lui demande un acte d'avarice, répondre par un acte de munificence ; quand elle lui demande une satisfaction d'orgueil, lui opposer une leçon de modestie[1]. »

---

[1] Voir 1er vol., 10e partie, XVII : *Il est plus facile de former que de réformer.* (Saint François de Sales.)

3 — Sujets de Pédagogie n° 319.

Autres sujets. — 1. Développer cette pensée :

« Pour la plupart des hommes, se corriger consiste à changer de défaut. »

Note. — Se rappeler ce mot de Bossuet : « On croit se convertir quand on change, et quelquefois on ne fait que changer de vice, que passer de la galanterie à l'ambition, et de l'ambition, quand un certain âge est venu et qu'on n'a plus assez de force pour la soutenir, on va se perdre dans l'avarice. »

2. Que pouvons-nous pour réformer notre caractère? (Ec. N. de Sèvres, 1895.)

3. Qu'appelle-t-on homme de caractère? Montrer s'il est possible de modifier son caractère, et si oui, à quel point nous le pouvons. (Bacc. Philos.)

VI

Habitude. — Répétition.

XIX

Comment faut-il entendre ce proverbe :

« *L'habitude est une seconde nature* »?

Quelles conséquences pratiques faut-il en tirer?

(Brevet supérieur.)

Sommaire. — I. L'habitude est une disposition acquise, une seconde nature que nous nous donnons, et dont nous avons le mérite ou le démérite.

Expliquer sa formation.

Cette seconde nature, suivant qu'elle est bonne ou mauvaise, augmente en nous le besoin et la facilité du bien ou du mal, et assure notre progrès moral ou notre déchéance.

II. Les conséquences pratiques se tirent soit de la manière dont l'habitude naît (ce qu'il faut éviter, ce qu'il faut faire), soit des effets qu'elle produit.

III. Résumer et conclure.

Développement.

I. — Il y a en nous une *première nature* ou simplement la *nature :* c'est l'ensemble des dispositions que nous apportons en naissant; ce sont les appétits, les inclinations, les penchants qui constituent le fond de notre être et qui sont en nous sans nous.

L'habitude est une *seconde nature,* c'est-à-dire qu'elle est une disposition acquise ayant les mêmes caractères que les dispositions primitives, une véritable inclination que l'on s'est donnée, et qui, comme l'inclination naturelle, porte à agir sans réflexion et sans effort.

Elle est à la fois un penchant, et une aptitude : elle crée en nous un besoin croissant et une facilité croissante de produire l'acte ou les actes qui lui ont donné naissance. Accompli souvent malaisément dans le principe, l'acte volontaire devient si facile par l'habitude, qu'il se produit en quelque sorte par un mouvement spontané, qui prévient l'intelligence et la volonté, comme il arrive pour les actes émanant des inclinations naturelles.

Cette seconde nature que nous nous sommes donnée, et qui est notre œuvre, dont nous avons le mérite et les avantages si elle est bonne, le démérite et les suites fâcheuses si elle est mauvaise, est souvent plus forte et plus difficile à modifier que la première. La raison en est que l'habitude se greffe sur une inclination naturelle, et que la force de celle-ci est accrue et multipliée par celle de l'habitude. Celui, par exemple, qui avait du penchant à la colère, à la sensualité, aurait pu, à l'origine, avec quelques efforts, réprimer ce penchant; mais s'il a, par des actes réitérés, pris l'habitude de la colère, l'habitude de la sensualité, il lui faudra un long et pénible travail pour se corriger : c'est comme un double courant qu'il faut combattre et refouler.

II. — Les conséquences pratiques de ce proverbe sont fort importantes. Puisqu'on est soi-même l'artisan de cette seconde nature constituée par l'habitude, il faut se la faire telle qu'une raison éclairée et une conscience droite demandent qu'elle soit. Pour cela, exercer sur soi-même une constante vigilance, surtout dans l'enfance et la jeunesse, pour ne prendre que de bonnes habitudes.

On sait que tout acte laisse après lui une tendance à le reproduire et que, s'il est intense, s'il exige un grand déploiement d'énergie, il peut suffire à créer une habitude.

Il faut se rappeler que l'habitude est le principe de notre perfectionnement ou de notre dégradation, suivant ce que lui livre la volonté ; que, par elle, la vie devient un tout uni et cohérent, dont les parties se conditionnent successivement : le présent sort du passé et tient en germe l'avenir ; qu'elle nous fait sans cesse héritiers de nous-mêmes et nous crée, pour ainsi dire, à notre propre image ; qu'elle nous récompense ou nous punit, nous rend bénéficiaires ou victimes du bien ou du mal que nous avons voulu et que nous avons fait.

Le mal devient presque impossible à l'homme vertueux, au saint, à celui en qui l'habitude du bien est comme une seconde nature ; il devient presque nécessaire à l'homme vicieux, à celui dont la volonté est, pour ainsi dire, identifiée avec le vice. Le premier est pleinement libre dans cette sorte d'infaillibilité ou impeccabilité acquise ou plutôt conquise, qu'il possède ; le second est esclave : les abdications successives de sa volonté, les fautes répétées ont engendré chez lui la quasi-fatalité du vice.

C'est surtout pour exprimer combien il est laborieux de sortir de ce dernier état, combien est puissant l'empire des mauvaises habitudes, que l'on emploie le proverbe commenté : les mauvaises habitudes faisant partie de nous-mêmes, il nous est presque aussi difficile de nous en défaire que de nous défaire de notre propre nature. On dit dans le même sens : *Qui a bu boira.*

Cependant ni l'un ni l'autre de ces proverbes ne sont vrais absolument. Il est difficile, il n'est pas impossible de se corriger d'une mauvaise habitude, quelque invétérée qu'elle soit. Il reste toujours une place pour la liberté. Ce qu'un acte a fait, un autre peut le défaire. Une habitude se combat et se détruit par une habitude contraire. Il dépend de nous de revenir en arrière, de prendre une autre voie. Ce que nous ne pourrons pas de nous-mêmes, la grâce de Dieu le pourra avec nous. On a vu des hommes vicieux changer subitement et totalement de conduite ; des ivrognes, par exemple, ne plus toucher à une boisson enivrante. Beaucoup de saints sont des convertis.

Que si la volonté a été tellement affaiblie, la liberté tellement atteinte par l'habitude invétérée du mal, que l'on ne trouve plus en soi assez de ressort pour se retourner, il faut appeler Dieu à son secours : la prière met la toute-puissance de Dieu à la disposition de l'homme.

Dieu fait part, au besoin, de sa force infinie.
            (CORNEILLE, *Polyeucte.*)

La paix, fruit de la victoire, est réservée aux hommes de

bonne volonté, à ceux qui veulent efficacement, c'est-à-dire qui prennent les moyens.

Il est bon toutefois de se rappeler sans cesse ce proverbe, soit pour se prémunir contre les mauvaises habitudes, soit pour se hâter de s'en défaire dès qu'on s'aperçoit qu'on commence à en contracter.

III. — Concluons que le proverbe est vrai : *l'habitude est une seconde nature* que nous nous donnons et dont nous sommes responsables, dont nous avons le mérite ou le démérite; cette seconde nature, suivant qu'elle est bonne ou mauvaise, augmente en nous le besoin et la facilité du bien ou du mal et assure notre progrès moral ou notre déchéance; quand on est tenté de mal faire et de favoriser une mauvaise habitude naissante, il faut se répéter ce proverbe et se rappeler les graves enseignements qu'il renferme[1].

Pensées. — Pour la conduite de la vie, les habitudes font plus que les maximes, parce que l'habitude est une maxime vivante, devenue instinct et chair... La vie n'est qu'un tissu d'habitudes. (AMIEL.)

Si seulement les jeunes gens pouvaient comprendre combien vite ils deviendront de simples paquets ambulants d'habitudes, ils feraient plus attention à leur conduite pendant que leur caractère est encore plastique. Nous filons nous-même le fil de notre destinée, bon ou mauvais, et qui jamais ne sera défait. (WILLIAM JAMES.)

Maintiens vivante en toi la faculté de l'effort, en lui faisant faire chaque jour un peu d'effort désintéressé. (WILLIAM JAMES.)

Donnez aux enfants des ressources d'esprit qui puissent durer autant que leur existence même; des habitudes que le temps améliore et ne détruise pas; des goûts et des occupations qui rendent la maladie tolérable, la politesse agréable, la vieillesse respectable, la vie digne et utile, et la mort elle-même moins horrible. (SYD. SMITH.)

Autres sujets. — 1. « L'habitude, dit-on, est une seconde nature. » Expliquez cette maxime et montrez par suite quelle est l'influence de l'habitude, particulièrement sur l'éducation et sur la moralité de l'homme. (Br. sup. Somme, Aspirantes, 1894.)

2. L'habitude est une seconde nature. Importance de cette vérité en morale et en éducation. (Br. sup. Poitiers, Aspirants, 1900.)

3. Des habitudes.
Comment se prennent les mauvaises habitudes et comment on en contracte de bonnes.
Rapports de l'habitude et de la volonté. (Br. sup. Dijon, Aspirantes, 1899.)

---

[1] Voir un autre développement de ce proverbe, 3ᵉ vol., 3ᵉ partie, XIV.

4. Comment se forment les habitudes ? Quels services nous rendent-elles ? Quand elles sont mauvaises, comment peut-on et doit-on les corriger ? (Br. sup. Aix, Aspirants, 1897.)

5. Exposer les avantages et les dangers de l'habitude à propos de la pièce de Sully-Prudhomme inscrite au programme : « L'habitude est une étrangère, etc. » (Br. sup. Nancy, Aspirants, 1904.)

6. Démontrez la sagesse de ce conseil : « Prenez de bonnes habitudes ; il n'y en a point qui ne deviennent douces, quelque pénibles qu'elles paraissent. » Donnez des exemples. (Br. él. Clermont, Aspirants, 1900.)

7. Un philosophe de l'antiquité (Sénèque) a dit qu'un long commerce avec le mal ou avec le bien nous fait épouser l'un ou l'autre.

Montrer combien cette pensée est juste ; combien les mauvaises et les bonnes habitudes s'enracinent profondément dans notre esprit et dans notre cœur, semblables au parfum qui pénètre le vase avec lequel il a été longtemps en contact. (Br. sup. Poitiers, Aspirantes, 1901.)

8. Est-il vrai que l'éducation ait pour but unique de donner des habitudes ? (Br. sup. Rhône, Aspirants, 1894.)

9. Discuter cette parole de Kant : « Plus un homme a d'habitudes, moins il est libre et indépendant. Il en est des hommes comme des animaux : ils conservent plus tard un certain penchant pour ce à quoi on les a de bonne heure accoutumés. »

Faudrait-il donc, comme le voudrait Kant, empêcher les enfants de s'accoutumer à quelque chose et ne laisser naître en eux aucune habitude ? (Br. sup. Lille, Aspirantes, 1903.)

10. Par des exemples précis, pris dans votre vie personnelle, montrez les terribles dangers que présente l'habitude, si elle n'est tenue en bride par la volonté. (Br. sup. Aix, Aspirantes, 1914.)

11. Toute bonne *habitude* doit devenir *aptitude*.

Expliquez et appréciez ce mot en donnant des exemples.

Fixez finalement le rôle de l'habitude en morale et en éducation. (Br. sup. Clermont, 1915.)

XX

On dit souvent que c'est des premiers pas que dépend la carrière. A-t-on raison de dire cela? Pourquoi est-il si important de bien commencer? Donner des exemples pris dans la vie pratique et dans l'histoire.

Sommaire. — Trois parties pour répondre aux trois questions posées par le texte :

1º On a raison de dire cela. En toute chose, bien commencer est d'une importance capitale.

2º Montrer les avantages qu'il y a de bien commencer, et les inconvénients qui résultent de faire mal les premiers pas.

3º Exemples pris, comme le veut le texte, dans la vie pratique et dans l'histoire.

4º Conclusion pratique.

Développement.

I. — Au sens propre, le mot *carrière* signifie un lieu fermé de barrières et disposé pour les courses; au sens figuré, qui en est dérivé, il signifie : champ, espace où la vie se déploie et s'exerce, où les choses s'accomplissent, où les sentiments se font jour. (Littré.)

Cette parole est une maxime de bon sens confirmée par l'expérience.

Oui, on a raison de dire que souvent, très souvent même, c'est des premiers pas que dépend la carrière. En toute chose, bien commencer est d'une importance capitale. Un devoir auquel on se soumet de mauvaise grâce, une affaire mal engagée, une action entreprise avec hésitation et sans élan, est d'ordinaire un devoir mal rempli, une affaire manquée, une action qui traîne et ne se fait pas ou se fait mal.

II. — La raison de cela, ou plutôt les raisons, car il y en a plusieurs, sont faciles à découvrir et à donner.

Si, dès les premiers pas que l'on fait dans la carrière, c'est-à-dire si, dès que l'on s'attelle à une besogne qui s'impose ou que l'on s'impose à soi-même, on donne avec toutes ses forces; si on emploie toutes ses ressources, surtout si on aime ce que l'on fait et que l'on mette, comme l'on dit, son cœur à l'œuvre, les premiers pas et les premiers efforts peuvent coûter, mais du coup on se trouve lancé, et bientôt même l'on marche en vertu de la vitesse acquise.

Dans ce premier pas, ou, si l'on veut, dans cet acte initial, on a déployé une telle intensité de force, que, de ce fait seulement, on a créé en soi un commencement d'habitude, c'est-à-dire un penchant à agir, une tendance à reproduire les actes déjà faits, et une aptitude, un savoir-faire et une facilité qui iront toujours croissant.

Ajoutez que, pour si peu que l'on soit conséquent avec soi-même, avoir commencé et bien commencé engage : on ne veut pas être inférieur à soi-même ou en contradiction avec soi-même, on ne veut pas montrer qu'on n'a pas d'esprit de suite, pas de constance ou de consistance.

Puis, quand on fait un devoir sans balancer, on a le bon témoignage de sa conscience, qui dit : C'est bien; et ce bon témoignage est d'ordinaire confirmé par celui des autres, ce qui met la joie au cœur et double les forces.

Enfin, ce qui est bien commencé a beaucoup de chances d'être bien fini; cela promet un résultat et le fait espérer; or l'espérance est une des forces les plus énergiques qui mènent les hommes.

Au contraire, quand on entreprend un travail à contre-cœur, quand on traîne dès les premiers pas, on fait mal ce que l'on fait et l'on ne va pas loin. Outre les difficultés inhérentes aux choses, et qui deviennent dix fois plus fortes par la peur qu'on en a et par la couardise qu'on met à les surmonter, il y a les difficultés qu'on imagine et celles que l'on met soi-même dans les choses par sa nonchalance, par ses hésitations, par ses lâchetés.

A celui qui veut fortement et qui va de l'avant dès les premiers pas, les obstacles mêmes deviennent des moyens : il y prend un point d'appui pour s'élancer plus loin; à celui qui veut faiblement, qui voudrait vouloir, mais qui ne veut pas, tout devient obstacle, même les moyens.

III. — Les exemples ne manquent pas pour confirmer cette théorie.

C'est un petit enfant qui commence mal un cahier, qui le tache, qui en est tout honteux et gaspille son cahier.

C'est un élève, un adolescent, qui, rentrant au collège avec le mal au cœur des vacances finies et des amusements qu'il n'a plus, néglige dès les premiers jours ses devoirs, manque à la discipline, se fait punir, s'entête dans la mauvaise voie où il est entré, se décourage et n'a plus aucun ressort pour le bien, passe une année déplorable, est à charge à lui-même et à ses maîtres, perdant son temps et donnant un mauvais pli à ses facultés intellectuelles et morales.

C'est un négociant qui ouvre une maison et, dès les premières affaires, n'inspire pas confiance, ne fait pas sur ses clients l'impression d'un homme honnête et entendu; sa maison ne prospère pas; car la première garantie du succès, en affaires, c'est la bonne réputation.

On pourrait multiplier les exemples pris dans la vie pratique.

L'histoire elle-même en est une mine féconde. Que de guerres, par exemple, n'ont été pour une nation qu'une suite de revers, parce qu'elles avaient été mal engagées et avaient commencé par une défaite! Cette première défaite, amenée par une imprévoyance ou par une faute, a entraîné après elle d'autres défaites, et l'on a abouti à des désastres.

IV. — Il est donc démontré, et par le raisonnement et par les exemples, qu'il importe beaucoup de bien commencer, et l'on a raison de dire que *c'est des premiers pas que dépend la carrière.* Si, d'une part, une première faute en prépare une seconde et conduit vite, d'étape en étape, aux extrémités du mal; d'autre part, une résolution généreuse, un commencement énergique, un premier sacrifice accepté sans esprit de retour, suffit souvent pour entrer dans la bonne voie et y persévérer[1].

Autres sujets. — 1. On a dit justement : « Les impressions d'enfance ont souvent une influence décisive sur notre vie et presque toujours sur l'œuvre d'un grand écrivain. »

Développez cette pensée en prenant La Fontaine pour principal exemple. (Br. sup. Bordeaux, Aspirantes, 1902.)

2. Pour se justifier d'une faute, on dit souvent : « Une fois n'est pas coutume. »

Que pensez-vous de cette réponse? En rapprochant cette parole de ce proverbe : « Il n'y a que le premier pas qui coûte, » faites ressortir l'importance qu'il y a à surveiller tous ses actes.

Si ce proverbe nous met en garde contre nous-mêmes, n'y trouvons-nous pas, d'autre part, un stimulant, dès qu'il s'agit de contracter une bonne habitude? (Br. él. Lille, Aspirants, 1909.)

3. Une maxime des philosophes stoïciens porte qu'il faut résister dès le commencement.

Expliquer le sens de ce précepte et en tirer des applications pratiques. (C. A. P.)

---

[1] Voir 1er vol., 3e part. XI : *Un pas hors du devoir nous peut mener bien loin* (Corneille); et 3e vol., 3e part., XV : *Il n'y a que le premier pas qui coûte.*

XXI

« *Hâtez-vous lentement.* »

Expliquer le sens de ce précepte et démontrer le profit qu'on en tirera en l'appliquant à l'enseignement.

Sommaire. — Deux parties.

La *première*, pour expliquer le sens du précepte ; la *seconde*, pour montrer le profit qu'on en peut tirer en l'appliquant à l'enseignement.

Ne pas séparer *hâtez-vous* de *lentement*, ni *lentement* de *hâtez-vous*.

Les deux idées se délimitent, se précisent, se complètent, bien qu'elles paraissent contradictoires.

Si on les sépare, on risque de pécher par trop de hâte ou par trop de lenteur ; dans l'un et l'autre cas, la règle, la mesure, la raison font défaut.

Développement.

I. — Hâtez-vous. Ne tardez pas, ne renvoyez pas à plus tard ; mettez-vous à l'œuvre tout de suite, avec entrain et célérité, et gardez cet entrain et cette célérité jusqu'au bout.

Soyez pressé : « Il faut apprendre à être pressé et à faire vite. C'est la vie d'être pressé. » (XAVIER DOUDAN.)

Mais prenez le temps qu'il vous faut, ne précipitez rien ; faites bien ce que vous faites, mettez-y l'attention et le soin nécessaires.

Sous prétexte de faire vite, ne faites pas trop vite, ne faites pas mal. Une chose mal faite n'est pas faite ; faites vite, mais faites bien, c'est-à-dire lentement, raisonnablement.

Vite et bien, c'est l'idéal ; il faut y tendre, et vous y tendez en vous hâtant lentement, c'est-à-dire en n'oubliant rien, en ne négligeant rien, en embrassant à la fois et l'ensemble et les détails. N'oubliez pas que le temps se venge de ce qu'on fait sans lui.

Ne mettez point une heure où il en faut deux, une année où il en faut trois. Redoutez de faire trop vite, trop facilement. « Le temps ne fait rien à l'affaire. » Apprenez à faire difficilement, c'est-à-dire avec perfection, les choses faciles.

« *Hâtez-vous.* » N'hésitez pas, ne différez pas ; mais « *lentement* » : faites feu qui dure, ne faites pas feu de paille.

Ni trop ni trop peu; ni plus ni moins. La règle, la mesure, la raison, dans la hâte et dans la lenteur. Point d'excès, point de manque.

Dans le développement des êtres vivants, la nature procède par *évolutions*, c'est-à-dire par changements continus, mais lents; non par *révolutions*, c'est-à-dire par changements brusques et saccadés. Faites de même.

Voilà le sens de ce précepte : « *Hâtez-vous lentement.* »

II. — Que si le maître l'applique à l'enseignement, il ne donnera pas aux élèves des leçons trop longues; il ne les surmènera pas, au détriment de la santé et de la véritable formation de l'intelligence : il leur apprendra les choses l'une après l'autre, ni trop vite ni trop lentement.

Il avancera sûrement, sans précipitation et avec précaution. Ce que les élèves sauront, ils le sauront bien.

Il faut apprendre une chose plusieurs fois pour la bien savoir. Le maître reviendra donc sur les leçons données, s'assurera, avant d'aller de l'avant, qu'elles ont été comprises, qu'elles le sont encore, qu'elles ne sont pas oubliées.

Sans doute, l'idéal est de savoir bien et beaucoup; mais il vaut mieux savoir peu et bien, que beaucoup et mal. Ce que l'on sait mal, on ne le sait pas.

D'un côté, les élèves perdent le goût de l'étude, quand ils ne comprennent pas, et ils ne comprennent pas, si le maître veut aller trop vite, s'il exige immédiatement un résultat qui ne peut venir qu'avec le temps. D'autre part, le maître qui ne se hâte pas, qui va trop lentement, qui rabâche, qui fait piétiner sur place, rebute les élèves.

Dans les deux cas, il y a oubli de l'excellent précepte pédagogique : « *Hâtez-vous lentement.* » Dans le premier, il y a trop de hâte; dans le second, trop de lenteur. Dans l'un et l'autre, la règle, la mesure, la raison, font défaut.

Autres sujets. — 1. Expliquer et apprécier cette pensée de J.-J. Rousseau dans le deuxième livre de l'*Émile* :

« Oserai-je exposer ici la plus grande, la plus importante, la plus utile règle de toute l'éducation? Ce n'est pas de gagner du temps, c'est d'en perdre. » (Br. sup. Montpellier, Aspirantes, 1900.)

2. Un enfant a reçu la permission de planter à son gré un carré de jardin. Sa joie. Il y sème des fleurs. Son impatience. Chaque jour il va voir si elles lèvent. Il gratte un peu la terre, déterre les graines, les remet en place. Rien ne pousse. Son dépit.

Conseils de son père :

« Apprends à attendre. » (Br. él. Bordeaux, Aspirantes, 1900; Paris, Aspirantes, 1905.)

3. Que faut-il entendre par cette locution proverbiale :
« Le temps est un grand maître ? » (Br. él. Paris, Aspirants, 1896.)

4. La Fontaine a dit :

> Patience et longueur de temps
> Font plus que force ni que rage.

Expliquez cette maxime et justifiez-la par un ou plusieurs exemples.
(Br. él. Chambéry, Aspirantes, 1911 ; Lille, Aspirants, 1915.)

5. Commentez et justifiez, si possible, ces deux vers de La Fontaine : (ci-dessus.) (Br. él. Bordeaux, 1917.)

6. Mêmes vers. — Commentez ce proverbe et faites-en l'application à des actes de la vie quotidienne. (Br. él. Aude, 1915.)

7. Dans beaucoup de circonstances de la vie, « savoir attendre » est une marque d'habileté ; n'est-ce pas souvent aussi une marque de courage ? (Br. él. Gard, 1915.)

XXII

Boileau a dit :

« Vingt fois sur le métier remettez votre ouvrage. »

Appliquez ce vers à la composition et à l'éducation.

Sommaire. — I. — Application à la composition : examiner le fond et la forme.

Le fond : la question posée est-elle comprise ? est-elle traitée ? n'est-on pas à côté ?

La forme : n'y a-t-il pas des termes impropres, des redites, des tours gauches, etc.

II. — Application à l'éducation : il s'agit d'acquérir de bonnes qualités, de contracter de bonnes habitudes. Importance, pour cela, de la répétition des leçons et des actes.

Le meilleur professeur, le meilleur éducateur, n'est-ce pas celui qui, comme la mère, répète le plus ?

Développement.

I. — Il est rare que, dans une composition, le premier travail ne soit pas imparfait. Des idées essentielles font défaut, on n'a pas suffisamment pesé la valeur des termes, creusé le sujet. On n'a pas trouvé ce qu'il fallait, mais autre chose. On s'est écarté de la question, on en a altéré ou faussé le sens. Ce qu'on dit n'est pas direct, pas suffisamment approprié, ne répond pas ou ne répond qu'insuffisamment au texte, à tel point peut-être que c'est une autre question que l'on a traitée.

Il faut travailler ce *fond*, le remettre sur le métier.

De même pour la *forme*. Il y a des termes vagues, impropres ; il y a des redites, des redondances, des mots qui reviennent sans raison, des équivalents qui changent les termes, tout en répétant l'idée sans y rien ajouter ; il y a des tours gauches ou trop uniformes, des phrases trop longues, pas correctes, mal ponctuées, embarrassées de circonstances inutiles.

Il faut travailler cette *forme*, la polir, la rendre le plus possible irréprochable.

> Polissez-*le* sans cesse et *le* repolissez.

Pour pratiquer dans la composition ce précepte de Boileau, il faut avoir un idéal, être difficile à contenter, ne pas regarder comme fait ce qui n'est qu'ébauché, comme fini ce qui ne satisfait pas.

Celui qui travaille ainsi ne croit jamais être parvenu

> A ce degré parfait qu'il tâche de trouver ;
> Et toujours mécontent de ce qu'il vient de faire,
> Il plaît à tout le monde et ne saurait se plaire.
> (BOILEAU, Sat., II.)

Voilà pour la composition.

II. — Je vous ai dit cela *vingt fois*, dit-on à un élève. Peut-être plus de vingt fois, peut-être cent. Et c'est ce qu'il fallait faire : le meilleur professeur, le meilleur éducateur est celui qui répète le plus, comme le fait la mère, sans jamais se lasser. C'est à force de frapper que l'on enfonce un coin. Que de coups de pinceau, que de coups de ciseau, le peintre, le sculpteur, doivent donner pour achever le tableau ou la statue !

L'éducation est l'art le plus délicat, le plus difficile : c'est l'art des arts. Elle ne peut se faire en une seule fois. Il s'agit d'un pli à donner aux facultés, d'habitudes à contracter, de sentiments à éveiller ou à fixer : tout cela exige impérieusement la répétition des actes et la constance, la patience, la persévérance, attendant longuement des résultats qui ne peuvent se produire qu'à la longue.

C'est peu à peu que l'on s'instruit et que l'on devient bon, peu

3*

à peu que l'on se corrige de ses défauts, peu à peu que l'on acquiert des qualités et des vertus.

Il faut revenir à la charge vingt fois, cent fois, mille fois. D'abord on s'y prend mal, puis un peu mieux, puis bien, puis enfin il n'y manque rien[1] ou presque rien de ce qui est possible à la faiblesse et à l'infirmité humaines.

III. — Il est très sage ce conseil de Boileau, et il s'applique fort bien à la composition et à l'éducation. Les principes et les règles qu'il rappelle doivent être compris et pratiqués à la fois par le maître et par l'élève.

Pensées. —

> Travaillez à loisir, quelque ordre qui vous presse,
> Et ne vous piquez point d'une folle vitesse. (BOILEAU.)

Quand on écrit avec facilité, on croit avoir plus de talent qu'on n'en a. Pour bien écrire, il faut une facilité naturelle et une difficulté acquise. (JOUBERT.)

Quand on a fait un ouvrage, il reste une chose bien difficile à faire encore, c'est de mettre à la surface un vernis de facilité, un air de plaisir, qui cachent et épargnent au lecteur toute la peine que l'auteur a prise. (JOUBERT.)

Autres sujets. — 1. Louise se désole de ne pas pouvoir apprendre à lire. Sa mère lui montre une petite fourmi qui cherche à sortir d'un vase. Dix fois, cent fois, elle glisse le long des parois et tombe au fond du vase. Elle finit cependant par arriver au bord.
Conclusion. (Br. él. Paris, Aspirantes, 1905.)

2. En faisant appel à votre expérience, appréciez cette opinion de Marcel Prévost : « Apprendre, nécessite trois choses : de la volonté, de l'ordre et du temps. » (Br. sup. Besançon, 1915.)

---

[1] LA FONTAINE, *Le Loup et le Renard*, liv. XII.

VII

Mémoire, association des idées, imagination.

XXIII

Commenter cette parole de Montaigne :

« *Savoir par cœur n'est pas savoir ; savoir, c'est tenir (s'être approprié) ce qu'on a donné en garde à sa mémoire.* »

Sommaire. — 1º Comparer *savoir par cœur* et *savoir*, de façon à montrer la vérité de la parole de Montaigne.

2º Indiquer les différentes manières d'apprendre par cœur, et les apprécier en les faisant rentrer dans l'une des parties de la parole de Montaigne : *savoir par cœur* et *savoir*.

Développement.

I. — *Savoir par cœur*, c'est avoir confié à sa mémoire des mots, des phrases, des formules, des règles, des faits.

Savoir, c'est avoir l'intelligence des mots, des phrases, des formules, des faits ; c'est les comprendre, c'est en voir la signification, la portée, les applications, la vérité dans la théorie et dans la pratique ; c'est, en un mot, *avoir compris, avoir retenu et pouvoir appliquer*.

On peut savoir par cœur toutes les règles de la grammaire et de la rhétorique, être capable de les réciter mot à mot, sans pouvoir être correct, ni savoir écrire. « Quand un enfant, dit Kant, ne met pas en pratique une règle de grammaire, peu importe qu'il la récite ; il ne la sait pas. Celui-là la sait infailliblement qui l'applique ; peu importe qu'il ne la récite pas. »

On peut savoir par cœur tous les théorèmes de la géométrie, toutes les formules de l'algèbre, tous les principes de la philosophie, tous les faits de l'histoire, sans avoir pour cela la science de la géométrie, de l'algèbre, de la philosophie, de l'histoire. On possède ces diverses sciences, si les théorèmes de géométrie, les formules d'algèbre, les principes de philosophie, les faits de l'histoire, ont pénétré dans la substance même de notre esprit, s'ils font partie de notre mentalité, si notre esprit les a faits siens, s'il se les est assimilés, comme le corps s'assimile la nourriture qu'il prend; si nous pensons, si nous jugeons, si nous parlons, si nous agissons en vertu de ces principes, de ces faits, conformément à l'enseignement qu'ils contiennent.

« Nous prenons en garde (confions à la mémoire) les opinions et le savoir d'autrui, dit Montaigne, et puis c'est tout : il faut les faire nôtres. » Et encore : « Celui-là a mieux profité aux leçons, qui les fait, que qui les sait. »

Évidemment, savoir par cœur est une des conditions de la science : l'édifice de la science ne se construit pas sur le vide et sans matériaux; mais les matériaux sont vains, si on ne sait, si on ne peut en disposer : ils embarrassent plutôt qu'ils ne servent.

Il faut que le travail de la mémoire ne soit pas séparé de celui du jugement; il faut s'approprier ce que l'on apprend par cœur, il faut le faire passer et le garder à l'état vivant, conscient d'abord, par la réflexion; puis, par la répétition, par l'habitude, inconscient et, en quelque sorte, instinctif[1].

Montaigne insiste avec force sur cette nécessité de s'assimiler, par un travail personnel de jugement et de raison, ce que l'on confie à la mémoire : « Nous ne travaillons qu'à remplir la mémoire et laissons l'entendement et la conscience vides !... On ne cesse de criailler à nos oreilles, comme qui verserait dans un entonnoir, et notre charge (ce qu'on demande de nous), ce n'est que de redire ce qu'on nous a dit... Qui demande à son disciple ce qu'il lui semble de telle ou telle sentence de Cicéron? On nous les plaque en la mémoire toutes empennées, où les lettres et les syllabes sont de la substance de la chose... Je voudrais que le gouverneur (précepteur ou instituteur) changeât cette partie, et que, de belle arrivée (dès le début) et selon la portée (degré de développement) de l'âme qu'il a en main, il commençât à la mettre sur la montre (l'amenât à montrer ce qu'elle peut, ce qu'elle vaut), lui faisant goûter les choses, les choisir et discerner d'elle-même; quelquefois lui ouvrant le chemin, quelquefois le lui laissant ouvrir... Qu'il (le précepteur) ne lui demande pas (à son élève) seulement compte des mots de sa leçon, mais du sens et de la substance, et qu'il juge du profit qu'il

---

[1] On a dit que le principe psychologique fondamental de tout enseignement peut être résumé dans cette formule : *Toute éducation consiste dans l'art de faire passer le conscient dans l'inconscient.*

aura fait, non par le témoignage de sa mémoire, mais de sa vie. Que ce qu'il viendra d'apprendre il le lui fasse mettre en cent visages (formes) et accommoder à autant de sujets (appliquer à nombre de cas), pour voir s'il l'a encore bien pris et bien fait sien...

« Ce qu'on sait droitement (bien), on en dispose sans regarder au patron, sans tourner les yeux vers son livre. Fâcheuse suffisance (capacité intellectuelle) qu'une suffisance pure (purement) livresque! »

Les connaissances livrées à la mémoire, et dont on ne peut au besoin disposer, sont comme des vivres déposés dans un magasin, comme des livres dans une bibliothèque. Il faut que les vivres soient la nourriture de chaque jour, et la vérité contenue dans les livres, la lumière et la vie habituelle de notre âme.

II. — La parole de Montaigne étant expliquée, il peut être utile, au point de vue pédagogique, de classer les enfants suivant leur manière d'apprendre par cœur.

Il en est qui ne cherchent pas à comprendre, qui veulent simplement fixer dans la mémoire l'*image visuelle* du mot, sa place dans la ligne, la place de cette ligne dans la page. Ce sont des *visuels*. Savoir, pour eux, c'est pouvoir relire en imagination ce qu'ils ont vu dans leur livre.

Il en est qui ne se contentent pas de l'image visuelle; ils veulent, en outre, fixer dans la mémoire le *son* des mots et, pour cela, lisent tout haut leur leçon. Pour eux, savoir une leçon, c'est la *lire* et *l'écouter* dans leur imagination. Ils sont à la fois *visuels* et *auditifs*.

Il en est qui s'occupent en même temps de l'*image* et de l'*idée*; mais la conservation de l'idée est pour eux un *moyen* mnémonique, non le *but* poursuivi. Ils se servent de l'idée pour retrouver plus facilement l'image du mot. Quand, par la répétition, l'élève s'est fait une *routine*, il oublie les idées pour les mots; il ne pense plus à la *chose* signifiée, il ne retient que le *signe*.

Il en est enfin qui s'attachent à retenir à la fois les figures, les sons, les idées et les *liaisons d'idées*. Ceux-ci savent réellement; ce qu'ils récitent, ils le comprennent. Ils se sont rendu compte du plan de l'auteur, de l'ordre de ses pensées, et cet ordre leur est une sorte de cadre où viennent naturellement se ranger à leur place les idées et leurs signes.

Si l'on rapproche ces différentes manières d'apprendre par cœur de la distinction établie par Montaigne entre les deux formes de savoir qu'il oppose, on verra que, pour le visuel, l'auditif, le routinier, chez lesquels l'idée est remplacée ou dominée par l'image ou le mot, la récitation est un pur mécanisme. Les mots, chez eux, s'appellent et se déroulent comme les anneaux d'une chaîne; qu'un anneau se rompe, et l'élève se trouble, incapable de continuer le récit.

Il n'en est pas ainsi de celui qui « sait droitement », chez lequel l'image et le mot sont subordonnés à l'idée. Les mots du texte peuvent lui manquer, mais l'idée lui reste, et l'idée peut toujours trouver des équivalents pour s'exprimer.

D'une part, on a un perroquet qui ne s'entend pas lui-même; de l'autre, une intelligence qui a fait siennes les pensées d'autrui. Le *savoir par cœur*, malgré le travail qu'il exige, n'est qu'un savoir passif, un savoir plaqué et tout de surface; le *savoir* est l'œuvre d'un esprit actif: c'est de la pensée assimilée, il fait partie de notre mentalité, de notre substance.

Lecture. — *La mémoire.* — Savez-vous ce que c'est qu'une mémoire bien garnie? Une bibliothèque portative. Nos livres peuvent se trouver loin de nous, la mémoire supplée à leur absence. Un répertoire de morceaux bien sus forme une anthologie d'autant plus précieuse qu'elle est notre ouvrage. C'est nous, c'est notre goût, ce sont nos prédilections qui ont été récoltant de tous côtés la fleur des meilleurs écrits pour en faire une moisson et l'engranger dans notre tête. Composez-vous un pareil trésor, il vous servira à tout. J'en parle par expérience. La nuit, suis-je pris d'insomnie, je me récite des vers, et le sommeil vient. Le jour, suis-je condamné à quelque ennuyeuse attente, je me récite des vers, et le temps passe. En chemin de fer, suis-je engagé dans quelque long parcours, je me récite des vers, et la route s'abrège. L'hiver, suis-je retenu à la chambre par quelque indisposition qui ne me permet pas de lire, je me récite des vers, et j'oublie mon mal.

Combien de fois m'est-il arrivé, dans les montagnes, en face de quelque paysage grandiose, de doubler en moi le plaisir de ce spectacle en me récitant tout haut des vers de Lamartine ou de Victor Hugo! Il me semble que je mets de la musique sur un beau poème. (E. LEGOUVÉ. — Texte de dictée. Br. él. Dijon, Aspirants, 1904.)

Autres sujets. — 1. « Il est de bon ton parmi les élèves, et même dans la société, d'être fier de son intelligence et de rougir quelque peu de sa mémoire. »
Pourquoi?
Montrez les services extraordinaires que nous rend la mémoire et comment elle est la condition absolue de tout progrès. (Br. sup. Aix, Aspirantes, 1905.)

2. Discuter ces paroles de J.-J. Rousseau :
« Émile n'apprendra jamais rien par cœur, pas même des fables, pas même celles de La Fontaine, toutes naïves, toutes charmantes qu'elles sont. » (Br. sup. Alger, Aspirantes, 1902.)

3. Même texte de Rousseau. — Puis : Vous plaiderez le *pour* et le *contre* et vous indiquerez, si possible, une conciliation en deux thèses. (Br. sup. Nancy, Aspirants, 1910.)

4. Commenter cette pensée d'Herbert Spencer :
« *Dire* les choses à un enfant et les lui *montrer*, ce n'est pas lui apprendre à observer et à juger : c'est faire de lui un simple récipient des actions des autres. » (C. A. P. et Aggr. Ens. secondaire de jeunes filles, 1895.)

5. On distingue souvent la mémoire du jugement, et quelquefois on les oppose. N'est-ce pas à tort? La mémoire et le jugement ne dépendent-ils pas l'un de l'autre? Conséquences pédagogiques. (Br. sup. Poitiers, 1912.)

6. « J'attache un prix infini à quantité de réminiscences, » dit C. Lavisse dans l'*Éducation de la démocratie*. « Des vers sont demeurés dans ma mémoire, parce que, le jour où je les ai entendus, ils ont éveillé en moi l'écho qui, en toute âme, guette l'expression noble d'un sentiment humain. »

Quels beaux vers sont demeurés dans votre mémoire et pourquoi s'y sont-ils gravés? (Bacc. 1re partie, Bordeaux, 1917.)

XXIV

Développer cette pensée :

« *Mieux vaut bien savoir que savoir beaucoup.* »

Sommaire. — Le texte oppose *bien* à *beaucoup*.
Caractériser ce que c'est que savoir ou *bien savoir*, et arriver à conclure qu'il faut plutôt se soucier de bien savoir que de savoir beaucoup, mais que l'on ne sait jamais trop de choses, pourvu qu'on les sache bien.

Développement.

Remarquons d'abord qu'on oppose le mot *bien* au mot *beaucoup*. Il va de soi que beaucoup savoir vaut mieux que savoir peu.

Il faut entendre que savoir peu et bien vaut mieux que savoir beaucoup et mal.

On peut même ajouter qu'il est difficile de savoir bien, si l'on ne sait que peu, parce que *tout* tient à *tout*, et qu'une chose, une idée, un principe, s'expliquent par d'autres, qui les limitent, les circonscrivent ou les complètent. Que de choses, par exemple, il faut savoir pour faire une dissertation très simple : celle-ci, je suppose !

Ce que l'on ne sait pas bien, le sait-on réellement ? Peut-on s'en servir utilement et avec sécurité ?

D'où viennent les erreurs ? Du savoir incomplet, insuffisant. Une vérité mal vue, mal comprise, diminuée ou exagérée, ou mal appliquée, c'est l'erreur, et l'erreur est le contraire de la vérité.

On ne sait vraiment que ce que l'on sait bien. Ce que l'on sait mal est la source des méprises, des bévues, des sottises, des quiproquos, des erreurs de tout genre.

On croit pouvoir parler de tout, et on ne peut parler sérieusement, justement, sensément, de rien. On se fait moquer de soi. On confond tout : on a une érudition incohérente. On mêle, au lieu de préciser et d'unir ; on associe confusément des idées disparates, au lieu de lier raisonnablement des idées similaires ; on fait des citations étranges, bizarres, à contresens. Les principes et les règles, on les entend mal, on les applique de travers ou mal à propos ; on ne tient pas compte des exceptions, on ne sait pas faire les distinctions nécessaires, marquer les nuances, mettre les choses au point.

Les pédants et les sots peuvent savoir beaucoup, mais ils savent mal. C'est ce qu'il faut entendre par ces vers, l'un de Molière, l'autre de La Fontaine :

> Un sot savant est sot plus qu'un sot ignorant.
> Un sot plein de savoir est plus sot qu'un autre homme.

S'ils savaient vraiment bien, ils ne seraient ni pédants ni sots, On n'abuse de la science ou de la vérité, comme de la vertu, qu'en l'abandonnant, qu'en s'en écartant.

Lorsque Bacon dit : « Peu de science éloigne de la religion, beaucoup y ramène, » il va de soi qu'il entend par *peu de science* une science incomplète et fausse, et par *beaucoup de science* une science complète et vraie. La vraie science, en quelque petite quantité qu'elle soit, ne saurait jamais éloigner de la religion : la science, à tous les degrés, c'est la vérité, et la vérité n'éloigne pas de la vérité.

Concluons en disant qu'il faut plutôt se soucier de bien savoir que de savoir beaucoup ; mais que l'on ne sait jamais trop de choses, pourvu qu'on les sache bien, c'est-à-dire qu'on les sache réellement[1].

---

[1] Voir 1" vol., 10° partie, XXXV.

Autres sujets. — 1. Mieux vaut, selon Montaigne, « tête bien faite » que « tête bien pleine ».

Expliquer et, s'il y a lieu, discuter cette opinion. (Bacc. 1re partie, Clermont, 1911.)

2. Apprécier cette pensée de Vauvenargues :

« Je n'approuve point la maxime qui veut qu'un honnête homme sache un peu de tout. C'est savoir toujours inutilement, et quelquefois pernicieusement, que de savoir superficiellement et sans principes. » (E. n. de Fontenay, 1899.)

3. Vaut-il mieux étudier beaucoup de sciences différentes, au risque de n'en presque rien retenir, ou n'en étudier que quelques-unes et les creuser profondément ? (Bacc. 1re partie, Clermont, 1913).

4. « Il vaut mieux savoir peu et bien, même ignorer, que savoir mal. »

Approuvez-vous cette pensée de Diderot, et quelle leçon de méthode pensez-vous qu'on en puisse tirer pour la recherche de la vérité et pour l'éducation ? (Bacc. 1re partie, Bordeaux, Concours d'agrégation de jeunes filles, 1899.)

XXV

Un éducateur étranger a dit :
« Quand vous aurez cessé d'étudier, il sera temps de cesser d'enseigner. »
Développer le conseil donné sous cette forme.

Sommaire. — Montrer que le conseil de l'éducateur étranger est très juste, et le motiver en établissant que le maître qui n'étudie plus ne peut plus avoir qu'un enseignement inerte et mort ; que la science enseignée doit être constamment à l'état naissant ou renaissant.

Développement.

Le conseil donné se ramène à ceci : n'enseignez qu'en étudiant vous-mêmes. La condition actuelle et constante de l'enseignement, c'est l'étude actuelle et constante.

N'y a t-il pas quelque exagération dans ce conseil ? Un savant, par exemple, a-t-il besoin de continuer d'étudier pour pouvoir communiquer la science qu'il possède ?

Le conseil n'a rien d'exagéré, et le savant n'est plus capable d'enseigner dès qu'il n'étudie plus.

Et pourquoi cela ?

Parce que les connaissances que l'on a acquises ne demeuren à l'état vivant dans l'âme, qu'à la condition d'être sans cesse renouvelées, revivifiées par l'étude, comme le sang, pour entretenir la vie du corps, a besoin d'être renouvelé et revivifié par la respiration. Sans l'étude, elles passent à l'état inerte et mort. Et dans cet état, comment les communiquer ? C'est la vie qui suscite et excite la vie.

Un membre qui cesse d'agir perd toute vigueur et s'atrophie. La vie intellectuelle, comme la vie physique, c'est l'activité, c'est le mouvement.

L'étude alimente, entretient, manifeste la vie intellectuelle. Que si les facultés de l'esprit ne reçoivent plus leur aliment, si elles ne sont pas maintenues actives par l'étude, elles ne sont pas vivantes et ne peuvent pas répandre la vie.

Sans doute, il y a la routine ; mais la routine, ce n'est pas la vie ; elle n'en a que les apparences, et ce n'est pas une méthode d'enseignement. « La routine, dit P. Janet, est en quelque sorte le retour de l'être vivant à l'inertie de la matière morte ; c'est la mort de tout progrès, de toute activité consciente et vraiment humaine. »

Sans doute encore, il y a des formules que la mémoire peut rappeler sans étude ; mais ces formules froides et sans vie n'ont rien de suggestif et qui convienne à l'enseignement.

L'enseignement exige la spontanéité, c'est-à-dire la vie. La science à enseigner doit être constamment à l'état naissant ou renaissant. C'est dans cet état seulement qu'elle est la lumière ou la vie de l'esprit, et qu'elle peut intéresser celui qui la donne et ceux qui la reçoivent.

Ces considérations suffisent pour légitimer le conseil.

On pourrait ajouter que l'on aime ce que l'on fait par habitude ; que si l'on n'étudie pas, c'est que l'on n'aime pas l'étude, c'est qu'on n'en a pas l'habitude. Et dans ce cas, comment la faire aimer et en faire prendre l'habitude par ceux qui doivent recevoir l'enseignement, enseignement que nous avons reconnu d'ailleurs ne pouvoir être donné dans ces conditions ?

L'éducateur étranger donne donc un conseil très juste et qu'il est très facile de motiver.

Autres sujets. — 1. On a prétendu que dans nos Écoles normales les instituteurs reçoivent une instruction trop haute et des habitudes trop raffinées.

Montrez que ces critiques ne sont pas fondées, et insistez sur ce point que, à un moindre degré d'élévation, l'instituteur ne saurait donner à son enseignement ni la clarté, ni l'intérêt, ni surtout la simplicité nécessaire.

C'est lorsque l'on est le plus savant que l'on est le plus capable d'être simple. (Br. sup. Toulouse, Aspirants, 1897.)

2. Qu'entend-on, en ce qui concerne l'enseignement primaire, par « préparer sa classe »? Comment ferez-vous comprendre à des instituteurs qui ont déjà plusieurs années d'enseignement, qu'il faut préparer sa classe toute sa vie? (C. A. Inspection primaire.)

3. Développer et expliquer cette pensée :

> « Enseigner, c'est apprendre deux fois. »

Se servir de la pensée suivante :
« L'éducation qu'on donne aux autres profite toujours à soi-même. » (C. A. P.)

4. Expliquer et développer cette remarque de Taine :
« C'est une bonne chose pour apprendre que d'enseigner. »

> (Br. sup. Paris, Aspirants, 1914.

5. « L'instituteur a besoin d'une instruction supérieure pour s'élever à la simplicité » (VINET). (On pourrait ajouter : d'un travail de tous les jours.) — Expliquer cette pensée. (C. A. P.)

XXVI

Analyser sur des exemples le rôle de l'imagination dans la pratique du devoir.

> (Bacc. Philosophie, Lyon, juillet 1902.)

Observations. — Montrer dans des exemples variés, tirés de la vie courante, des classiques ou de l'histoire, comment l'imagination agit sur la raison et sur le cœur dans la pratique du devoir.

Développement.

« Accomplis ton devoir » : tel est le précepte de la morale, qui doit régler toutes les manifestations de l'activité humaine.

La raison nous est donnée pour nous montrer le devoir, le cœur pour nous y pousser, la volonté pour nous y déterminer. Mais, pour que ces puissances soient inclinées à la connaissance, à l'amour, à la pratique du devoir, il est bon que la vue de sa beauté intrinsèque et de la récompense qui y est attachée nous attire et nous excite. C'est ici que l'imagination peut et doit agir : son rôle est de nous peindre le bien, de nous en présenter l'image afin de nous le faire mieux connaître, plus chèrement aimer, plus promptement et plus fortement vouloir.

I. — Le devoir d'un élève, c'est l'étude, l'étude qui parfois lui paraît bien difficile. Pour lui en faire comprendre la nécessité et le déterminer à y être assidu, il faut sans doute que l'on s'adresse principalement à sa raison et à son cœur.

On lui expliquera les hontes et les dangers de l'ignorance ; on lui dira combien ses parents auraient de joie de constater chez lui une application soutenue. Mais, sur son esprit volage, ces motifs ne feront pas assez d'impression, si l'imagination ne leur vient en aide, ne les colore, ne leur donne du relief.

Qu'on lui offre des exemples, on sera mieux et plus vite compris. Qu'on lui dise : Il est honteux, il est dangereux d'être comme un tel qui, ayant perdu son temps à l'école, n'est point capable aujourd'hui d'occuper telle situation qu'il eût pu et dû remplir. Le spectacle du paresseux puni, de son champ inculte et qu'envahit la ronce, est plus instructif que tous les raisonnements, plus excitant que toutes les exhortations.

Il ne suffit pas encore qu'on fasse briller aux yeux de l'élève l'espoir de la récompense : « Si le travail vous effraie, que la récompense vous anime ! » Qu'on lui montre l'amande sous le brou et la coque de la noix qu'il faut écorcer et briser. Sans doute ce n'est pas par intérêt qu'il faut remplir le devoir ; mais l'intérêt et le plaisir une fois subordonnés au devoir sont d'excellents mobiles, et qu'il faut faire intervenir à propos.

L'attrait de la récompense, les prix ou les diplômes à conquérir, la considération qui s'attachera à ses succès : voilà qui est très propre à encourager l'élève et à lui faire redoubler ses efforts. Qu'il voie donc, par avance, la touchante scène de famille où sa mère pleurera de joie, où son père le félicitera, où tous deux embrasseront son front couronné, et qu'ainsi son imagination vienne en aide à sa raison et à son cœur.

II. — Analysons un exemple emprunté à l'histoire et à la poésie.

Accablé du poids de grandeurs illégitimement acquises, l'empereur Auguste veut abandonner le pouvoir, source de tant de soucis et d'attentats contre sa vie,

Et monté sur le faîte, il aspire à descendre.

Son imagination lui représente vivement les proscriptions et les crimes par où il s'est élevé au trône ; elle excite ses remords,

elle lui montre, d'autre part, les douceurs de la vie privée, Cin-
cinnatus cultivant ses champs :

> Le sage y vit en paix et méprise le reste.

Cependant Cinna et Maxime, à qui Auguste demande leur avis
pour prendre une décision, l'ont diversement conseillé. Il a suivi
les avis de Cinna, qui traîtreusement trame une conspiration
contre son protecteur et ne veut pas perdre l'honneur et les avantages personnels qu'il voit attachés à ce forfait. Maxime, jaloux,
découvre le complot à Auguste. Auguste punira-t-il? Un grand
combat se livre dans son âme. Sa raison l'incline au châtiment,
son cœur à la clémence; l'un et l'autre soutenus par l'imagination.

Quel rôle joue l'imagination dans le monologue où Auguste
rappelle à son esprit ses attentats contre les libertés publiques et
la vie des citoyens, attentats qui ne motivent que trop la haine
déchaînée contre lui! Quel rôle joue encore l'imagination dans
ce discours où il retrace si fortement à Cinna les bienfaits dont il
l'a comblé et lui démontre son ingratitude :

> Cinna, tu t'en souviens et veux m'assassiner!

où il lui décrit, pour le confondre, la scène prévue dans laquelle
sa main

> Lui doit au lieu d'encens donner le coup fatal!

Comme ces tableaux sont propres à éclairer la raison, à émouvoir le cœur!

Enfin, lorsque Auguste s'est décidé à la clémence, remarquons
encore le rôle de l'imagination dans cette résolution suprême :

> Je suis maître de moi comme de l'univers.

Quelle force de volonté révèle la première moitié de ce vers!
Quel éclat d'imagination révèle la seconde moitié! La raison lui
dit qu'il faut se maîtriser, le cœur lui dit qu'il faut dompter le
sentiment de la vengeance, l'imagination lui montre que cette
action est digne du maître du monde, digne aussi des regards de
la postérité :

> O siècles! ô mémoire!
> Contemplez aujourd'hui ma dernière victoire.

III. — Ainsi pourrions-nous montrer le rôle de l'imagination
dans la pratique de tous les devoirs, de toutes les vertus.

« L'imagination est bien un ressort essentiel de l'activité humaine, un encouragement à la vertu. Elle anime tous les rapports sociaux, nous met en relations avec les personnes ou les choses les plus éloignées. Pour aimer véritablement nos semblables, il est bon que notre imagination se mêle à notre sensibilité et l'excite. »

La pratique de la justice et de la charité est soutenue par l'imagination. Pour être juste et charitable, ne faut-il pas se souvenir des deux maximes : « Ne fais pas aux autres ce que tu ne veux pas qu'ils te fassent ; fais pour eux ce que tu veux qu'ils fassent pour toi ? » Et dès lors *ne faut-il pas s'imaginer* qu'on est à la place de ses semblables ? Si l'on est chrétien, l'imagination vient en aide à la foi, comme elle est venue en aide à la raison, et l'on se souvient du proverbe : « Qui donne aux pauvres prête à Dieu. » On se souvient de la parole du Maître : « Ce que vous ferez à l'un de ces petits, c'est à moi-même que vous l'aurez fait. » Sublime effet de l'imagination chrétienne !...

Saint Vincent de Paul en tirait un merveilleux parti lorsque, s'adressant aux dames à qui il voulait confier les petits abandonnés que sa charité avait recueillis, il leur représentait qu'ils périraient si elles ne se regardaient pas comme leurs vraies mères.

Et enfin les couronnes d'immortalité qu'espèrent les croyants, ils les espèrent sans doute par leur foi et par leur raison ; mais ces puissances sont aidées par l'imagination, qui leur montre au delà d'une vie de misères et de combats le parfait bonheur.

IV. — Certainement l'imagination, qui nous est un grand secours dans la pratique du devoir, peut aussi y mettre un grand obstacle. Nous n'avons pas à l'examiner. Il y faudrait une étude analogue et toute parallèle.

L'imagination n'est qu'une servante ; il ne faut pas la laisser devenir la maîtresse et la folle du logis. Qu'elle n'agisse que sous le contrôle de la raison, et son rôle sera utile et bienfaisant.

« L'imagination, dit Paul Janet, nous a été donnée pour embellir notre vie, et non pour la couvrir d'un voile funèbre ; pour faciliter l'action, et non pour endormir, engourdir, amortir notre activité ; pour nous donner le pressentiment d'un monde meilleur, et non pour nous désenchanter de celui-ci ; enfin pour soutenir nos affections et venir à l'appui de nos devoirs, et non pour dessécher notre cœur et désarmer notre vertu. L'homme par l'imagination s'élève au-dessus de la vie des sens, et c'est par là qu'elle est bonne ; mais il abuse des bienfaits mêmes de la nature, s'il en fait la souveraine de sa vie, au lieu qu'elle doit être la noble auxiliaire du cœur et de la raison. »

Autres sujets. — 1. Discuter cette pensée de Renan :
« Le bonheur est tout entier dans notre imagination ; il dépend de l'idée que nous nous faisons de notre condition. » (Br. sup. Alger, Aspirants, 1908.)

2. Dans un passage célèbre des *Pensées,* Pascal appelle l'imagination « maîtresse d'erreur et de fausseté ».

Sans méconnaître la portée et la profondeur d'une pareille affirmation venant d'un tel esprit, vous oserez défendre contre Pascal celle qui n'est pour lui qu'une puissance décevante.

A côté des dangers de l'imagination, qui sont incontestables, vous direz ses bienfaits, son rôle fécond dans la vie pécuniaire, dans l'art, dans la science même. Et tout en réservant à d'autres facultés la première place, vous vous demanderez s'il n'est pas bon de lui faire, à elle aussi, à votre âge et même à tout âge, sa juste part.

N. B. — Vous écrirez ce plaidoyer en faveur de l'imagination sous la forme qui vous plaira : lettre, dialogue, dissertation, etc. (Bacc. 1re partie, Grenoble, 1913.)

3. Les méfaits et les bienfaits de l'imagination dans la vie. (Br. sup. Paris, Aspirants, 1915.)

XXVII

« *Dans les éducations ordinaires, on met tout le plaisir d'un côté et tout l'ennui de l'autre, tout l'ennui dans l'étude et tout le plaisir dans le divertissement.* »

Tirer les conséquences applicables à l'éducation de cette judicieuse remarque de Fénelon.

Sommaire. — Dans une *première* partie, montrer que cette judicieuse remarque signale une fausse association d'idées, et rappeler sur ce point, très important en éducation, les principes que cette fausse association méconnaît.

Dans une *seconde,* tirer les conclusions et faire les applications des principes rappelés.

Développement.

I. — Cette judicieuse remarque signale une fausse association d'idées contre laquelle les éducateurs doivent se tenir en garde.

Il faut, dans l'éducation, ne donner aux enfants que des associations d'idées justes, et les préserver ou les délivrer des associations fausses, et voilà que l'on fait tout le contraire à propos de l'étude et du divertissement. Il n'est pas vrai que tout le plaisir soit dans le divertissement et tout l'ennui dans l'étude.

Le plaisir résulte de l'activité normalement déployée; il est donc dans l'étude, dans le travail, pourvu que l'étude ou le travail soit normal, c'est-à-dire réglé, sans excès.

Le divertissement n'est lui-même un plaisir que s'il est normal c'est-à-dire s'il vient après le travail, s'il succède à l'étude, s'il est comme une détente et une mise en liberté des énergies concentrées un certain temps sur un point, et s'il ne dure pas trop : le divertissement, comme l'étude, cesse d'être un plaisir quand il y a excès.

Le changement seul de travail peut avoir souvent le même effet que le divertissement : ce que les bons instituteurs expérimentent chaque jour.

Loin de résulter de l'étude, l'ennui est l'état d'une âme privée d'action et d'intérêt aux choses. L'ennui naît de l'inactivité ou de l'activité surmenée ou contrariée, non déployée normalement.

II. — Au lieu de favoriser chez les enfants cette fausse association d'idées, il faut, au contraire, les persuader que le travail est la source de tous les vrais plaisirs, même de ceux que l'on a dans le divertissement; que, sans le travail, la vie serait insupportable; que ce qui est ennuyeux, c'est l'oisiveté ou l'amusement perpétuel.

Il faut leur dire qu'on ne s'ennuie pas, quand on remplit son devoir, quand on recherche la vérité, quand on poursuit le bien, le beau, quand on pratique la vertu; que c'est l'erreur, le mal, le vice, qui sont mortellement ennuyeux, parce qu'ils n'ont rien qui réponde à l'activité de nos facultés, parce qu'ils les font dévier, parce que, loin d'être quelque chose qui est, ils sont quelque chose qui n'est pas, qui jette notre âme dans le vide, dans le manque, dans la souffrance.

« De toutes les folies que le diable inspire, dit Hello, voici la plus digne de lui : La *vérité* est *ennuyeuse*, la *vertu* est *ennuyeuse*. Personne ne sait jusqu'où va l'immoralité et le danger de cette erreur. Il y a quelques pensées qui ont empoisonné dans l'humanité les sources de la vie, et l'une de ces pensées est que *le mal est un remède contre l'ennui*. Voilà pourquoi certaines gens ne le détestent pas à tous les points de vue. Ils ne savent pas combien il est fade, combien il est ennuyeux ! Ils n'ont pas horreur de lui... »

Lectures. — *L'étude agréable.* — Remarquez un grand défaut dés éducations ordinaires : on met tout le plaisir d'un côté, et tout l'ennui de l'autre ; tout l'ennui dans l'étude, tout le plaisir dans les divertissements. Que peut faire un enfant, sinon supporter impatiemment cette règle, et courir ardemment après les jeux ? Tâchons donc de changer cet ordre : rendons l'étude agréable ; cachons-la sous l'apparence de la liberté et du plaisir : souffrons que les enfants interrompent quelquefois l'étude par de petites saillies de divertissement ; ils ont besoin de distractions pour délasser leur esprit. Laissons leur vue se promener un peu ; permettons-leur même de temps en temps quelque distraction ou quelque jeu, afin que leur esprit se mette au large ; puis ramenons-les doucement au but. Une régularité trop exacte, pour exiger d'eux des études sans interruption, leur nuit beaucoup : souvent ceux qui les gouvernent affectent cette régularité, parce qu'elle leur est plus commode qu'une sujétion continuelle à profiter de tous les moments. En même temps, ôtons aux divertissements des enfants tout ce qui peut les passionner trop : mais tout ce qui peut délasser l'esprit, lui offrir une variété agréable, satisfaire sa curiosité pour des choses utiles, exercer le corps aux arts convenables, tout cela doit être employé dans les divertissements des enfants. Ceux qu'ils aiment le mieux sont ceux où le corps est en mouvement : ils sont contents, pourvu qu'ils changent souvent de place ; un volant ou une boule suffit. Ainsi il ne faut pas être en peine de leurs plaisirs : ils en inventent assez eux-mêmes ; il suffit de les laisser faire, de les observer avec un visage gai, et de les modérer dès qu'ils s'échauffent trop. (FÉNELON. — Texte de dictée. Br. él. Paris, Aspirants, 1900.)

Éducation de l'enfant. — L'enfant a besoin, pour être bon, d'être content, surtout de se sentir aimé. Il faut lui rendre, à l'école, la vie aussi douce que possible. Qu'il soit privé des joies qu'il ne mérite pas, cela est dans l'ordre, pourvu que les privations n'aillent pas contre des besoins, ne portent pas sur ce qui est nécessaire à sa santé. Mais celui dont on est content doit l'être aussi, non seulement de lui-même, mais de tout le monde, de toute la vie scolaire, autant qu'il dépend d'elle et, par conséquent, de ceux qui la règlent. Cela ne veut pas dire qu'il faille lui faire une vie molle et efféminée. Ce serait aller contre le but ; car il est encore plus vrai de l'enfant que de l'homme, de dire qu'il est heureux à peu de frais. Il ne lui faut que de la vie, du mouvement, de la sympathie. Sauf des exceptions rares, qu'il faut traiter comme telles, il ne répugne ni au bon ordre, qu'il est facile de lui faire aimer, ni à l'effort, qu'il aime naturellement quand on sait le lui rendre gai et le mesurer à sa force.

Un moyen incomparable d'animer la vie scolaire, moyen d'autant plus à recommander qu'il est une fin en même temps, et la première fin de l'éducation, c'est le plein exercice des énergies vitales par l'exercice libre, par les jeux de force et d'adresse au grand air. L'excès de la vie sédentaire, l'insuffisance de la vie musculaire est un mal certain et un mal grave, car les conséquences en sont aussi fâcheuses pour l'hygiène morale que pour l'hygiène physique. (H. MARION.

A. Colin, éditeur. — Texte de dictée. Br. él. Bordeaux, Aspirantes, 1898.)

Autres sujets. — 1. Dans la vie on ne saurait toujours travailler : il faut de temps à autre se distraire.

Quel est le divertissement de votre choix ?

Justifiez votre préférence. (Br. él. Paris, Aspirantes, 1904.)

2. Pensez-vous que les récréations, les promenades et les vacances soient une perte de temps ? (Br. él. Bordeaux, Aspirants, 1905.)

3. On vous a appris qu'une de vos jeunes sœurs ne joue jamais et emploie ses récréations à la lecture et à l'étude.

Vous lui écrivez à ce sujet : que lui direz-vous ? (Br. él. Paris, Aspirantes, 1900 ; Alger, Aspirantes, 1903.)

XXVII

Montrer comment on peut corriger les fausses associations d'idées. Donner des exemples.

Sommaire. — I. — Il s'agit d'habitudes à changer, d'associations vraies et bonnes à substituer à des associations fausses et mauvaises.

Il faut d'abord en appeler à l'expérience et au principe de raison suffisante, et montrer que les associations fausses n'ont pas de fondement ; puis, donner et répéter constamment les associations vraies, qui doivent les remplacer.

II. — Donner des exemples nombreux et raisonnés.

Développement.

I. — Les associations d'idées étant des habitudes, elles se corrigent par des habitudes contraires. Or les habitudes se contractent par la répétition des actes. Il faut donc répéter les associations vraies et bonnes jusqu'à ce qu'elles se substituent aux associations fausses et mauvaises.

Il est, en général, moins difficile de corriger les fausses associations d'idées chez les enfants, où elles ne sont pas encore profondément enracinées, que chez les hommes qui ont passé un certain âge. Cela est vrai aussi bien pour les vérités de l'ordre physique que pour les vérités de l'ordre moral.

On sait que tous les médecins âgés de plus de quarante ans refusèrent de croire à la circulation du sang, quand elle fut découverte par Harvey. « Lorsqu'on est accoutumé, dit Pascal, à se servir de mauvaises raisons pour prouver des effets de la nature, on ne peut plus recevoir les bonnes, lorsqu'elles sont découvertes. » On pourrait facilement multiplier les exemples. Combien de temps a régné cette mauvaise raison de l'ancienne physique : « La nature a horreur du vide, » même après les expériences de Torricelli, de Descartes, de Pascal ! Plus récemment, que de préjugés n'a-t-il pas fallu vaincre pour faire adopter les divers emplois de la vapeur, sur terre et sur mer !

Le meilleur moyen de combattre efficacement et de corriger les fausses associations d'idées, c'est d'appliquer le principe de raison suffisante, d'en appeler à l'expérience, s'il s'agit d'un fait réel ; au raisonnement, s'il s'agit d'erreurs reposant sur de prétendues raisons.

II. — Il faut se garder, par exemple, de prendre pour cause ce qui n'est pas cause. Un fait peut succéder à un autre ou l'accompagner, sans avoir dans cet autre sa raison. Une guerre peut coïncider avec l'apparition d'une comète, d'une aurore boréale ; la comète ou l'aurore boréale n'en est pas la raison. — Les jours néfastes, les présages, les augures, l'influence des astres (astrologie), n'existent que dans l'imagination ; y croire, c'est imaginer des rapports qui n'ont aucun fondement dans les choses. Une araignée aperçue au plafond, ou le soir ou le matin, est sans rapport avec les événements heureux ou malheureux qui nous arrivent. On peut impunément dîner treize à table ; le nombre treize n'est ni plus favorable ni plus funeste que tout autre nombre.

Est-ce parce que l'or est le plus précieux des métaux que, rendu potable par une transformation merveilleuse, il pourrait procurer le plus précieux des biens, la santé? Nombre de gens se le sont figuré au moyen âge ; quelle raison en avaient-ils ?

De même, si le courage est l'énergie de la volonté raisonnable, quelle raison y a-t-il d'associer l'idée du *suicide* à celle du *courage?*

Si l'honneur est la rectitude de la conduite morale, quelle raison y a-t-il d'associer l'idée de l'*honneur* à celle de *duel?*

Si l'homme est tenu d'obéir à Dieu et à sa conscience, quelle raison y a-t-il de prendre pour règle de conduite cette fausse maxime : *Il faut faire comme tout le monde?*

Si le bonheur ou le malheur, qui résident surtout dans l'âme, sont l'un la conséquence nécessaire du bien, l'autre la conséquence nécessaire du mal, quelle raison y a-t-il d'associer l'idée du *bonheur* à toute idée qui n'est pas ou qui ne rentre pas dans l'idée du *bien*, celle du *malheur* à toute idée qui n'est pas ou qui ne rentre pas dans l'idée du *mal*?

Si la liberté ne peut s'entendre sans la soumission à la loi, quelle raison y a-t-il d'associer l'idée de *liberté* à celle d'insubordination ou d'*indépendance* plus ou moins absolue, de l'opposer à celle d'*autorité*, d'obéissance?

Si le *droit* a pour corrélatif le *devoir*, s'ils ne sont l'un et l'autre que la loi morale sous deux aspects différents, quelle raison y a-t-il de ne pas les associer dans tous nos jugements moraux?

Si le *bonheur* est inséparable de l'activité, quelle raison y a-t-il de l'associer à l'idée de *paresse*, d'*inertie*?

Si la *vertu* est l'effort libre et constant de la volonté vers le bien, quelle raison y a-t-il de l'associer à l'idée de *contrainte*? Si elle est dans l'âme, dans la volonté, et non dans le corps, quelle raison y a-t-il de l'associer à l'idée de tempérament, et de dire : *La vertu est affaire de tempérament?*

Si « rien n'est estimable que le bon sens et la vertu » (FÉNELON), quelle raison y a-t-il d'estimer la richesse, les honneurs, le succès, le talent, séparés du bon sens et de la vertu?

Si « l'homme est dans la main de son conseil » (ÉCRITURE), s'il est responsable de lui-même, s'il est tenu de faire usage de sa raison et de diriger lui-même sa vie, quelle raison y a-t-il de penser, comme beaucoup le font, qu'il peut s'en remettre *entièrement* à la sagesse d'autrui, en dépendre absolument?

Si l'homme est un être social, si l'humanité est un corps dont il est membre, si une *solidarité* étroite et profonde relie tous les hommes entre eux, de telle sorte que le bien ou le mal, l'amélioration ou la dégradation de chacun tourne au profit ou au préjudice de tous; que toute bonne ou toute mauvaise action a des conséquences non seulement individuelles, mais sociales, quelle raison a-t-on de s'excuser d'une faute en disant : *Je ne fais de mal qu'à moi-même?*

Si l'*habitude* devient en quelque sorte une *seconde nature*, s'il est très difficile de se défaire d'une habitude prise, si les défauts dans l'enfant deviennent des vices dans l'homme, quelle raison a-t-on de considérer comme sans importance les déviations de l'activité soit physique, soit morale, chez les enfants?

Si le véritable progrès est le *progrès moral*, quelle raison y a-t-il de croire que tout est fait, quand on a réalisé un *progrès matériel et scientifique?* « Les enseignements de l'histoire et l'observation des sociétés contemporaines, dit Le Play, réfutent la doctrine,qui considère le perfectionnement des mœurs comme intimement uni à celui de la science et de l'art. Le développement de l'art et du travail a pour conséquence immédiate un accroissement de richesse, qui lui-même engendre bientôt la corruption, s'il n'a pour contrepoids une pratique plus assidue de la loi morale. » (*La Réforme sociale en France*[1].)

« Il y a dans le monde, dit Hello (*l'Homme*), des mensonges inconscients qui se glissent par la conversation, par la lecture, par l'habitude de ce qu'on appelle la vie et qui est réellement la mort. Ces mensonges-là sont ceux qui dominent le monde; ils consistent dans une fausse association d'idées... Quand un jeune homme a fait sur sa route beaucoup de bêtises, qu'il a perdu beaucoup de temps, qu'il a des dettes, qu'il est sot, médiocre, inutile et ennuyé, on dit : *Il a beaucoup vécu*. Il faudrait dire qu'il est beaucoup mort ; ce qu'il a fait, c'est le rien : il n'a rien fait. D'où donc est née cette parole : *Il a beaucoup vécu?* D'une fausse association d'idées, d'un mensonge latent. Elle est née, non pas de la raison, mais de l'imagination qui a pris l'habitude d'associer l'image de la vie à l'image du désordre...

« Le xviiⁱᵉ siècle, quand il est mort, nous a légué par testament l'habitude d'associer l'idée de rêveur à l'idée d'un homme qui croit à l'invisible et qui compte sur lui. Il n'a pas remarqué que l'idée de rêve devrait s'associer à l'idée d'illusion, et que l'illusion est le partage de l'homme qui nie l'invisible. L'illusion consiste à prendre les fantômes pour des réalités et les réalités pour des fantômes...

« De toutes les folies que le diable inspire, voici la plus digne de lui : *La vérité est ennuyeuse ! La vertu est ennuyeuse !* Personne ne sait jusqu'où va l'immoralité et le danger de cette erreur... Il y a quelques pensées qui ont empoisonné dans l'humanité les sources de la vie, et l'une de ces pensées, c'est que le mal est un remède contre l'ennui. Voilà pourquoi certaines gens ne le détestent pas à tous les points de vue. Ils ne savent pas

---

[1] Lire dans l'*Introduction* de cet ouvrage : *Les idées préconçues et les faits touchant la distinction du bien et du mal ;* une foule de fausses associations d'idées y sont réfutées. Lire particulièrement les chapitres II, III, IV et V, dont voici les titres : Le mal actuel est surtout dans les désordres moraux qui sévissent malgré le progrès matériel. — La réforme des mœurs n'est point subordonnée à l'innovation de nouvelles doctrines ; car l'esprit d'innovation est aussi stérile dans l'ordre moral qu'il est fécond dans l'ordre matériel. — Les nations ne sont fatalement vouées ni au progrès, ni à la décadence : elles jouissent de leur libre arbitre. — La destinée des peuples n'est pas subordonnée à l'organisation physique des races ; les vices de la race peuvent être réformés par la loi et les mœurs. — Le progrès ou la décadence ont leur source dans la pratique ou l'oubli des principes, et non dans la race elle-même.

combien il est fade, combien il est ennuyeux. Ils n'ont pas horreur de lui...

« L'homme qui a lu avec complaisance un certain nombre de malheurs arrivés à des héros (à propos de la lecture des romans) peut concevoir le projet d'être malheureux pour paraître héroïque[1]. Il croit que le malheur lui donnera l'héroïsme ; l'héroïsme n'arrive pas, même en apparence, et le malheur est venu souvent, même en réalité. Il faudrait se moquer de René, de Werther...

« Le XVIII° siècle laissa l'Europe parfaitement convaincue que les sciences et la religion étaient contradictoires, qu'il fallait choisir ; que les hommes d'esprit choisissent les sciences, que les autres choisissent, par bassesse et par peur, la religion. »

III. — Le plus souvent, comme on le voit dans ces exemples, c'est en montrant, par l'expérience et le raisonnement, l'absurdité ou le ridicule de telles fausses associations d'idées, et en leur substituant, par une répétition suffisamment fréquente, des idées sensées, que l'on parvient à les détruire et à débarrasser ainsi l'esprit de routines ou de servitudes qui paralysent sa faculté de juger sainement.

Pensées. — Lorsqu'on est accoutumé à se servir de mauvaises raisons pour prouver des effets de la nature, on ne peut plus recevoir les bonnes, lorsqu'elles sont découvertes. (PASCAL.)

A force de le répéter, nous fîmes que ces trois mots, piété, bonté, justice, demeurèrent dans sa mémoire avec toutes les liaisons qui les unissent entre eux. (BOSSUET, parlant du Dauphin.)

Accoutumons-nous à joindre ces deux idées : gloire et plaisir de la terre, éternelle confusion ; et encore ces deux-ci : croix et mortification, gloire et félicité éternelle. C'est à force d'y penser souvent qu'on joint ensemble des idées qui paraissent si éloignées l'une de l'autre ; mais plutôt, c'est à force d'entrer dans cette pratique. (BOSSUET, *Médit. sur l'Évangile*, — *Dernière semaine du Sauveur, 12e jour.*)

Autre sujet. — Une de vos amies n'aime pas le vendredi ni le nombre 13 ; elle devient soucieuse, quand la salière a été renversée sur la table.

---

[1] Souvent on a vu la contagion des exemples porter certains individus à des actes qu'ils redoutaient : bien des meurtres et des suicides ont été commis sous l'empire d'un pareil vertige. On connaît cette histoire, qui est loin d'être un fait isolé : Un soldat se pend à une guérite ; le lendemain, le surlendemain, nouveaux suicides à la même guérite. Enfin, on supprime la guérite, et les suicides cessent dans le régiment. Aussi rien n'est-il plus dangereux, pour une personne faible ou ignorante, que le récit et surtout le spectacle d'un crime dramatique dont son imagination demeure obsédée.

Elle refuserait à l'occasion sa confiance au médecin, pour la donner à des charlatans ou à des rebouteurs.

Dans une lettre que vous lui écrivez, vous lui faites connaître votre sentiment sur ces erreurs et ces préjugés. (Br. él. Paris, Aspirantes, 1899.)

———————

VIII

Mensonge. — Sincérité.

XXIX

Comment entendez-vous cette pensée :

« Il faut qu'un enfant sache que vous lui pardonnerez plutôt vingt fautes qu'un déguisement de la vérité. »

(Rollin.)

(Br. él. Indre-et-Loire, Aspirantes, 1893; — Paris, Aspirants, 1900.)

Sommaire. — Montrer que la vérité est le premier bien de l'homme, son premier droit ; que la trahir, c'est trahir le premier des devoirs, celui sans lequel tous les autres ne sauraient se comprendre.

Elle est le point de départ et le fondement de tout bien ; le mensonge, au contraire, est le point de départ et la conséquence de tout mal.

« Craignez le mensonge dans le jeune âge ; c'est le commencement de tous les vices sans exception. » (Laurentie.)

Développement.

Cette pensée, je l'entends ainsi : il faut convaincre l'enfant que rien n'est moins pardonnable chez lui que le déguisement de la vérité ; qu'une des fautes les plus graves qu'il puisse commettre est le mensonge et qu'il doit en avoir la plus grande horreur.

Elle est très juste.

En effet, la raison, qui distingue l'homme de la bête, ne subsiste, ne se développe, ne se perfectionne que par la vérité ; elle ne peut, suivant son rôle, diriger les autres facultés vers leur but, qui est la possession de l'être, c'est-à-dire la vérité sous quelque rapport, que si elle est elle-même dans la vérité.

La vérité est donc le premier bien de l'homme, son premier droit, et la trahir, c'est trahir le premier des devoirs, celui sans lequel tous les autres ne sauraient se comprendre. Elle est le point de départ et le fondement de tout bien; le mensonge, au contraire, est le point de départ et le fondement ou la conséquence de tout mal. Et c'est là la raison pour laquelle il faut convaincre l'enfant qu'on lui pardonnera plutôt vingt fautes qu'un déguisement de la vérité. Ces fautes qu'on lui pardonne aisément peuvent n'être que des fautes de paresse, d'étourderie, d'imprévoyance, commises d'ordinaire sans réflexion, tandis que le mensonge s'attaque au fond même de sa nature et la fausse; il est l'avilissement de la dignité de l'homme.

L'homme se ment à lui-même et ment aux autres, parce qu'il est ou devient mauvais; il ne reste ou ne redevient bon qu'en demeurant ou en redevenant fidèle à la vérité.

Il n'y pas de défaut, pas de mauvaise passion, pas de vice, qui ne prenne le mensonge pour auxiliaire, pour complice et pour avocat; on ment par vanité, par envie, par lâcheté, par méchanceté; on ment pour excuser sa paresse, son étourderie, son imprévoyance, tout ce qui est mal et qu'on n'ose laisser voir. « Craignez le mensonge dans le jeune âge; c'est le commencement de tous les vices sans exception. » (LAURENTIE.)

Tout péché est un mensonge, dit saint Augustin, car dans tout péché l'homme se trompe lui-même; il cherche le bonheur où il n'est pas, en le cherchant en dehors de la loi de sa nature; il veut être heureux en ne vivant pas de manière à l'être, en vivant dans des conditions où le malheur est une nécessité.

Se convertir, c'est revenir à la vérité. La contrition et le ferme propos ne sont pas autre chose que le retour à la droiture, c'est-à-dire à la connaissance et à la pratique de la vérité.

Jésus-Christ a dit de Satan, l'esprit du mal, « qu'il n'est pas demeuré dans la vérité, que la vérité n'est pas en lui, qu'il est menteur et le père du mensonge »; et comme le mensonge ravit à l'homme la vérité, qui lui est essentielle, Jésus-Christ a dit encore que « Satan est homicide dès le commencement », l'homme cessant d'être homme en cessant de demeurer dans la vérité, en se laissant entraîner dans l'erreur et le mal.

Aussi le plus sanglant affront que l'on puisse faire à un homme est-il de lui dire : Vous mentez! comme le plus bel éloge est de rendre de lui ce témoignage : C'est un homme droit, qui ne connaît d'autre règle que la vérité.

Vivre dans la vérité, penser comme l'on vit et parler comme l'on pense, voilà la dignité.

S'il peut être permis et même obligatoire, dans certains cas, de ne pas dire tout ce que l'on sait, tout ce que l'on pense, il faut toujours, quand on parle, penser tout ce que l'on dit ; en d'autres termes, ne rien dire qu'on ne le pense.

« Quiconque est capable de mentir, a dit Fénelon, est indigne d'être compté au nombre des hommes[1]. »

Pensées. — En vérité, le mentir est un maudit vice : nous ne sommes hommes et nous ne tenons les uns aux autres que par la parole. Si nous en connaissons l'horreur et le poids, nous le poursuivrons à feu, plus justement que d'autres crimes. (MONTAIGNE.)

Le mensonge est un grave symptôme de désordre moral. Il n'est pas une qualité de l'âme qu'on ne puisse contester au menteur. L'audace relève quelquefois le vice ; toujours le mensonge le rend plus bas et plus méprisant. (DE LATÉNA.)

Une condition de la santé morale est d'avoir habitué sa volonté à l'impossibilité du mensonge et au besoin de respirer librement la vérité. Dans l'éducation la plus indulgente, il y a imprudence à laisser passer comme inaperçus ces petits mensonges dans lesquels les petits enfants cherchent des excuses où quelques facilités pour leurs essais de désobéissance. (RENOUARD.)

Autres sujets. — 1. Une de vos camarades a la funeste habitude de mentir.

Dans un petit entretien, vous essayez de lui faire comprendre pour quelles raisons elle devrait ne jamais mentir, et vous terminez par un éloge de la sincérité. (Br. él. Caen, Aspirantes, 1904.)

2. Le mensonge et la dissimulation.

Vous montrerez que ces deux termes ne sont pas synonymes, et vous expliquerez en quoi ils diffèrent.

Vous direz quelles sont les qualités qui leur sont opposées, et vous indiquerez quels sont les moyens, selon vous, les plus propres pour combattre à l'école les uns et pour encourager les autres. (Br. él. Paris, Aspirantes, 1905.)

3. Le mensonge. — Votre petit frère, en votre présence, vient de mentir à votre mère. (Imaginez la scène.) — Vous le prenez à part ; vous lui montrez affectueusement la gravité de la faute qu'il a commise, les funestes conséquences de toutes sortes qu'elle peut avoir, et vous le décidez à avouer son mensonge à votre mère. (Br. él. Bordeaux, Aspirantes, 1908.)

4. De la sincérité. — Commenter cette pensée de Vauvenargues : « Il faut de grandes ressources dans l'esprit et dans le cœur pour

---

[1] Voir, à la suite, le développement de cette parole de Fénelon, 2ᵉ vol., 7ᵉ partie, XIII. — Sur le mensonge, voir aussi 1ᵉʳ vol., 4ᵉ partie, XVII ; voir enfin 2ᵉ vol., 7ᵉ part., XIV, et 3ᵉ vol., 6ᵉ part., XIII et XIV.

goûter la sincérité lorsqu'elle blesse, ou pour la pratiquer sans qu'elle offense. Peu de gens ont assez de fond pour souffrir la vérité et pour la dire. » (Br. sup. Poitiers, Aspirants, 1909; Bordeaux, 1910; Clermont, Aspirantes, 1912.)

5. Qu'est-ce que la sincérité ?

Montrer la valeur de la sincérité envers les autres et de la sincérité envers soi-même. (Br. sup. Nord, 1909.)

6. Qu'est-ce que la sincérité à l'égard de soi-même ? Quels en sont les éléments ? Quels obstacles en rendent l'acquisition difficile ? Comment y parvenir ? (Br. sup. Grenoble, Aspirantes, 1914.)

7. Il faut être sincère pour mériter le titre d'honnête homme; il faut être poli pour mériter celui d'homme bien élevé. — Est-il possible de mettre toujours d'accord la sincérité et la politesse ? (Br. sup. Paris, 1909.)

8. Vous venez d'entendre, en classe, une leçon sur la sincérité. Vous écrivez à une compagne absente pour lui résumer cette leçon. (Br. él. Lyon, Aspirantes, 1911.)

9. Ecrivez à l'un de vos jeunes amis qui est porté à feindre et à dissimuler, pour lui exposer que la sincérité est la base de toute moralité, et qu'en toutes circonstances (ne craignez pas de les multiplier) elle est la plus sûre sauvegarde. (Br. él. Paris, Aspirantes, 1911.)

10. Faites le portrait d'un enfant menteur et indiquez ce que vous pourriez faire pour guérir cet enfant de son vilain défaut. (Br. él. Lyon, 1895.)

11. Expliquer et commenter ces mots :

« Il faut bonne mémoire après avoir menti. »

(Br. él. Paris, Aspirants, 1915.)

12. Que pensez-vous des mensonges de politesse ? (Br. sup. Lyon, 1908.)

13. Le mensonge décèle une âme faible, un esprit étroit, un caractère vicieux. — Commentez cette pensée et essayez de préciser le rôle de l'éducation en regard du mensonge. (Br. sup. Clermont, 1915.) — (Voir 1er vol., 4e part., XVII.)

XXX

Commenter cette parole de Fénelon :

« *Quiconque est capable de mentir est indigne d'être compté au nombre des hommes.* »

Sommaire. — Définir et caractériser ces idées :

I. — Être capable de mentir.

II. — Être indigne d'être compté au nombre des hommes.

III. — Conclure en faisant voir que ces deux idées se conviennent, que Fénelon a eu raison d'établir entre elles un rapport d'identité.

Questions pour la recherche des idées. — S'en servir, si le sujet est posé à des enfants d'âge moyen.

Mentir, n'est-ce pas parler et agir dans l'intention de tromper, de faire prendre le vrai pour le faux, et le faux pour le vrai ?

Donner le sens précis des mots suivants : *menteur, calomniateur, dissimulé, hypocrite, fourbe.*

Pourquoi l'homme capable de mentir est-il indigne d'être compté parmi les hommes ? Est-on un homme sans le respect de la vérité ? La vérité n'est-elle pas le premier bien de l'homme, son premier droit ; et la trahir, n'est-ce pas violer le premier des devoirs, celui sans lequel les autres devoirs ne sauraient se comprendre ?

L'homme capable de mentir ne saurait donc vraiment comprendre aucun devoir, aucun droit.

Le devoir et le droit sont la vérité. La pratique du bien en suppose la connaissance ; et le bien, la vertu, n'est pas autre chose que la vérité dans l'ordre de la volonté, la vérité morale mise en acte.

Quels sont les effets du mensonge, dans celui qui le commet et dans la société ?

On se rappellera cette parole de l'Évangile : « Contentez-vous de dire : Oui, oui ; non, non : tout ce qui est de plus vient du mal ; » et celle-ci, de La Bruyère : « L'honnête homme qui dit oui ou non mérite d'être cru : son caractère jure pour lui. »

Développement.

Nous avons à définir et à caractériser ces deux idées : *être capable de mentir* et être *indigne d'être compté au nombre des hommes*, puis à faire voir qu'elles se conviennent.

I. — Être capable de mentir, c'est être capable de parler et d'agir sciemment contre la vérité, dans l'intention de tromper, de faire prendre le vrai pour le faux et le faux pour le vrai. Dans l'ordre de l'intelligence, le vrai, c'est ce qui est ; le faux, ce qui n'est pas ; dans l'ordre de la volonté, le vrai, c'est le bien ; le faux, c'est le mal.

L'être, le vrai, le bien, la vie, tous ces termes éveillent, sous divers rapports, la même idée positive et s'opposent à ces autres termes : le non-être, le faux, le mal, la mort, qui ne rappellent à l'esprit que l'idée de privation, de négation, de mensonge. Dieu est l'être, le vrai, le bien, la vie ; il s'est défini : Celui qui est : « *Je suis celui qui suis.* » Notre-Seigneur a dit de lui-même : « *Je suis la voie, la vérité, la vie.* » Il est la voie et la vie, parce qu'il est la vérité.

L'homme qui vit selon Dieu, selon Jésus-Christ, est dans la vérité, dans le bien.

Jésus-Christ a dit de Satan qu' « il n'est pas demeuré dans la vérité, que la vérité n'est pas en lui, qu'il est menteur et père du mensonge » ; et comme le mensonge ravit à l'homme la vérité, qui lui est essentielle, Notre-Seigneur a dit encore que Satan « est *homicide* dès le commencement » (S. Jean, viii, 44), l'homme cessant d'être homme en cessant de demeurer dans la vérité, en se laissant entraîner dans l'erreur et dans le mal.

II. — Le respect de l'homme, le sentiment de la dignité personnelle n'est pas autre chose que le respect de la vérité.

Celui qui ment, soit dans ses paroles, soit dans ses actions, se nomme, suivant les cas, menteur, calomniateur, dissimulé, hypocrite, fourbe.

Menteur est le terme générique. Tout homme qui parle ou agit contre sa pensée pour tromper est menteur.

Le calomniateur, le dissimulé, l'hypocrite, le fourbe, sont des nuances de menteurs. Le *calomniateur* ment pour nuire ; il impute à autrui des choses qu'il sait être fausses et qui blessent la réputation et l'honneur. Le *dissimulé* compose ses paroles et ses actions de manière à donner le change sur ses sentiments, ses dispositions, ses intentions. L'*hypocrite* affecte des apparences de piété, de probité, de sincérité, de douceur ; il prend le masque de la vertu. Le *fourbe* a recours, pour tromper, à des moyens bas et odieux.

De ces principes et de ces définitions, il ressort que le mensonge est l'origine ou du moins l'auxiliaire de tout ce qu'il y a de mauvais en l'homme et qui le rend indigne d'être compté au nombre des hommes.

Tout homme qui fait le mal cherche à tromper, à faire illusion, à se mentir à lui-même et à mentir aux autres. « Tout péché est un mensonge, » dit saint Augustin ; car dans tout péché l'homme se trompe lui-même : il cherche le bonheur où il n'est pas, en le cherchant en dehors de la loi de sa nature ; il veut être heureux en ne vivant pas de manière à l'être, en vivant dans des conditions où le malheur est une nécessité.

Être traître, parjure, égoïste, manquer à la loyauté, à la probité, à l'honneur, à tous les devoirs d'honnête homme, c'est trahir la vérité, c'est être menteur. Aussi le proverbe assimile-t-il le menteur au voleur. On croit le menteur capable de tout mal, et le plus sanglant affront qu'on puisse faire à un homme est de lui dire : *Vous êtes un menteur*.

On ne peut pas, au contraire, faire un plus bel éloge d'un homme que de dire de lui : *C'est un homme droit*, qui ne connaît d'autre règle que la vérité ; — un homme *franc*, incapable de dissimulation, qui dit ouvertement et sans détour ce qu'il pense, accomplissant ainsi la parole de l'Évangile : « Contentez-vous de dire : Oui, oui ; non, non : tout ce qui est de plus vient du mal ; » — un *honnête homme* qui, selon La Bruyère, quand il « dit oui ou non, mérite d'être cru : son caractère jure pour lui » ; — un homme *loyal*, dont la parole vaut un contrat, dont les promesses et les engagements sont aussi fermes que les lois mêmes de la probité et de l'honneur ; — un homme *sincère*, qui se montre tel qu'il est, dont le cœur et la conscience n'ont rien de caché, qui a une répugnance invincible à se déguiser, qui a un vrai désir de se connaître, qui répare ses fautes et combat ses défauts par l'aveu qu'il en fait.

Le point de départ et le fondement de tout bien, c'est la vérité ; le point de départ et l'instrument de tout mal, c'est le mensonge. L'homme ne devient mauvais, c'est-à-dire ne cesse d'être homme, que parce qu'il se ment à lui-même et qu'il ment aux autres ; il ne reste bon ou il ne redevient bon, c'est-à-dire vraiment homme, qu'en demeurant ou en redevenant fidèle à la vérité.

Tant qu'un homme reste hostile à la vérité, tant qu'il ne reconnaît pas et ne condamne pas ses fautes, tant qu'il ment ou qu'il est capable de mentir, il n'y a rien à espérer de lui, il ne saurait que se pervertir de plus en plus, cesser de plus en plus d'être homme.

Se *convertir*, c'est revenir à la vérité. La contrition, le ferme propos, qu'est-ce, sinon un retour à la droiture, c'est-à-dire à la reconnaissance et à la pratique de la vérité ?

III. — De tout ce qui précède, on est amené à conclure, avec Fénelon, que « l'homme capable de mentir est indigne d'être compté au nombre des hommes ».

La vérité est le premier bien de l'homme, son premier droit, et la trahir, c'est violer le premier des devoirs, celui sans lequel les autres devoirs ne sauraient se comprendre ; c'est rendre toute société impossible, car les relations sociales impliquent la loyauté, la bonne foi, la confiance réciproque.

Rien ne se comprend que dans la vérité. L'erreur, le mensonge, le mal ne se comprennent pas par eux-mêmes, ce n'est pas quelque chose qui soit, c'est la négation de ce qui est. On ne conçoit le négatif que comme l'absence ou la privation du positif. Le devoir, la justice, le droit, sont aussi la vérité. L'homme, dans ce qui le constitue, est aussi la vérité. L'homme capable de mentir ne saurait donc comprendre aucun devoir, aucun droit ; il ne saurait se comprendre lui-même, comprendre sa nature, son origine, sa mission, sa destinée ; il ne saurait donc compter au nombre des hommes.

De là l'horreur qui s'attache au mensonge, à l'hypocrisie, à la déloyauté, à la félonie, à la trahison ; de là cette rougeur qui monte au front de l'honnête homme et son indignation devant le moindre soupçon sur l'intégrité de son caractère ; de là ce souci de mettre l'harmonie entre ses paroles et ses pensées, entre ses principes et sa conduite, entre sa vie et ses convictions ; ce souci qu'il a de sa propre estime, plus encore que de celle de ses semblables[1].

Pensée. — Il y a longtemps que je vous dis que vous êtes vraie ; cette louange me plaît, elle est nouvelle et distinguée de toutes les autres... Ah ! qu'il y a peu de personnes vraies ! Rêvez un peu sur ce mot, vous l'aimerez. Je lui trouve, de la façon que je l'entends, une signification au delà de la signification ordinaire. (Mme DE SÉVIGNÉ à Mme de Grignan, 19 juillet 1671.)

Autres sujets. — 1. Vous avez lu sur le bulletin de votre jeune sœur, qui est en pension, l'observation suivante : « Manque parfois de sincérité. » Écrivez-lui pour lui montrer combien le mensonge est détestable. (Br. él. Paris, Aspirantes, 1902.)

2. Du mensonge.

En quoi il est haïssable, au point de vue social, au point de vue moral. Peut-il jamais être excusé ? (Br. sup. Dijon, Aspirants, 1899.)

3. Montaigne, parlant du mensonge, s'exprime ainsi :

« En vérité, le mensonge est un maudit vice ; si nous en connaissions l'horreur et le poids, nous le poursuivrions à feu. »

En même temps que vous justifierez cette véhémente sortie de

---

[1] Voir 1er vol., 4e partie, XVII : *Le mensonge décèle une âme faible, un esprit étroit, un caractère vicieux ;* 3e vol., 6e partie, XIII : *On ne peut être l'ami d'un homme sans l'être d'abord de la vérité.*

Montaigne, montrez tout ce que comporte de dignité et de force morale l'habitude de toujours dire la vérité. (Br. sup. Lille, Aspirantes, 1906.)

4. Alceste veut :

> ... Qu'on soit sincère, et qu'en homme d'honneur
> On ne lâche aucun mot qui ne parte du cœur.

Au contraire, Philinte estime qu'

> Il est bien des endroits où la pleine franchise
> Deviendrait ridicule et serait peu permise.

Appréciez et discutez ces deux opinions. (Br. sup. Chambéry, Aspirantes, 1912.)

XXXI

« *Celui qui reconnaît et avoue ses fautes, quelque coupable qu'il soit, n'est pas entièrement perverti et il mérite une certaine estime.* »

Vous développerez cette pensée en appuyant votre opinion sur des exemples.

Sommaire. — 1º Montrer que les mobiles pour lesquels on refuse de reconnaître et d'avouer ses fautes sont tous mauvais, tandis que les mobiles qui nous portent à les avouer sont bons, et qu'on peut espérer un retour au bien de celui qui les suit : il n'est pas entièrement perverti et mérite une certaine estime.

2º Donner des exemples pris dans les auteurs classiques, ou dans l'histoire, ou dans l'expérience personnelle.

Développement.

I. — Pourquoi refuse-t-on, d'ordinaire, de reconnaître, d'avouer ses fautes ?

C'est par *orgueil*, par *hypocrisie* : on s'estime et on veut être estimé plus qu'on ne vaut ; on ne veut pas qu'il soit dit qu'on a pu faillir ;

C'est par *crainte*, par *lâcheté* : on redoute la punition, la réparation à faire ;

C'est par *intérêt* : on ne veut pas perdre certains avantages ;

C'est par *égoïsme*, c'est-à-dire par faux amour de soi-même, qui aveugle et fait croire qu'on sert ses intérêts en niant ses fautes, en laissant ou en faisant porter les soupçons sur les autres ;

Quelquefois, c'est par *oblitération du sens moral* : on a plus ou moins perdu la notion du bien et du mal, du juste et de l'injuste.

On le voit, les mobiles qui portent à nier ses fautes sont tous mauvais ; ils poussent tous au mal et à l'endurcissement dans le mal.

Les mobiles qui, au contraire, nous portent à avouer nos fautes sont bons, nobles, généreux, honorables, absolument opposés à ceux qui nous portent à les nier.

Celui qui reconnaît et avoue ses fautes triomphe de l'orgueil, de l'hypocrisie, de l'égoïsme ; il montre du courage : il en faut pour se condamner soi-même ; il montre de la droiture de conscience : il ne confond pas le bien avec le mal ; il garde l'amour de l'un et la haine de l'autre.

Il n'est donc pas entièrement perverti. Le fond de sa nature est encore bon. On peut espérer son retour au bien. Son aveu est déjà un premier pas dans ce retour. Il mérite donc une certaine estime.

II. — Les hommes pervers peuvent se glorifier de leurs fautes, mais non les reconnaître, les avouer, se condamner eux-mêmes : témoin Narcisse et Mathan, Athalie et Agrippine, dans le théâtre de Racine ; Tartufe, dans celui de Molière. — Témoin Rousseau dans ses *Confessions*, si différentes de celles de saint Augustin. Le sophiste cherche par orgueil à se justifier ; le saint s'humilie, se condamne et se repent.

Le duc d'Ossuna, vice-roi de Naples, visitant un jour les galères, interrogea les forçats, qui se proclamèrent tous innocents. Un seul avoua qu'il avait mérité son châtiment. « Qu'on m'ôte d'ici ce coquin-là, dit le duc en souriant : il gâterait tous ces honnêtes gens. » Et il lui rendit sa liberté. — Il est probable que, par l'usage qu'il en fit, ce condamné montra que le duc avait bien jugé, mieux jugé que don Quichotte délivrant une chaîne de forçats qui se dirent tous innocents, et qui, une fois libres, s'empressèrent de dévaliser et d'assommer leur libérateur.

Ces exemples, qu'il serait facile de multiplier en s'inspirant de l'histoire et de l'expérience personnelle, montrent, tout aussi bien que le raisonnement, la vérité de la pensée à développer : « Celui qui reconnaît et avoue ses fautes, quelque coupable qu'il soit, n'est pas entièrement perverti, et il mérite une certaine estime[1]. »

---

[1] Voir 1er vol., 2e p., XXV ; 3e p., XXXI, et 4e p., XVII et XXXVIII.

Pensée. — « Il n'y a qu'une chose qui soit quelque chose, c'est la vérité. »   (L. VEUILLOT.)

Autres sujets. — 1. Développer cette pensée :
Avouer que l'on a tort, c'est prouver modestement que l'on est devenu plus raisonnable.

2. On a dit souvent :

« Faute avouée est à moitié pardonnée. »

Dites les raisons de cette indulgence et à quelles conditions elle est admissible. (Br. él. Caen, 1909.)

3. Même texte. — ... Un court récit comme exemple. (Br. él. Paris, 1908.)

4. « Pour les âmes vraiment fortes, s'avouer un défaut, c'est entreprendre de s'en corriger ; pour les faibles, c'est s'en excuser. »
Discutez cette pensée et cherchez-en les applications. (E. N. de Fontenay, 1899.)

IX

Défauts.

XXXII

Caractériser l'égoïsme. Dans quelles circonstances de la vie écolière se montre-t-il surtout ? Que doit faire l'instituteur pour le combattre ?

Sommaire. — Le texte indique trois parties :
I. — Caractériser l'égoïsme.
II. — Dire les circonstances de la vie écolière où il se montre surtout.
Considérer l'enfant en classe et en récréation.
III. — L'instituteur le combattra dans ses élèves en faisant appel à la raison et au sentiment, en les amenant à appliquer les principes qui le condamnent, à faire les actes qui lui sont contraires.

Développement.

I. — L'égoïsme est l'amour excessif de soi. C'est le *moi* qui se fait centre de tout, qui s'aime sans règle et sans mesure, aux dépens d'autrui, contre la justice.

4*

L'amour de soi est légitime. Pourquoi devrait-on aimer les autres, si on ne devait pas d'abord s'aimer soi-même? Ce qui est illégitime, ce n'est pas de s'aimer soi-même, mais de n'aimer que soi-même.

L'égoïsme est la source et le nom de tout mal. On le trouve au fond de toute passion mauvaise, de toute inclination pervertie, de tout défaut, de tout vice. Pourquoi est-on orgueilleux, jaloux, envieux, haineux, avare, dur, cruel, ombrageux, hypocrite, menteur, paresseux, lâche? C'est parce qu'on est égoïste. Ce qu'on nomme les sept péchés capitaux n'est pas autre chose que l'égoïsme sous ses diverses formes.

D'un mot, Chamfort caractérise l'égoïste : « Il brûlerait la maison de son voisin pour se faire cuire un œuf. »

La Bruyère en a fait ce portrait saisissant : « Il ne vit que pour soi, et tous les hommes ensemble sont à son égard comme s'ils n'étaient pas. Il embarrasse tout le monde, ne se contraint pour personne, ne plaint personne, ne connaît d'autres maux que les siens, ne pleure point la mort des autres, n'appréhende que la sienne, qu'il rachèterait volontiers de l'extinction du genre humain. »

Voilà ce qu'est l'égoïsme.

II. — Pour savoir dans quelles circonstances de la vie écolière il se montre, il suffira de jeter un coup d'œil dans la classe et dans la cour des récréations.

En classe, l'écolier égoïste n'est pas satisfait de voir ses camarades s'appliquer et réussir, surtout dans les compositions. Il tourne en ridicule les plus sages et les plus travailleurs. Si le maître leur adresse une bonne parole, il s'en attriste. S'il est intelligent et qu'on lui demande, par exemple, l'explication d'une règle de grammaire ou d'un problème qu'on n'a pas compris, il refuse de la donner. Il se réjouit des réprimandes et des punitions que reçoivent ses camarades, dont il ne dit jamais du bien, s'il n'en dit pas toujours du mal ; il ne cherche jamais à leur faire plaisir, à leur rendre service, à les tirer d'embarras, mais plutôt à leur faire de la peine, à les mettre dans un mauvais cas, à les brouiller entre eux et avec le maître, à les faire punir.

A la cour, pendant les récréations, on le voit souvent dans un coin, boudeur, sournois, ayant l'air de méditer quelque mauvais tour à faire à quelqu'un. S'il consent à prendre part aux jeux, il veut toujours gagner ; s'il perd, il se fâche, il s'emporte et refuse de continuer à jouer. Les jeux cesseront à cause de lui, et il en sera d'autant plus content que ses camarades en seront plus contrariés. Cela le vengera d'avoir perdu.

Voilà dans quelles circonstances de la vie écolière se manifeste l'égoïsme.

III. — Voyons ce que doit faire l'instituteur pour le combattre.

Comme l'égoïsme naît à la fois de l'étroitesse du cœur et de celle de l'esprit, l'instituteur le combattra en faisant appel au sentiment et à la raison.

Il dira à ses élèves qu'il résulte de la notion même de l'égoïsme ; que le combattre, c'est combattre en un seul tous les défauts, tous les vices ; il leur dira de se substituer en pensée à la place des autres, de saisir toutes les occasions de faire plaisir, de rendre service, de se rendre compte de la solidarité humaine, du rôle de l'individu dans la famille, dans la nation, rôle que l'égoïsme, l'amour faux, l'amour exclusif de soi empêche de remplir ; il leur dira que les meilleurs sentiments de l'homme sont ceux où le mo s'oublie et s'efface, et que la moralité ne commence en nous qu'avec le désintéressement ; il leur dira et leur fera voir que les passions malveillantes, telles que la haine, l'envie, la jalousie, la vengeance, l'intolérance, sont non seulement coupables, mais absurdes ; que ce n'est pas la lutte, mais l'accord pour la vie, qui est la loi de l'humanité ; qu'il faut se réjouir de tout bien, que le bien profite à tous, que le mal ne profite à personne ; que c'est en s'occupant du bonheur des autres que l'on se rend heureux soi-même ; que l'homme isolé est un pur néant ; que nous avons tous besoin les uns des autres ; que l'homme se doit à l'homme ; qu'ils sont faits pour s'entendre, pour s'aimer, pour s'unir, pour s'aider et pour tendre vers un même salut, vers un commun bonheur.

Pensées. — C'est né rien valoir que de n'être utile à personne.
(DESCARTES.)

Il n'est rien de plus élastique que les forces de l'homme ; l'égoïsme les restreint, la charité les augmente. (NAVILLE.)

Le grand profit de la charité, c'est de nous obliger à sortir du culte de nous-même. (J. SIMON.)

Voulez-vous être équitable dans vos jugements, irréprochable dans vos rapports avec vos semblables ? mettez-vous en pensée à leur place. En songeant à leur situation, à leurs ennuis, à leurs embarras, à leurs charges, à leurs misères, à leurs souffrances, vous les trouverez toujours moins blâmables qu'ils ne vous paraissent d'abord. Cette substitution vous inclinera à l'indulgence ; elle vous disposera aux égards que vous alliez oublier ; elle vous ramènera au sentiment des devoirs dont vous alliez vous affranchir. (A. VESSIOT.)

Lectures. — *Conseils d'un père à sa fille*. — Si tu veux que la société répande sur ton âme plus de plaisirs ou de consolations que de chagrins ou d'amertumes, sois indulgente et préserve-toi de la personnalité, comme d'un poison qui en corrompt toutes les douceurs.

L'indulgence n'est pas cette facilité qui, née de l'indifférence ou de l'étourderie, ne pardonne tout que parce qu'elle n'aperçoit ou ne sent rien. J'entends cette indulgence fondée sur la justice, sur la raison, sur la reconnaissance de sa propre faiblesse, sur cette disposition heureuse qui porte à plaindre les hommes plutôt qu'à les condamner.

La personnalité dont je voudrais te préserver n'est pas cette disposition constante à nous occuper sans distraction, sans relâche, de nos intérêts personnels, à leur sacrifier les intérêts, les droits, le bonheur des autres.

Cet égoïsme est incompatible avec toute espèce de vertu, et même de sentiments honnêtes; je serais trop malheureux, si je pouvais croire avoir besoin de t'en préserver. Je parle de cette personnalité qui, dans les détails de la vie, nous fait tout rapporter aux intérêts de notre santé, de notre commodité, de nos goûts, de notre bien-être, qui nous tient en quelque sorte toujours en présence de nous-mêmes; qui se nourrit de petits sacrifices qu'elle impose aux autres sans en sentir l'injustice, et presque sans le savoir; qui trouve naturel et juste tout ce qui lui convient, injuste et bizarre tout ce qui la blesse; qui crie au caprice et à la tyrannie si un autre, en la ménageant, s'occupe un peu de lui-même. Ce défaut éloigne la bienveillance, afflige et refroidit l'amitié. On est mécontent de soi, parce qu'une humeur vague et sans objet devient un sentiment constant et pénible, dont on n'a plus la force de se délivrer. (CONDORCET. Texte de dictée. Br. él. Lille, Aspirantes, 1903.)

Moyen de combattre l'égoïsme : substitution mentale. — En toute occasion, engager l'enfant à *se mettre en pensée à la place des autres*, l'y aider, lui en faire prendre l'habitude...

On reconnaîtra qu'il n'est pas impossible, ni même bien difficile à un enfant de se mettre en pensée à la place de ses camarades. De lui à eux, la distance n'est pas grande, et les différences sont peu sensibles; pour les moindres actes de complaisance, comme pour les grands actes de dévouement, on peut donc engager l'enfant à se substituer mentalement aux autres. Qu'il s'agisse d'initier un camarade, nouveau venu dans l'école, aux jeux qu'il ne connaît pas, ou de lui donner quelques billes pour que de témoin ennuyé il devienne acteur joyeux; qu'il s'agisse de menues largesses à faire aux moins fortunés, de secours à prêter, de travail à partager, de chagrin à consoler, de danger à courir; pour tous ces petits efforts d'obligeance, ces mouvements de sympathie, de générosité, de bonté, ces élans de courage, on peut toujours et utilement mettre l'enfant, *en imagination*, dans la situation de ceux qu'il s'agit d'obliger, d'aider, de secourir, de défendre. On l'amènera ainsi peu à peu à *faire pour autrui ce qu'il voudrait qu'on fît pour lui-même*.

De même pour la vie extérieure, pour les spectacles qu'elle étale, l'enfant entrera dans toutes les souffrances, dans toutes les misères, pour peu qu'il ait éprouvé quelques sensations analogues et qu'il ait frissonné à l'approche ou au contact de la douleur physique et même morale.

Comme il a, quelquefois au moins, et ne fût-ce que par l'effet d'un hasard ou d'un accident, senti l'aiguillon de la faim, le feu de la soif, la morsure du froid, on pourra l'apitoyer sur le sort de ceux qui sont sans pain, sans vêtements, sans asile. Comme il est heureux de voir, d'entendre, de courir, qu'il aime la lumière, le mouvement, le bruit, on pourra l'amener à compatir au sort de ceux qui sont condamnés pour toujours à la nuit, au silence, à l'immobilité; il se mettra à leur place...

Un enfant se moque de son camarade : celui-ci est bossu. Prenez le moqueur à l'écart : « A quoi tient-il, mon ami, que vous ne soyez venu au monde avec une bosse au dos? Pouvez-vous répondre que vous n'aurez pas vous-même un jour quelque difformité, quelque infirmité qui prête à rire? Et alors, si on se rit de vous, ne penserez-vous pas que c'est déjà bien assez d'être infirme ou difforme sans que la méchanceté y ajoute encore la souffrance et l'humiliation de la raillerie? Ne penserez-vous pas, comme le fait sans doute ce pauvre enfant que je vois tout triste et prêt à pleurer, qu'au lieu de vous faire expier votre malheur, vos camarades devraient vous en dédommager par leurs égards et leur bonté! Allez, et désormais, avant de parler, avant d'agir, *mettez-vous à la place des autres*, pour ne rien dire et ne rien faire qui leur soit nuisible ou pénible. »

Une autre habitude à lui faire prendre pour ennoblir ses actions, pour les épurer, pour les décharger d'une part de l'égoïsme qu'elles contiennent, c'est de glisser à côté des motifs ou des mobiles intéressés qui le font agir, quelque intention qui tourne sa pensée hors de lui; de telle sorte que tout en faisant des choses utiles ou agréables à lui-même, il ait le désir, le souci d'être utile ou agréable à autrui. S'il travaille, faites-le penser au plaisir que ses efforts doivent causer à ses parents, et, suivant le genre de connaissances et de talent qu'il s'agit pour lui d'acquérir, faites-le penser aux services qu'il pourra désormais rendre à ses concitoyens, à ses semblables, grâce à l'acquisition de ces connaissances. Apprend-il à compter, à calculer? il pourra aider son père ou sa mère au comptoir, rédiger les factures, vérifier les écritures. Apprend-il à lire, à lire à haute voix? il pourra faire la lecture en famille, le soir, à la veillée; le dimanche, au jardin; il pourra servir de moniteur à ses petits frères, à ses petites sœurs. S'exerce-t-il aux travaux manuels? il pourra, à la maison, faire des jouets pour les bébés, fabriquer des ustensiles, réparer un meuble, et rendre maints et maints services. S'il va à la promenade, en excursion, qu'il songe à ce qu'il peut rapporter d'utile ou d'agréable à chacun, suivant ses goûts : des fleurs à sa sœur aînée, des simples à sa maman; quelque pierre curieuse, quelque insecte pour le musée scolaire. S'il s'exerce à la nage, rappelez-lui que tel enfant qui n'avait que son âge a sauvé de la mort un camarade plus âgé qui se noyait; s'il fait des exercices gymnastiques, des marches, des courses, des sauts, rappelez-lui qu'il ne travaille pas seulement pour lui, mais pour son pays, que le seul courage ne fait pas le soldat, et qu'à la valeur il faut joindre la force et l'agilité.

C'est ainsi que, quoi qu'il fasse, mêlant à ses actes l'idée d'un plaisir à causer, d'un service à rendre, tournant ses regards vers les autres, sa pensée vers les absents, songeant à l'avenir, il élargira, il agrandira le cercle de sa vie, et que son âme, d'abord emprisonnée dans un étroit horizon, se répandra autour de lui, et vivra à la fois de la vie domestique, de la vie sociale, de la vie humaine. (A. Vessiot, *L'Instituteur*, Revue d'éducation et d'enseignement, juin-juillet 1887.)

Autres sujets. — 1. Faites le portrait d'un enfant gâté ; montrez par les divers traits de ce portrait :

1º Que l'enfant gâté est un égoïste ;

2º Qu'il est malheureux ;

3º Qu'il rend les autres malheureux. (Br. él. Clermont, Aspirantes, 1903.)

2. Montrer, par quelques exemples, la justesse de la locution : enfant gâté. (Br. él. Paris, Aspirantes, 1905.)

3. Développer cette pensée :

« Le plaisir que l'on veut tirer des jolis enfants produit un effet pernicieux : ils s'aperçoivent qu'on les regarde avec complaisance, qu'on observe ce qu'ils font, qu'on les écoute avec plaisir ; par là ils s'accoutument à croire que le monde sera toujours occupé d'eux. Il faut prendre soin des enfants sans leur laisser voir qu'on pense beaucoup à eux. » (Br. él. Grenoble, Aspirantes, 1902.)

4. « Qui s'aime trop n'a point d'amis. »

Expliquez ce proverbe et faites ressortir l'importance du précepte qu'il renferme. (Br. él. Yonne, Aspirantes, 1893.)

5. Faites, « dans une lettre à une amie, » le portrait d'une élève *égoïste* (à l'école, dans la famille...). — Que lui arrivera-t-il quand elle sera plus grande ?

Vous lui avez donné de bons conseils. Exposez-les dans votre lettre. (Br. él. Aix, Aspirantes, 1909.)

6. Une de vos amies, habitant la campagne, se propose d'élever sa fille à la maison. Écrivez-lui pour lui démontrer les inconvénients de ce système, et les avantages de l'éducation en commun. (Br. él. Rennes, Aspirantes, 1909.)

7. Faites le portrait d'un enfant gâté, et indiquez les souffrances qui, selon vous, l'attendent dans la vie. (Br. él. Paris, Aspirantes, 1911.)

8. Pourquoi est-il si difficile de s'oublier ?

Pour quelles raisons, à l'heure actuelle, le moi est-il tout particulièrement haïssable ?

Qu'avez-vous fait pour réduire au silence votre petit intérêt et votre égoïsme ? (Br. sup. Finistère, 1915.)

9. Un écrivain contemporain a dit : « La grande affaire aujourd'hui pour traverser ce temps d'épreuves, c'est de s'oublier. »

Montrer que cet oubli de soi-même est nécessaire au temps ordinaire pour éviter l'égoïsme et faire naître les plus belles vertus ; qu'il s'impose dans les circonstances actuelles.

Par quoi se traduit-il aujourd'hui ?

Donner des exemples. (Br. él. Gard, 1915.)

10. Tracer le portrait d'un enfant égoïste et celui d'un enfant généreux et bon qui s'efforce d'être agréable à sa famille, à ses maîtres et à ses camarades, et conclure. (Br. él. Paris, Aspirants, 1915.)

XXXIII

Développer cette pensée de Diderot :

« *Savoir se gêner est une des premières choses qu'on doive apprendre.* »

(Br. él. Nord, Aspirants, 1894 ; Paris, Aspirants, 1898 ; Montpellier, Aspirantes, 1903.)

Sommaire. — Montrer que la pensée de Diderot signifie que la première chose à apprendre, c'est le devoir.

Savoir se gêner, c'est savoir sacrifier son égoïsme, c'est savoir être maître de soi, c'est savoir être juste et charitable ; c'est être poli, c'est savoir vivre en homme.

Remarque. — Sujet synthétique et d'une très grande portée morale.

Développement.

Savoir se gêner est la première chose à apprendre. Cela revient à dire que la première chose à apprendre, c'est le devoir.

Qu'est-ce, en effet, que savoir se gêner ?

C'est savoir résister à ses appétits, à ses inclinations, à ses penchants, à ses passions ; les maintenir dans la loi, dans la règle ; « les réduire, comme dit Bossuet, aux termes de la raison. »

C'est savoir soumettre sa raison à Dieu, sa volonté à sa raison, et ses sens, à sa raison et à sa volonté.

C'est savoir être prudent, courageux, tempérant. C'est savoir se contenir, et, par conséquent, s'accroître, progresser. C'est savoir, non seulement être juste, c'est-à-dire respecter tous les droits de ses semblables, ne leur nuire en rien, ni dans les biens du corps ni dans ceux de l'âme, mais encore savoir être bienveillant, complaisant, affable, bienfaisant, en un mot, charitable.

C'est être poli : « la politesse, c'est : incommodez-vous, » a dit Pascal. La politesse, en effet, se compose d'une infinité de petites contraintes, de petites gênes, que l'on s'impose volontiers pour témoigner de l'attention, du respect, de l'affection, pour être agréable et faire plaisir, contraintes et gênes qui deviennent un besoin et une jouissance, par l'habitude que l'on prend de chercher son bonheur dans celui des autres.

Savoir se gêner, c'est non seulement remplir son devoir, sans lequel, selon Joubert, « la vie est molle et désossée et ne peut plus se tenir, » mais encore plus que son devoir : c'est savoir tendre à la perfection par le dévouement, par le don de soi, par l'abnégation, par la disposition à n'être heureux qu'en rendant heureux les autres.

Être honnête homme, être homme de bien, être vertueux, c'est savoir se gêner, c'est avoir acquis l'habitude de se gêner. On n'est vicieux que parce que l'on ne sait pas se gêner.

Mais à quoi servent toutes les sciences, tout ce que l'on peut apprendre, sans la connaissance pratique et le gouvernement de soi-même, sans la science de la vie morale, qui consiste à savoir se gêner pour garder la règle, pour rester dans l'ordre, pour obéir à sa conscience, c'est-à-dire à Dieu ; pour réaliser son essence d'homme.

Oui, savoir se gêner est la première chose à apprendre, parce que savoir se gêner, c'est sacrifier son égoïsme, être maître de soi, être juste et charitable, c'est être poli, c'est savoir être homme, et vivre en homme.

Pensée. — La gêne... professeur d'énergie. (René Bazin.)

Autres sujets. — 1. L'année qui vient de s'écouler a été dure et l'on n'a pas toujours été assez économe à la maison. Les petites ressources du passé sont épuisées, et il va falloir vivre à l'avenir avec la plus stricte parcimonie. Le mari et la femme établissent le budget de leur ménage. Après avoir passé en revue toutes les dépenses inutiles qu'ils peuvent supprimer, chacun de leur côté, ils prennent d'excellentes résolutions d'économie.

---

1 Voir, sur la politesse, 2e vol., 8e part., sujets XII, XIII, XIV, XV.

Vous composerez sur cette donnée un petit récit très simple, auquel vous donnerez, si vous voulez, la forme d'une lettre. (Br. él. Caen, Aspirantes, 1899.)

2. Dites ce que vous savez des règles de civilité et de politesse à observer à table, dans la rue et quand on reçoit un étranger. (Cert. él. pr., 1900.)

XXXIV

La nonchalance : ses causes, ses remèdes ou moyens de la combattre.

Sommaire sous forme de questions. — I. — D'où vient le mot *nonchalance?* (Du vieux verbe *chaloir*, qui veut dire : avoir souci, se mettre en peine, s'inquiéter, avoir soin. — « *De rien ne me chaut,* » c'est-à-dire rien ne me soucie, ne m'inquiète, ne me met en peine.)

Qu'est-ce qu'avoir souci d'une chose? Qu'est-ce que l'insouciance, la nonchalance?

Portrait (physique, intellectuel, moral) de l'élève insouciant, nonchalant.

II. — Quelles sont les causes de la nonchalance?

Ne vient-elle pas de ce qu'on ne comprend pas la vie, de ce qu'on n'a pas de but, de ce que l'on ne sait pas à quoi l'on est tenu, quelle responsabilité on a ; — de ce qu'on n'écoute pas la raison, la conscience, mais l'imagination, les sens, les passions, les instincts aveugles ; — de ce que l'on n'a pas le sentiment du devoir, de la dignité, de la règle?

III. — Comment combattre la nonchalance? Ne faut-il pas en attaquer les causes? Se proposer, par exemple, un but noble, généreux, capable d'inspirer l'amour de l'effort, du sacrifice?

Si l'on fait cela, est-il possible d'être nonchalant?

Développement.

I. — Le mot *nonchalance* vient du vieux verbe *chaloir*, qui signifie : avoir souci, prendre soin, se mettre en peine, s'inquiéter. *Il ne me chaut de cela, il ne m'en chaut :* je n'en ai nul souci ; *de rien ne me chaut :* rien ne me soucie, ne m'inquiète, ne me met en peine. On sait, d'ailleurs, que le suffixe *ance* désigne une manière d'être, un état durable, permanent.

La nonchalance est donc l'état habituel de celui qui n'a pas souci, qui ne prend pas soin, qui ne se met pas en peine, qui ne s'inquiète pas.

La nonchalance est un composé de mollesse et d'indifférence. Le nonchalant est à la fois mou, c'est-à-dire incapable d'efforts, et indifférent, c'est-à-dire incapable de soins.

L'insouciance est un des noms de la nonchalance. Avoir souci d'une chose, c'est s'en occuper, s'en préoccuper ; c'est en faire l'objet de sa pensée, de son vouloir ; c'est y attacher son cœur ; c'est en prendre soin, y consacrer tous ses efforts, toutes ses ressources. Le nonchalant ne saurait le faire. Il ne se préoccupe de rien, ne fait effort pour rien. Il n'a pas l'air de se douter que la vie est quelque chose de grave et qu'elle appartient au devoir ; qu'il est responsable, c'est-à-dire qu'il rendra compte du temps et des forces qui lui sont donnés et qu'il n'emploie pas.

La nonchalance affecte le corps et l'âme, elle engourdit, elle affaisse l'homme tout entier.

Le nonchalant ne sait pas porter son corps, le tenir, le mouvoir ; il semble que ses membres sont désarticulés, qu'ils lui échappent, qu'ils ne sont pas à lui. A-t-il à parler, il s'exprime lourdement, languissamment ; a-t-il à agir, il se traîne. Qu'il soit debout, ou assis, ou couché, qu'il soit en marche, on le reconnaît à son indolence, à son manque de tenue.

Voyez-le : son regard est terne, éteint ; la lumière de la pensée n'y brille pas ; le travail de la pensée implique toujours une certaine énergie. Le nonchalant ne pense pas ; peut-être rêve-t-il : il ne saurait aller au delà du rêve, c'est-à-dire de l'ombre, de l'apparence de la pensée.

Dans une dissertation, dans tout travail de réflexion, il est facile de distinguer les traces de la nonchalance de l'esprit. N'y a-t-il rien de ferme, rien de net, rien d'arrêté, rien de précis, dans la pensée et dans l'expression ; le discours est-il empâté, la phrase langoureuse, pénible, incertaine dans sa marche, surchargée de termes parasites, allongée outre mesure : ce sont là autant de marques qu'on a affaire à un esprit nonchalant.

Le nonchalant n'a pas de volonté ; il ne sait pas ce que c'est que vouloir ; il a horreur de l'effort ; il fuit la peine et la fatigue. Ne lui demandez pas une leçon, si c'est un élève ; il ne peut pas l'apprendre ; elle est trop longue, trop difficile. Ne lui demandez pas de jouer en récréation : il n'en a pas le courage. Le voyez-vous à côté de cette colonne ? Il n'est pas assis, il est vrai ; mais il n'est pas debout, non plus, et la colonne est là, semble-t-il, pour le soutenir, s'il vient à défaillir.

Fait-il froid, ne croyez pas qu'il se donnera du mouvement pour se réchauffer ; non : le voilà comme plié en deux, les mains dans ses poches, et les coudes faisant saillie en arrière, se ramassant comme il peut, tout grelottant et tout transi d'apathie encore plus que de froid.

Il n'a pas de ressort, il est incapable d'élan. L'exemple n'a pas d'empire sur lui ; il ne connaît pas l'émulation : l'émulation est le sentiment de l'honneur, qui porte en avant, qui excite à l'effort, à la générosité.

Le nonchalant ne se dirige pas, il suit ses impressions, il est entraîné ; s'il imite, ce n'est jamais ce qui est contraire à sa nonchalance, mais ce qui l'entretient et la satisfait ; il imite le laisser-aller, le sans-gêne, peut-être même la grossièreté, tout ce qui ne demande que l'abandon de soi-même, de sa dignité, l'abdication de sa raison et de sa volonté.

Voilà pourquoi il est tant recommandé de se méfier des *eaux dormantes,* qui peuvent si facilement devenir ou qui finissent fatalement par devenir des *eaux corrompues ;* tous les vices viennent à la suite de la nonchalance et lui font cortège. Les bonnes habitudes ne se contractent que par les actes de force, et les mauvaises, par des actes de faiblesse, de lâcheté.

Le nonchalant semble ne ressentir que les phénomènes de la vie animale ; ce n'est que par ces phénomènes qu'il paraît vivant ; il ne vit pas de la vie de l'homme, de la vie morale.

II. — Le portrait physique, intellectuel et moral du nonchalant nous fait voir, d'une manière concrète, les causes de la nonchalance. Insister serait se répéter.

La nonchalance vient de ce qu'on ne comprend pas la vie, de ce que l'on n'a pas de but ; de ce que l'on ne sait pas ce à quoi l'on est tenu, quelle responsabilité on a ; de ce que l'on n'écoute pas la raison, la conscience, mais l'imagination, les sens, les passions, les instincts aveugles ; de ce que l'on n'a pas le sentiment du devoir, de la dignité, de la règle.

III. — C'est à ces causes qu'il faut s'appliquer, si l'on veut combattre efficacement la nonchalance.

Il faut savoir pratiquement distinguer la vie morale ou vie humaine proprement dite de la vie sensitive ou animale, et maintenir celle-ci sous l'empire de celle-là ; il faut suivre son principe d'activité, la raison, la conscience ; il faut se faire une volonté droite, c'est-à-dire une volonté raisonnable, apprendre à vouloir ce que l'on doit : avoir le sentiment de ses devoirs envers soi-même, envers ses semblables et envers Dieu ; en un mot, il faut avoir l'œil fixé sur le but, et suivre la règle, la loi qui y conduit, ne rien faire qui puisse en détourner, rien qui soit indigne de nous, indigne de notre origine et de notre fin, de notre raison et de notre liberté. Il faut être maître chez soi, se commander, se gouverner, se diriger; se faire une âme ordonnée, incapable de déchéance, de défaillance, de déviation; capable d'énergie, d'effort, de sacrifice.

Est-il possible d'être nonchalant avec une conscience éveillée, avec le sentiment de la dignité de l'homme, de l'importance de ses devoirs, de la grandeur du but à atteindre, de la honte attachée à l'abdication de la volonté, qu'implique toute vie molle, lâche, nonchalante?

Est-il possible d'être nonchalant, quand on est chrétien; quand on est disciple d'un Dieu fait homme pour élever l'humanité jusqu'à la dignité de la nature divine; quand on sait l'efficacité divine du travail chrétien; quand on sait que la moindre action, un verre d'eau donné à un pauvre, vaut une récompense infinie; quand on sait que « le royaume des cieux souffre violence et qu'il n'y a que les violents, — c'est-à-dire les vaillants, les forts, — qui l'emportent » ?

Autre sujet. — Appréciez ce jugement de Locke :
« De tous les motifs propres à toucher une âme raisonnable, il n'en est pas un de plus puissant que l'honneur. Si donc on peut l'inspirer aux enfants, on a dès lors mis en eux un véritable principe qui les portera continuellement au bien. (Br. sup. Alger, Aspirants, 1903.)

---

1 Voir 2ᵉ vol., 7ᵉ part., XXIX, le développement du sujet : « *Quand on a l'honneur d'être chrétien, il ne s'agit pas de se faire tolérer ou pardonner, mais bien de se faire respecter.* » (Parole du colonel Pâqueron à son fils, élève de l'École polytechnique.)

XXXV

D'où vient, chez les enfants, le défaut d'attention ? Quels sont ses effets ? Comment y remédier ?

(E. N. de Saint-Cloud, 1887.)

Sommaire. — Définir l'attention et répondre aux questions posées.

I. — Le défaut d'attention, chez les écoliers, vient surtout du manque de volonté ; puis, de la dissipation, de la distraction, de la légèreté, de l'inconsistance, de la préoccupation, de la paresse, de la mobilité des sens et de l'imagination, de la sottise et de la rêverie.

Dans tous ces défauts, c'est encore la volonté qui manque. Le montrer.

II. — Le défaut d'attention empêche toute formation intellectuelle et morale, rend toute éducation impossible.

III. — On y remédie en fortifiant sa volonté, en s'intéressant aux choses que l'on fait, en maîtrisant ses sens et son imagination ; en contractant, par des actes réitérés, l'habitude d'être attentif.

Développement.

L'attention est l'acte par lequel on concentre volontairement toutes ses facultés vers un même objet, et l'on s'y arrête pour l'étudier.

L'attention est sans doute un acte d'intelligence, puisque c'est l'intelligence qui connaît ; mais c'est surtout un acte de volonté : c'est la possession de l'esprit par la volonté ; c'est le pouvoir de gouverner, de fixer, d'appliquer l'intelligence.

Sans la volonté de connaître, la faculté de connaître n'est rien. C'est par le moyen de l'attention que l'esprit est maître chez lui, qu'il prend conscience de lui-même et qu'il se possède.

I. — Le défaut d'attention, chez l'enfant, a donc tout d'abord et surtout pour cause le manque de volonté.

L'enfant n'a pas encore appris à vouloir, à se dominer, à se commander ; il est plus ou moins le jouet de ses impressions, de ses sens mobiles, de son imagination volage, de ses capricieuses associations d'idées, de ses appétits, de ses instincts, de ses inclinations diverses.

Les autres causes, telles que la *dissipation,* la *distraction,* la *préoccupation, la légèreté, l'inconsistance, la paresse,* dépendent plus ou moins de cette première cause. La *dissipation*, en effet, c'est la dispersion de l'esprit sur plusieurs objets, faute de volonté pour le concentrer ; la *distraction*, l'état de l'esprit non maîtrisé, tiré deçà et delà ; la *préoccupation*, une application de l'esprit par la sensibilité et l'imagination, plutôt que par la volonté ; la *légèreté* et l'inconsistance, l'impuissance de l'esprit à se fixer ; la *paresse*, le manque d'effort, d'application, de courage. Ainsi, c'est *toujours la volonté qui fait défaut*, qui n'intervient pas, qui abdique, qui se laisse dominer, entraîner par les sens, l'imagination, la passion.

A ces causes générales, on peut ajouter les suivantes : la *sottise*, la *rêverie*, la *trop grande difficulté*, la *monotonie* ou le *manque d'attrait*, la *persistance du travail*. Le sot ne saisit pas l'importance de l'attention et ne pense pas en avoir besoin ; il s'imagine savoir les choses, quand il les a vues ou qu'on les lui a dites. Le *rêveur* n'habite pas le monde de la réalité, mais celui de la fantaisie et de la chimère. L'enfant *qui ne comprend pas* ou *qui n'aime pas ce qu'il fait*, ne peut être attentif ; il ne peut l'être non plus, *si le même travail dure trop* : il n'est pas encore capable de fixer longtemps son esprit sur un même objet ; il faut de la variété pour le reposer et l'exciter.

II. — L'attention est la condition de toute science, de toute vertu, de tout progrès, soit intellectuel, soit moral. Impossible, sans l'attention, de diriger sa pensée et de conduire sa vie.

Aucune opération intellectuelle ne peut être bien faite sans attention ; la perception des idées, l'abstraction, la généralisation, le jugement, le raisonnement, ont pour condition première l'attention ; la docilité de la mémoire est en raison directe de l'attention ; on ne retient que si on a été attentif. Sans attention, pas d'idées claires et distinctes ; on n'a que de vagues aperçus, des notions confuses. La connaissance intellectuelle ou scientifique des objets, c'est-à-dire la connaissance par leur essence ou leur nature, leurs lois ou leurs causes, leurs relations diverses, implique l'attention.

Nous ne faisons pas la vérité, mais nous faisons *notre* science. « On ne sait que ce que l'on fait, » a dit Aristote. La science est un monde qu'il faut construire nous-mêmes en nous. Si nous ne sommes que *passifs*, nous ne construisons rien : pour bâtir, il faut agir, et pour agir, il faut l'attention, c'est-à-dire l'intervention volontaire de l'entendement.

Tout ce qu'on vient de dire de la *science* est applicable à la *vertu*. Si la science est le fruit de ce long travail de l'esprit que Newton appelait la *pensée patiente*, la vertu l'est de l'attention constante à se suivre soi-même, à se diriger, à éviter les occasions mauvaises, les oublis, les fautes ; à profiter des conseils, des recommandations, des exemples ; à se corriger de ses mauvaises habitudes et à en acquérir de bonnes.

On le voit, il n'y a aucun progrès possible, soit dans la science, soit dans la vertu, sans attention.

Ce qu'on appelle manque de dispositions chez l'enfant n'est souvent qu'un manque d'attention, qui l'empêche de profiter de ses ressources, de les faire valoir. « La plupart des hommes, dit Rondelet, ne sont point les victimes de la faiblesse de leur esprit, mais de l'impuissance de leur attention. Il leur suffit presque toujours de se faire quelque violence pour tirer de leurs facultés un parti dont ils sont les premiers stupéfaits. »

Les gens étourdis, inconsidérés, imprévoyants, inconséquents, imprudents, inexpérimentés, mobiles, inquiets, superficiels, sont, avant tout, des gens inattentifs. C'est à la faiblesse de leur esprit et de leur volonté qu'il faut attribuer la plupart des bévues et des fautes qu'ils commettent ; c'est à leur inattention qu'ils doivent d'être dupes des habiles, des hypocrites, des charlatans, qui les exploitent de toute façon.

III. — Le défaut d'attention, qui rend impossible à l'enfant toute éducation, toute formation intellectuelle et morale, et l'empêche de devenir un homme grave, sérieux, capable de penser et de vouloir efficacement, est donc un grand défaut, contre lequel il faut le prémunir ou dont il faut le guérir.

Puisque la principale cause du défaut d'attention est le manque de volonté, il faut surtout que l'enfant apprenne à vouloir ; puis qu'il se fasse une loi de réfléchir avant d'agir, et de donner la raison pour guide à sa volonté ; qu'il s'applique à bien faire ce qu'il fait, sans se presser ni se lasser ; qu'il conduise méthodiquement sa pensée en considérant chaque chose l'une après l'autre, à son tour et en sa place ; qu'il s'efforce dans ses lectures, dans ses études, par exemple, de tout peser, les idées et les mots, ainsi que l'ordre dans lequel ils sont enchaînés ; qu'il se rende maître de ses sens et de son imagination ; qu'il ne voie ou n'entende, ou n'imagine, ou ne se rappelle rien qui puisse le distraire, le troubler, disperser son esprit et ses forces ; qu'il mette le cœur à l'œuvre, qu'il s'intéresse à son travail, qu'il le varie sagement pour éviter la lassitude, qui aboutit à l'impuissance, et pour renouveler l'attrait, qui stimule l'esprit.

L'attention s'apprend par l'exercice, comme toute habitude, comme tout art. Elle devient à la longue facile et naturelle.

L'attitude du corps, l'atmosphère que l'on respire, peuvent favoriser ou empêcher l'attention. Une attitude droite, des yeux éveillés, une physionomie animée, où se reflète la curiosité ou l'activité de l'esprit, indiquent qu'on est attentif; une tenue penchée, des yeux vagues, un visage morne ou rêveur, annoncent, au contraire, qu'on ne l'est pas. C'est un fait d'expérience que, dans une classe mal aérée, dont l'atmosphère est trop chargée de gaz carbonique, on éprouve un malaise général qui alourdit l'esprit et rend difficile, sinon impossible, une attention soutenue.

IV. — On le voit, le défaut d'attention, chez les écoliers, vient surtout du manque de volonté; puis, de la dissipation, de la distraction, de la légèreté, de l'inconsistance, de la préoccupation, de la paresse, de la mobilité des sens et de l'imagination, de la sottise et de la rêverie.

Il empêche toute formation intellectuelle et morale, rend toute éducation impossible.

On y remédie en fortifiant sa volonté, en s'intéressant aux choses que l'on fait, en maîtrisant ses sens et son imagination, en contractant, par des actes réitérés, l'habitude d'être attentif, que Malebranche a si bien définie « la force d'esprit[1] ».

Autres sujets. — 1. De la culture de l'attention. (Bacc. Philos., Toulouse, oct.-nov. 1904.)

2. L'attention.
Quelles en sont les principales formes et les principaux effets? (Br. sup. Calvados, Aspirants, 1894.)

3. La distraction est un défaut qui peut être bien nuisible.
En quoi principalement?
Quels moyens peut-on employer pour le combattre? (Br. él. Paris, Aspirantes, 1900.)

4. Montrer, par des exemples, que le manque d'attention est non seulement un grand obstacle aux études sérieuses, mais dans la vie une cause de désagrément pour soi et pour les autres. (Br. él. Paris, Aspirantes, 1904.)

---

[1] *Voir Tables alphabétique et analytique des trois volumes de la Composition française,* au mot *Attention,* p. 8.

XXXVI

De la légèreté. — Sa nature et ses effets, ses causes, ses remèdes.

Sommaire. — I. — *Nature.* — Dire d'abord ce qu'est la légèreté au sens propre.

Au sens figuré, n'est-ce pas l'inconstance, l'instabilité de l'esprit, du cœur, de la volonté ; l'état d'un homme qui change facilement d'idées, de sentiments, d'affections, qui est le jouet du caprice, de l'humeur, de la fantaisie, des circonstances ?

II. — *Effets.* — Que faire d'un homme léger ?
Que faire d'un enfant léger ?
Quels progrès un élève léger peut-il faire ? — dans ses études : peut-on l'instruire ? — dans la vertu : peut-on le former ?
Quel avenir peut-il se préparer ?
S'il ne se corrige pas, ne sera-t-il pas un être vain, vulgaire, irrésolu, insaisissable, une médiocrité stérile, un homme sur qui l'on ne peut compter ?

III. — *Causes.* — La légèreté ne vient-elle pas d'une curiosité vaine, inquiète, déréglée ?
Ne vient-elle pas de ce que l'on ne considère pas la vie comme elle est, de ce qu'on n'en voit pas les dangers et les devoirs ?

IV. — *Remèdes.* — Les meilleurs remèdes de la légèreté ne sont-ils pas la discipline, le travail de la pensée, la piété ?
Pourquoi la discipline ?
Pourquoi le travail de la pensée ?
Pourquoi la piété ?
Conclusion.

Développement.

I. — La légèreté, au sens propre, est le caractère de ce qui n'a pas ou a peu de poids, de ce qui n'est pas solide, de ce qui est mobile, instable, inconsistant, variable, changeant. Ainsi on dit d'une feuille, d'une paille que le vent emporte, qu'elle est légère ; on le dit également d'une charpente peu solide, d'une tige frêle, d'un mets peu fortifiant.

Au figuré, on dit : cet homme a la tête légère, l'esprit léger ; c'est une tête légère, c'est-à-dire il est peu sage, peu sensé, peu réfléchi, peu sérieux ; il est mobile, changeant, instable, incapable de fixité dans les idées, de constance dans les sentiments et les résolutions ; son esprit, son cœur, sa volonté, sont le jouet de ses sens, de son imagination, des circonstances, du caprice et de l'humeur, de ses passions et des passions des autres.

Peut-on même dire qu'il a de la volonté? Avoir de la volonté, c'est ne pas cesser de vouloir une chose qu'on a raison de vouloir, que l'on doit vouloir : l'homme léger fait précisément le contraire ; il ne veut plus aujourd'hui ce qu'il voulait hier, quoique rien n'ait changé, sinon lui.

Peut-on dire qu'il a de la raison? La raison, c'est la règle, c'est un ensemble de principes qui ne changent pas, qui dominent les circonstances au lieu de s'y asservir : l'homme léger n'a pas de règle, pas de principes.

Ce n'est pas un homme : on ne peut pas compter sur lui. Compter sur lui, c'est compter sur le vent, c'est bâtir sur le sable, c'est se mettre en mer avec un navire sans lest et sans gouvernail. Il est incapable de tenir une promesse : il viole aussi facilement sa parole qu'il la donne. La parole vaut ce que vaut l'homme : la parole d'un homme léger n'a aucune valeur.

II. — Que faire d'un homme léger?

Le mettez-vous dans une affaire, il brouille tout, il gâte tout, il traite en se jouant les choses les plus graves, les plus saintes ; il n'a pas l'air de savoir ce qu'il fait ; il est à tout, et il n'est à rien ; il n'est pas où il est ; il n'est jamais bien que là où il n'est pas ; il ne réussit bien que dans ce qu'il n'a pas à faire ; il ne peut se fixer à rien, il rêve toujours des situations autres que celle qu'il a ; s'il était ici ou là, il ferait ceci ou cela ; en attendant, il ne fait rien de ce qu'il a à faire. Il ne prévoit pas les suites d'une démarche inconsidérée, les conséquences d'un devoir omis, les résultats d'un défaut de précautions. Ses fautes ne l'instruisent pas : pour s'instruire, pour acquérir de l'expérience, il faut réfléchir, il faut se rendre compte : il ne saurait le faire. De là vient que sa conduite n'est qu'un enchaînement de bévues, de maladresses, d'oublis, de manquements, de sottises.

Que faire d'un enfant léger?

Peut-on l'instruire? L'instruction est un ensemble de connaissances ordonnées, qui demande de l'attention, de la réflexion. L'enfant léger n'entend rien de ce qu'on lui dit, ne garde rien ; son âme est un crible : tout y passe, rien n'y reste ; il ne sait pas étudier, parce qu'il ne sait pas être à ce qu'il est, faire ce qu'il fait.

Peut-on le former à la vertu? La vertu est la constance de la volonté dans le bien : l'enfant léger, nous l'avons déjà vu, n'a pas de volonté.

Quel peut être son avenir ? S'il ne se corrige pas, l'enfant léger sera un être vain, vulgaire, irrésolu, une médiocrité stérile ; et, comme la légèreté, si elle n'est pas la source même des vices, en est, au moins très souvent, comme la porte et l'entrée, il est probable que l'enfant léger sera plus tard un homme vicieux. « La légèreté, dit Fénelon, ouvre l'âme, comme une place démantelée, à toutes les attaques de l'ennemi. »

En général, on se résigne trop facilement à passer pour léger, et on ne s'émeut pas assez d'un défaut qui rend toute formation intellectuelle et morale impossible, et qui peut avoir des suites si redoutables.

III. — Pour le combattre, il en faut connaître les causes. Quelles sont-elles ?

La légèreté a sa cause dans ce fait, qu'au lieu de s'inspirer de l'idée du devoir, qui est absolue, universelle, immuable, on s'inspire presque uniquement de motifs égoïstes, tels que le plaisir, la passion, l'intérêt, qui sont relatifs, particuliers et variables.

On est léger parce que, entraîné par l'amour du plaisir, par une curiosité vaine, inquiète, déréglée, on veut jouir et jouir de tout, on veut tout voir, tout entendre, tout sentir, sans considérer les dangers auxquels on s'expose et les devoirs qu'on a à remplir, sans tenir compte de la règle, de la conscience, de la raison.

IV. — Les meilleurs remèdes de la légèreté sont évidemment ceux qui en attaquent directement les causes : la discipline, le travail de la pensée, la piété.

La *discipline*, qui retient et qui maintient, qui accoutume à l'effort, qui apprend à vouloir, qui donne de l'ordre, de la suite, de l'aplomb et du sérieux.

Le *travail de la pensée*, qui dégage et affermit la raison, qui précise les notions du vrai et du bien, qui met en lumière les règles et les maximes de conduite, qui forme les convictions, c'est-à-dire les certitudes raisonnées, sans lesquelles la vie ne saurait avoir ni point d'appui ni unité.

La *piété*, qui donne le sentiment profond des devoirs, qui produit des habitudes de réflexion, contraires à la vaine curiosité ; des habitudes de mortification ou de répression de l'imagination et des sens, contraires à l'amour du plaisir ; des habitudes d'empire sur soi-même, substituées à cet état de laisser-aller et d'instabilité qui est la légèreté même.

L'homme léger est un homme sans piété ; c'est un indiscipliné, chez lequel les facultés inférieures s'agitent pêle-mêle et dominent successivement ; c'est un homme qui ne pense pas, qui n'a que des impressions, des sensations, des imaginations ou des idées superficielles sans lien qui les rattache et en fasse un enchaînement, un jugement fixe, un principe. « Le vrai homme, a dit Bossuet, est celui qui peut rendre bonne raison de sa conduite : » l'homme léger le peut-il ?

Lecture. — On rapprochera avec profit les passages suivants, de Vessiot :

Causes de la légèreté. — L'application suppose un effort de volonté que l'enfant ne peut faire et surtout qu'il ne peut soutenir. Ses sens sont toujours en éveil, et par eux il est assiégé de sensations qui, se renouvelant sans cesse, se disputent et se partagent son attention. A ces excitations extérieures, il faut ajouter ce bouillonnement intérieur, cette fièvre de mouvement, que produisent en lui le travail sourd et continu de la croissance et un surcroît de forces impatientes de se répandre. Tiré du dehors, poussé du dedans, incapable encore de résister à ces attractions comme à ces impulsions, il ne s'appartient pas, il n'est pas, il ne peut pas être maître de son esprit.

Portrait de l'enfant léger. — *De la part à faire à la nature.* — Regardez l'enfant : même au repos, il ne se repose pas ; tout son corps est en mouvement, et son esprit est comme son corps. Vous parlez, il vous regarde, il vous écoute ; du moins il semble vous écouter ; mais prenez-y garde : pendant que vous suiviez votre raisonnement ou que vous poursuiviez votre récit, à un certain moment, l'enfant vous fausse compagnie, et maintenant son esprit est loin de vous. Ne vous en étonnez pas, ne grondez pas trop fort : c'est peut-être votre faute plus encore que la sienne.

Cependant cette légèreté naturelle qui mérite l'indulgence, on doit essayer non de la détruire, ni de l'enrayer brusquement, ce serait peine perdue, mais de la modérer. Il ne faut pas couper les ailes de l'oiseau, ni l'attacher par la patte et le condamner à l'immobilité ; il faut le laisser voler, et, sans qu'il s'en doute, diriger son vol. On ne gagne rien à violenter la nature ; mieux vaut se servir d'elle contre elle-même pour arriver à la vaincre. Puisque la vivacité de ses impressions, la mobilité de son esprit, ne permettent pas à l'enfant de rester longtemps attaché au même objet, n'exigeons pas de lui une trop longue attention, laissons-le se détendre de moments en moments, et sachons, par la variété des sujets, exciter et satisfaire sa curiosité naturelle.

Moyens à employer pour le corriger. — Quand un maître a reconnu dans un enfant tel ou tel défaut prédominant, il doit entreprendre de le corriger, et ne le point quitter qu'il n'ait obtenu quelque amélioration. Il le suivra donc, mais sans obsession, sans mauvaise humeur, avec intérêt, avec bonté, comme quelqu'un qui veille sur lui et veut lui être utile. Il s'y prendra de diverses manières. S'agit-il de légèreté : ce sera tantôt un mot d'avertissement avant la leçon, ou bien, de temps à autre, au cours de la leçon, un rappel, une allusion ; ou, à la fin, un mot d'éloge ou de blâme, suivant que l'enfant a fait ou non preuve de bonne volonté. Il importe que l'enfant sente que son maître a entrepris de le corriger ; qu'il ne le perd pas de vue et lui tient compte de ses moindres efforts. Dans une cure de ce genre, il faut de la suite, une action égale, sans hâte et sans négligence, un mélange de sérieux et de bonne humeur, une certaine confiance dans la nature et le temps. L'enfant changera, si le maître le traite avec douceur, s'il lui témoigne de l'intérêt, s'il parle avec calme, s'il agit avec méthode, et non par boutades et par humeur. Quand, après quelques observations restées sans effet, le maître se dépite, qu'il montre de l'aigreur, de l'impatience, l'enfant se dit qu'il n'arrivera jamais à contenter un maître si exigeant ; il se résigne à essuyer des reproches, à recevoir des punitions, et renonce à se corriger.

Les enfants légers n'ont généralement pas mauvaise volonté ; ils ne *se butent pas* ; ils ne s'obstinent pas, car l'obstination suppose une certaine persistance dans les idées et les sentiments, que ne comporte pas la légèreté. C'est une raison de plus pour user de douceur avec les enfants légers. Pour les tenir en éveil, il faut leur faire jouer dans la classe un rôle actif, et mettre en jeu leur amour-propre. Ils sont forcément plus attentifs, quand ils deviennent eux-mêmes l'objet de l'attention des autres. (VESSIOT, l'*Instituteur*, du 5 septembre 1892[1].)

« L'éducation a pour but d'élever celui à qui elle s'adresse, de l'aider à grandir, et d'aider à mûrir les facultés qui en feront un homme. Elever l'enfant, c'est faire sortir un homme de cet enfant. »

(THAMIN.)

Malheur à vous, ajoute Blackie, si vous ne portez pas en vous-même une sûre boussole ; car vous n'irez pas longtemps sans entrer dans la région des steppes désolés, des marais brumeux, des solitudes infinies. »

Autres sujets. — Qu'est-ce que la frivolité d'esprit ? Quelles sont les causes de ce défaut, et pourquoi l'attribue-t-on souvent aux femmes ? Cette opinion vous paraît-elle fondée ? Comment peut-on combattre la frivolité ? (Br. sup. Grenoble, 1915.)

---

[1] Voir 1er vol., 5e partie, XVII ; ou le sujet ci-après : *Etourderie*.

XXXVII

Qu'est-ce que l'étourderie ? Faire le portrait de l'étourdi. Rechercher les causes et les conséquences de l'étourderie.

(Br. él. Lyon, Aspirantes, 1896.)

Observation. — Le plan est donné dans le texte.

Développement.

I. — L'étourderie est le défaut de l'étourdi, son caractère, son acte.

L'étourdi ne prend pas garde à ce qu'il dit, à ce qu'il fait ; ne tient pas compte du temps, des lieux, des circonstances, des conditions et des convenances des choses. Pour tenir compte de tout cela, il faudrait observer, réfléchir ; il faudrait voir, se rappeler, prévoir, juger, raisonner. L'étourdi ne se rappelle pas, ne prévoit pas ; il ne juge ni ne raisonne. Il parle quand il ne faut pas, raconte ce qu'il faut taire, ce qu'il ne sied pas de raconter. Il va où il ne doit pas aller, s'expose à toutes sortes de périls, sans s'en douter. Il met les choses n'importe où, se place devant n'importe qui ; il heurte, il bouscule sans y mettre de malice, mais aussi sans s'excuser : il n'y pense pas. Il commet sans cesse des maladresses, occasionne une foule d'accidents, sans juger qu'il puisse y avoir de sa faute. A table, il renverse les bouteilles et les plats, il casse les verres ; au salon, il est l'effroi de tous : on s'attend toujours à ce qu'il dise ou fasse quelque chose qui déconcerte et met mal à l'aise. C'est un trouble-fête.

L'étourderie est un vice de l'esprit plutôt que du cœur. L'étourdi n'est pas méchant, mais il n'est pas assez bon. S'il était meilleur, il serait plus attentif à rechercher ce qui fait plaisir et à éviter ce qui peut causer de la peine. C'est surtout de lui que l'on dit : « Mauvaise tête, mais bon cœur. »

II. — Pourquoi est-on étourdi ?

Parce qu'on est inattentif, irréfléchi : on ne se rend compte de rien ; — parce qu'on a l'esprit léger : incapable de se fixer à quoi que ce soit ; — parce qu'au lieu de consulter et d'écouter sa raison, qui veut l'ordre et la règle, on suit son imagination, qui n'admet ni ordre ni règle ; — parce qu'on ne raisonne pas : on n'induit ni ne déduit; — parce qu'on ne prend pas de précautions : on ne se tient pas en garde contre les occasions, les accidents, les dangers.

III. — Les conséquences de l'étourderie sont les bévues, les maladresses, les échecs dans les démarches, dans les entreprises, quelquefois des fautes graves, irréparables.

On ne peut rien confier à un étourdi. On ne peut compter sur lui pour une commission, qu'il oubliera ou qu'il fera mal; pour une affaire, qu'il compromettra, faute de prendre les moyens et les précautions qui en assurent le succès.

On ne lui en veut pas, mais on ne l'estime guère; on n'aime pas à se servir de lui, à faire avec lui n'importe quoi qui demande de l'attention, de la réflexion, du sérieux, de l'esprit de suite [1].

Autre sujet. — N'avez-vous jamais été,

> Un souriceau tout jeune et qui n'avait rien vu ?

Contez-nous une de vos mésaventures récentes, ou lointaines déjà. Insistez sur la leçon de vie que vous avez retenue.
Essayez de définir l'expérience. (Br. él. Lille, Aspirantes, 1905.)

XXXVIII

En traçant les portraits du bavard et du distrait, justifier cette pensée de La Bruyère :

« *L'on se repent rarement de parler peu, très souvent de trop parler.* »

(Br. él. Alger, Aspirantes, 1897; Clermont, Aspirantes, 1899.)

Observations. — Faire ces deux portraits à la façon de La Bruyère (*caractères :* défauts ou qualités personnifiés), et les tourner de sorte qu'ils justifient la pensée à mettre en relief.

Développement.

I. — Le bavard ne déparle pas : il ne s'agit pas, pour lui, de dire quelque chose, il s'agit de parler; il parle, comme il respire. Ce qu'il dit, le sait-il ? S'inquiète-t-il de le savoir ? Suppose-t-il

---

[1] Voir 1ᵉʳ vol., 10ᵉ partie, XXII, ou ci-dessus les sujets précédents : *Légèreté*, p. 125.

seulement qu'il puisse être imprudent, indiscret, indélicat, médisant?

Il fait, sans s'en douter, des réflexions blessantes pour les personnes qui l'entourent.

Il raconte une histoire pour rire, à une personne qui pleure la mort de son père; il tourne en ridicule les défauts reconnus aux gens avec qui il converse.

Il parle d'un bon dîner qu'il vient de faire, à quelqu'un qui souffre de la faim; de sa joie, à quelqu'un qui éprouve un violent chagrin; de ses succès, à quelqu'un qui vient d'avoir un échec.

« Il parle de banqueroute au milieu d'une famille où il y a cette tache; d'exécution et d'échafaud devant un homme dont le père y a monté; de roture devant des roturiers qui sont riches et qui se donnent pour nobles. » (LA BRUYÈRE.)

Il parle de tout et de tous, et toujours sans règle ni mesure, à temps et à contretemps, sans souci de ce qu'il dit, sans songer à ménager les gens, à tenir compte de leurs goûts, de leurs sentiments, de leurs préférences, de leurs opinions, de leurs situations.

Il est insupportable à tout le monde, et on le lui fait savoir suffisamment pour qu'il s'aperçoive de la vérité de cette parole de La Bruyère : « L'on se repent rarement de parler peu, très souvent de trop parler. »

II. — Le distrait ne prend pas garde à tout ce que vous dites : il répond à côté ou fait des contresens, des coq-à-l'âne. On se moque de lui.

« Souvent il vous interroge, et il est déjà loin de vous, quand vous songez à lui répondre; ou bien il vous demande en courant comment se porte votre père, et comme vous lui dites qu'il est fort mal, il vous crie qu'il en est bien aise. » (LA BRUYÈRE.)

Il veut prendre la parole dans un cercle; mais il n'est pas au courant de la conversation, qu'il n'a pas suivie, et on lui fait observer qu'il est aux antipodes, qu'il n'est pas question de cela, mais de tout autre chose.

On lui demande ce qu'il pense de ce qu'on vient de dire. Au lieu de répondre qu'il n'en sait rien, il donne son sentiment, et ce sentiment n'a aucun rapport à la question qui lui est faite.

« Il n'est ni présent ni attentif, dans une compagnie, à ce qui fait le sujet de la conversation; il pense et il parle tout à la fois; mais la chose dont il parle est rarement celle à laquelle il pense; aussi ne parle-t-il guère conséquemment et avec suite. Où il dit *non*, souvent il faut dire *oui*, et où il dit *oui*, croyez qu'il veut dire *non*. » (LA BRUYÈRE.)

Il intervient brusquement dans une discussion. Il ne sait pas un mot de ce que l'on a dit, mais qu'importe?

Il importe si bien, qu'on ne fait pas attention à ses paroles et que l'on continue la discussion en le gratifiant d'un regard de pitié.

Lui aussi fera bien de méditer la parole de La Bruyère [1].

Pensées. — Il n'y a point de force où il n'y a point de secret. (Bossuet, *Politique tirée de l'Écriture sainte.*)

« Le savoir est moins prisable que le jugement. » (Montaigne.)

« Diseur de bons mots, mauvais caractère. » (Pascal.)

« Qui s'excuse s'accuse. » (Térence.]

« Comme la première règle est de parler avec vérité, la seconde est de parler avec discrétion. » (Pascal.)

« Ne parle que de ce qui peut être utile à toi ou aux autres. Evite les conversations oiseuses. » (Franklin.)

Lecture. — *L'indiscrétion.* — Une personne indiscrète fait tout mal à propos, elle entre à contretemps, elle sort de même. Une personne indiscrète n'entend point ce qu'on veut qu'elle sache, et elle écoute ce qu'on ne veut pas qu'elle entende; parce que, dans le premier cas, au lieu d'écouter ceux qui parlent et d'entrer dans le sujet de la conversation, elle l'interrompt pour dire ce qui lui vient à l'esprit; elle écoute ce qu'on ne veut pas qu'elle entende, dans une conversation dont elle ne devrait pas être, au lieu de se retirer prudemment, quand elle voit des personnes qui parlent bas. Rien ne rend si indiscrète que de n'être occupée que de soi; c'est ce qui fait qu'on ennuie, rapportant tout à soi; ne parlant que de soi, de ses maux, de ses affaires; rien ne rend si désagréable dans la société. Je connais une jeune personne de la cour qui est haïe de tout le monde sans être mauvaise, mais seulement parce qu'elle n'est occupée que d'elle-même et qu'elle veut toujours en parler. On m'en faisait des plaintes un de ces jours, on prétendait qu'elle nuisait aux autres par les rapports qu'elle m'en faisait. Je répondis : « Comment me dirait-elle ce que font les autres, elle qui ne parle que d'elle-même? » La personne qui m'en faisait des plaintes convint avec moi que c'était là, en effet, son tort et ce qui la fait haïr. Je ne sache pas d'ailleurs qu'elle ait jamais fait ni dit du mal à personne.

Pour éviter les indiscrétions, il faut être occupé des autres plus que de soi; penser, avant que de parler, si ce qu'on va dire ne fera de peine à personne, s'il n'aura pas de mauvaises suites; prendre garde si, en se plaçant, on n'incommode point quelqu'un. — « N'est-ce pas une indiscrétion, dit Mlle de Chabot, de révéler un secret? — Cela

---

[1] Voir 1er vol., 7e partie, XII : *Toute vérité n'est pas bonne à dire,* et 10e partie, XII : *Qui parle sème, qui se tait recueille.*

passe l'indiscrétion, répondit Mme de Maintenon ; c'est une perfidie, c'est une infamie dont une personne d'honneur n'est point capable. » (Mme DE MAINTENON. — Texte de dictée. Br. él. Paris, Aspirantes, 1905.)

Autres sujets. — 1. Expliquez et développez cette pensée :
« L'on se repent rarement de parler peu, très souvent de trop parler. » (Br. él. Clermont, Aspirants, 1899.)

2. Qu'entend-on par ces mots : « parler à tort et à travers ? » Dire quel préjudice se causent les jeunes filles qui parlent à tort et à travers. Indiquer par quels moyens on peut éviter ce défaut, ou s'en corriger avant qu'il soit devenu une habitude. (Br. él. Paris, Aspirantes, 1898 ; Caen, Aspirantes, 1900.)

3. « La parole est d'argent, et le silence est d'or. »
Expliquer ce proverbe, et le rapprocher de ces vers de La Fontaine :

> Il est bon de parler, et meilleur de se taire ;
> Mais tous deux sont mauvais, alors qu'ils sont outrés.

(Br. él. Paris, Aspirantes, 1897 ; Besançon, Aspirantes, 1903 ; Clermont, Aspirantes, 1904.) — Voir 1er vol., 10e partie, XII.

4. Le bavardage.
Montrez tous les inconvénients et les dangers du bavardage. Une personne bavarde ne se fait pas aimer, au contraire... Elle peut aussi faire beaucoup de mal aux autres... La médisance... la calomnie... Effets naturels d'une démangeaison continuelle de parler à tort et à travers.
Concluez avec Mme de Staël : « En société, veillons sur notre langue. » (Br. él. Paris, Aspirantes, 1904.)

5. Faites le portrait d'un enfant bavard. Montrez les inconvénients qui résultent de ce défaut pour lui et pour ceux qui l'entourent. (Br. él. Alger, Aspirants, 1902.)

6. « Tenir sa langue ! Le plus difficile des devoirs et le plus important. »
Commentez cette réflexion d'un moraliste contemporain. (Br. él. Dijon, Aspirantes, 1905 ; Paris, 1912.)

7. « Toute révélation d'un secret est la faute de celui qui l'a confié. » (LA BRUYÈRE, *De la société et de la conversation*.) — (Bacc. 1re partie, Besançon, 1902.)

8. Expliquer cette pensée : « Rien ne pèse tant qu'un secret », et montrer que cependant la discrétion est nécessaire. (Br. él. Lyon, Aspirantes, 1901.)

9. De l'indiscrétion : montrer les graves dangers de ce défaut. (Br. él. Paris, Aspirantes, 1897.)

10. Développez ce proverbe persan :
« Qui parle sème, qui écoute récolte. »
L'expliquer à l'aide d'un exemple. (Br. él. Lyon, Aspirants, 1910.)

11. Un auteur contemporain (Ch. Dupuy) a dit :

« Surveillons notre langue : elle peut faire autant de mal qu'un revolver ou un couteau. » (Br. él. Bordeaux, Aspirants, 1910.)

12. On se repent rarement de parler peu, très souvent de trop parler.

Développez cette pensée et tracez le portrait du bavard et du discret. (Br. él. Lyon, Aspir., 1910.) — (Voir 1er vol., 3e partie, XXVIII.)

13. Même pensée. — Expliquer et développer cette pensée ; montrer comment beaucoup de gens feraient bien de la mettre en pratique dans les circonstances actuelles. (Br. él. Montpellier, 1917.)

14. On dit souvent, de certaines personnes, qu'elles parlent « à tort et à travers ».

Dites ce qu'il faut entendre par ces mots, puis montrez quel préjudice se causent les jeunes filles qui parlent à tort et à travers, et indiquez par quels moyens elles peuvent se corriger de ce défaut avant qu'il soit devenu une habitude. (Br. él. Paris, Aspirantes, 1910.)

15. Mme de Maintenon, dans le règlement qu'elle avait fait établir pour les élèves de Saint-Cyr, avait introduit des « temps de silence ». Le silence avait donc, à ses yeux, une valeur éducative ?

Qu'en pensez-vous ? (Br. sup. Toulouse, Aspirantes, 1911.)

16. On peut se repentir quelquefois de s'être tu, mais il y a toujours lieu de regretter d'avoir trop parlé.

Montrer par des exemples que les inconvénients du silence sont moindres généralement que ceux du bavardage, et que particulièrement les premiers sont plus faciles à réparer que les seconds. (Br. él. Paris, Aspirants, 1914.)

17. Qu'entend-on par ces mots : « Parler à tort et à travers ? » Quel préjudice risque-t-on de causer aux autres, et de se causer à soi-même, par suite de ce défaut ? Comment peut-on s'en garder ou s'en corriger avant qu'il soit devenu une habitude ? (Br. él. Dijon, Aspirantes, 1915.)

18. Montrer que parler sans réflexion et hors de propos est une preuve de sottise et expose à de graves inconvénients.

Citez quelques exemples de la vie commune. (Br. él. Paris, Aspirantes, 1915.)

X

Qualités.

XXXIX

« *La curiosité de l'enfant, dit Fénelon, est un penchant
de la nature qui va comme au-devant de l'instruction.* »

Quel parti peut-on tirer de ce penchant dans l'éducation ?

Sommaire. — I. — Définir et caractériser, chez l'enfant, la curiosité, penchant de la nature.

II. — Montrer, par des réflexions et des exemples raisonnés, le
parti à tirer de ce penchant : leçons de choses, premiers éléments
de lecture et d'écriture, questions suggestives et récits à faire pour
inculquer les idées morales, etc.

Si l'on connaît l'*Éducation des filles*, d'où est tiré le texte, montrer, par des citations choisies, comment Fénelon veut que l'on profite de la curiosité de l'enfant pour l'instruire.

III. — *Conclusion.* — Le maître, en tirant parti de ce penchant,
gagnera du temps, réussira mieux, et avec moins de peine. L'important est d'apprendre à l'enfant à voir et à raisonner juste, et de lui
rendre l'étude agréable « en la cachant sous l'apparence de la liberté
et du plaisir ».

Développement.

Celui-là est curieux qui a beaucoup d'*envie* et de *soin* d'apprendre, de voir des choses nouvelles, intéressantes, rares. C'est
de cette curiosité, de cette envie de connaître, de ce soin (*cura*)
pour acquérir la connaissance, que Fénelon veut parler et dont
il demande, en ajoutant : « Ne manquez pas d'en profiter, » qu'on
tire le plus grand parti dans l'instruction et l'éducation des
enfants.

Voyons donc : 1º en quoi consiste le penchant naturel de la
curiosité, et 2º quel parti l'on peut en tirer dans l'éducation.

I. — Ce penchant de la nature est un véritable besoin, un

besoin qui répond à l'inclination de l'intelligence vers le vrai. C'est un privilège de la nature humaine et la condition de son progrès, de sa perfectibilité ; l'animal en est privé. On peut le définir le sentiment de notre ignorance uni au désir de la vérité. Il se manifeste d'abord par les questions que l'enfant pose à propos de tout.

« L'enfant commence à peine à bégayer qu'il demande la raison des choses. *Pourquoi* est un des mots qui sortent les premiers de sa bouche, un de ceux qu'il répète le plus souvent[1]. »

Son étonnement, en présence de tout ce qu'il voit d'inconn pour lui, est admirable ; il tient parfois du ravissement.

Tout ce qui est nouveau l'attire et l'intéresse. Un enfant qui ne serait attiré ni retenu par rien, serait incapable de tout progrès. Attiré et retenu : car, pour apprendre, l'attention, l'application de l'esprit à l'objet remarqué est nécessaire, et une curiosité flottante et sans règle n'est que légèreté, dissipation, étourderie. Le papillon en est le symbole, sa curiosité est stérile ; au contraire, l'abeille est l'emblème d'une curiosité appliquée et féconde.

II. — Fénelon a indiqué lui-même comment il faut tirer parti de la curiosité ; comment il faut la développer en attirant l'attention de l'enfant sans la forcer ; comment il faut se servir de ce qu'il sait pour l'élever à ce qu'il ne sait pas encore, pour l'amener de la curiosité vulgaire à la curiosité scientifique ; en un mot, comment il faut suivre et aider la nature dans l'instruction et l'éducation.

« Il faut se contenter, dit-il, *de suivre et d'aider la nature ;* les enfants savent peu. Ils ignorent beaucoup de choses, ils ont beaucoup de questions à faire ; aussi en font-ils beaucoup.

Il faut « leur répondre *précisément,* et ajouter parfois certaines petites comparaisons pour rendre plus sensibles les éclaircissements qu'on doit leur donner ; s'ils jugent de quelque chose sans le bien savoir, il faut les embarrasser par quelque question nouvelle, pour leur faire sentir leur faute sans les confondre rudement. En même temps, il faut leur faire apercevoir, non par des louanges vagues, mais par quelque marque effective d'estime, qu'on les approuve bien plus quand ils doutent et qu'ils demandent ce qu'ils ne savent pas, que quand ils décident le mieux. »

C'est même là une manière de reconnaître le sens, le jugement de l'enfant. Si on lui demande : « Combien avez-vous de

---

cheveux à la tête ? » et qu'il réponde : « J'en ai beaucoup; j'en ai tout plein, » ou encore : « Je ne sais pas, » il y a lieu de le féliciter de sa réponse. S'il répondait au contraire : « J'en ai cent, j'en ai mille, dix mille, j'en ai tel nombre fixe, » il faudrait lui faire observer qu'il ne le sait pas, qu'on ne le sait pas soi-même, qu'on ne doit jamais dire que ce que l'on sait, et qu'il n'y a pas de honte pour un enfant, et souvent même pour un homme, à dire qu'on ne sait pas.

Les occasions sont fréquentes où l'on peut appliquer la méthode recommandée par Fénelon. Lui-même, à la suite de la phrase qui nous sert de texte, donne quelques exemples de la manière de satisfaire et à la fois de piquer la curiosité des enfants.

« Ne manquez pas, dit-il, de profiter de ce penchant. Par exemple, à la campagne, ils voient un moulin et ils veulent savoir ce que c'est ; il faut leur montrer comment se prépare l'aliment qui nourrit l'homme. Ils aperçoivent des moissonneurs ; et il faut leur expliquer ce qu'ils font, comment on sème le blé et comment il se multiplie dans la terre. A la ville, ils voient des boutiques où s'exercent plusieurs arts et où l'on vend diverses marchandises. Il ne faut jamais être importuné de leurs demandes : ce sont des ouvertures que la nature nous offre pour faciliter l'instruction. Témoignez y prendre plaisir ; par là vous leur enseignez insensiblement comment se font toutes les choses qui servent à l'homme, et sur lesquelles roule le commerce. Peu à peu, sans étude particulière, ils connaîtront la bonne manière de faire toutes ces choses qui sont de leur usage et le juste prix de chacune, ce qui est le vrai fonds de l'économie. »

C'est ce que l'on nomme aujourd'hui des *leçons de choses*. Elles ont cet avantage qu'elles ne sont pas prises pour des leçons, puisque l'enfant les provoque par ses questions.

L'éducateur devrait agir de même pour l'enseignement proprement dit : inspirer le goût de la lecture par la beauté même extérieure du livre, par l'intérêt des histoires qui y sont contenues ; faire de même pour l'écriture, en invitant l'enfant à écrire, par exemple, un billet à son frère, à son cousin, à son maître même. « Tout cela, dit Fénelon, fait plaisir à l'enfant, pourvu qu'aucune image triste de leçon réglée ne le trouble. » — « Une libre curiosité, dit saint Augustin sur sa propre expérience, excite bien plus l'esprit des enfants qu'une règle et une nécessité imposées par la crainte. »

Pour l'enseignement des vérités morales, il est bon de piquer d'abord la curiosité de l'enfant par des récits, des histoires, des fables. Un autre moyen est de procéder par des questions sur les opérations mêmes des facultés de l'enfant : par exemple, pour lui faire distinguer l'esprit de la matière, l'homme de l'animal.

Voici un modèle de ce genre de questions pris parmi ceux que donne Fénelon lui-même :

« Voyez-vous cette table ? — Oui. — Vous la connaissez donc ? — Oui. — Vous voyez bien qu'elle n'est pas faite comme cette chaise ; vous savez bien qu'elle est de bois et qu'elle n'est pas comme la cheminée, qui est de pierre ? — Oui, » répondra l'enfant. N'allez pas plus loin sans avoir reconnu dans le ton de sa voix et dans ses yeux que ces vérités si simples l'ont frappé. Puis, dites-lui : « Mais cette table vous connaît-elle ? » Vous verrez que l'enfant se mettra à rire pour se moquer de cette question.

N'importe, ajoutez : « Qui vous aime mieux, de cette table ou de cette chaise ? » Il rira encore. Continuez. « Et la fenêtre, est-elle bien sage ? » Puis essayez d'aller plus loin. « Et cette poupée, vous répond-elle quand vous lui parlez ? — Non. — Pourquoi ? Est-ce qu'elle n'a point d'esprit ? — Non, elle n'en a pas. — Elle n'est donc pas comme vous, car vous la connaissez, et elle ne vous connaît point[1]. »

Fénelon donne encore des règles pour l'usage à faire des récits, afin d'en tirer le meilleur parti pour l'éducation et d'exciter la curiosité, la faim et la soif de l'instruction.

« Quand vous avez raconté une fable, attendez que l'enfant vous demande d'en dire d'autres ; ainsi laissez-le toujours dans une espèce de faim d'en apprendre davantage ; ensuite, la curiosité étant excitée, racontez certaines histoires choisies, mais en peu de mots ; liez-les ensemble et remettez d'un jour à l'autre à en dire la suite, pour tenir les enfants en suspens et leur donner de l'impatience de voir la fin ; animez vos récits de tons vifs et familiers, faites parler tous vos personnages. Les enfants, qui ont l'imagination vive, croiront les voir et les entendre. »

C'est la méthode qu'emploient les feuilletons des revues et des journaux, méthode qui réussit si bien pour les grandes personnes, car les hommes sont de grands enfants. Remarquer aussi l'importance du ton ; elle n'est pas petite : il est bon de savoir, avec les enfants, dramatiser toujours un peu ce qu'on leur dit, afin de captiver leur attention.

III. — Le maître peut donc tirer un immense parti de la curiosité des enfants. Mais il doit aussi la modérer : ne pas leur permettre d'interrompre, par une sorte d'impatience, des expli-

[1] Voir *Méthodologie de l'Enseignement de la Philosophie*, des questions analogues, page 36, ch. II, III.

cations préalables dont ils ont besoin pour satisfaire l'objet principal de leur curiosité; les accoutumer à suivre l'enchaînement des idées; ne pas tolérer que leurs questions donnent des ouvertures sur des digressions inutiles, — il y en a d'utiles et qu'il faut même provoquer; — donner des leçons synthétiques au commencement d'un cours pour élargir d'avance les horizons, exposer des idées d'ensemble, faire désirer les détails, en indiquant la place; amorcer par un mot, par une question, après certaines leçons, la leçon suivante.

Enfin il faut, en satisfaisant la curiosité de l'enfant, se proposer de l'amener à raisonner juste. C'est le but même que Fénelon assigne à tous les efforts tentés en ce sens. Et voici une page qu semble résumer toute sa méthode :

« De toutes les qualités qu'on voit dans les enfants, il n'y en a qu'une sur laquelle on puisse compter, c'est le bon raisonnement; il croît toujours avec eux, pourvu qu'il soit bien cultivé : les grâces de l'enfance s'effacent, la vivacité s'éteint, la tendresse du cœur se perd même souvent, parce que les passions et le commerce des hommes politiques endurcissent insensiblement les jeunes gens qui entrent dans le monde. Tâchez donc de découvrir, à travers les grâces de l'enfance, si le naturel que vous avez à gouverner manque de curiosité, et s'il est peu sensible à une honnête émulation. Il faut remuer promptement tous les ressorts de l'âme de l'enfant pour le tirer de cet assoupissement.

« Si vous prévoyez cet inconvénient, ne prenez pas d'abord les instructions suivies; gardez-vous bien de charger sa mémoire; ne le fatiguez point par des règles gênantes; égayez-le : puisqu'il tombe dans l'extrémité contraire à la présomption, ne craignez point de lui montrer avec discrétion de quoi il est capable. Contentez-vous de peu; faites-lui remarquer ses moindres succès; représentez-lui combien mal à propos il a craint de ne pouvoir réussir dans ces choses qu'il sait bien; mettez en œuvre l'émulation. »

Que de peines on peut épargner à l'enfant et s'épargner à soi-même en mettant judicieusement en pratique le conseil de Fénelon ! On gagne du temps en paraissant en perdre, on abrège le chemin, puisque, par sa curiosité, l'enfant *vient au-devant de l'instruction* et se met de lui-même dans la voie qui y conduit. On n'a pas l'air de l'y contraindre, on semble uniquement se rendre à ses désirs et causer ou travailler avec lui pour lui être agréable.

Toute la pédagogie de Fénelon semble se trouver dans ce chapitre au titre suggestif : INSTRUCTIONS INDIRECTES : IL NE FAUT

PAS PRESSER LES ENFANTS. Nous en détachons ces lignes pour finir. « Remarquez un grand défaut des éducations ordinaires : on met tout le plaisir d'un côté et tout l'ennui de l'autre : tout l'ennui dans l'étude, tout le plaisir dans les divertissements[1]. Que peut faire un enfant, sinon supporter impatiemment cette règle, et courir ardemment après les jeux ?

« Tâchons donc de changer cet ordre : rendons l'étude agréable ; cachons-la sous l'apparence de la liberté et du plaisir.[2] »

Pensées. — De tous les penchants de la nature, la curiosité est celui qui est le plus fécond ou le plus stérile en résultats effectifs, selon qu'il est bien ou mal dirigé.

« La curiosité n'est pardonnable, et devient même alors une louable qualité, que lorsqu'elle est conduite par le désir de s'instruire dans les devoirs de son âge et de son état. » (CHASSEVENT.)

« Un enfant ne doit questionner qu'une fois, n'écouter que lorsqu'on l'y invite, ne toucher qu'à ce qu'on lui permet de prendre, ne regarder que ce qu'on l'autorise à voir. » (CHASSEVENT.)

Autres sujets. — 1. Fénelon a dit :
« La curiosité des enfants est un penchant de la nature qui va comme au-devant de l'instruction ; ne manquez pas d'en profiter. »
Expliquer cette pensée, l'apprécier et l'appliquer particulièrement aux divers degrés de l'enseignement primaire. (Certificat d'aptitude à l'inspection primaire, 1893.)

2. De la curiosité. — La définir. Formes diverses qu'elle peut prendre. Ses avantages et ses dangers. (Br. él. Grenoble, Aspirantes, 1904 ; Paris, 1899 et 1907.)

3. La curiosité est-elle toujours un défaut ? N'est-elle pas parfois une qualité ? Donner des exemples. (Br. él. Paris, Aspirantes, 1896, 1909.)

4. Développer cette pensée de Rousseau (*Émile*, liv. V) :
« On n'est curieux qu'à proportion qu'on est instruit. » (Br. sup. Dijon, Aspirants, 1911.)

---

[1] Voir le développement de cette idée, 1er vol., 5e partie, XXI.
[2] Voir : 2e vol., 7e p., 6 et 7 sur la *Curiosité*. — Voir aussi Tables analytique et alphabétique des 3 vol. de la Comp. française, p. 28, au mot : *Curiosité*.

5*

XL

Développer cette pensée :

« Ne me parlez point de gens incapables d'émulation,
il n'y a rien de bon à en espérer. »

(Mme DE MAINTENON.)

Sommaire. — Trois parties :

1º Caractériser l'émulation et indiquer les penchants généreux dont elle dérive.

2º Indiquer les effets de l'émulation.

3º Il est facile d'établir, par quelques faits, que la pensée de Mme de Maintenon est la conclusion naturelle de ces deux premières parties, à savoir : qu'on ne peut rien attendre de quelqu'un qui est incapable d'émulation.

Développement.

I. — Qu'est-ce que l'émulation? C'est le désir d'imiter, d'égaler ou de surpasser ses semblables en vertu, en mérite, en gloire.

L'émulation est un sentiment complexe, qui tient à la fois des instincts de sociabilité, d'imitation, et de certaines inclinations personnelles, telles que : l'estime de soi, le sentiment de l'honneur, le désir de l'excellence, le besoin d'approbation ou d'estime.

Elle est la marque d'une âme noble et forte. Bossuet la caractérise ainsi : « L'émulation qui naît en l'homme de cœur, quand il voit faire aux autres de grandes actions, enferme l'*espérance* de les pouvoir faire, parce que les autres les font, et un sentiment d'audace qui nous porte à les entreprendre avec confiance. »

II. — L'émulation délivre des préoccupations égoïstes, excite au travail, ne permet pas de se reposer sur les résultats obtenus, donne le tourment du mieux, lutte avec avantage contre la paresse, contre l'abandon de soi-même, contre toutes les inclinations perverties qui font obstacle au développement de nos facultés.

Bien dirigé, ce sentiment est un des éléments essentiels au perfectionnement des sociétés et des individus. L'histoire des progrès du commerce et de l'industrie, comme des sciences, des lettres et des arts, n'est, le plus souvent, que l'histoire de l'émulation.

C'est à l'aide de ce sentiment que les grands capitaines ont obtenu de leurs troupes des prodiges de bravoure et de dévouement, qu'un patron stimule ses ouvriers, qu'un père de famille combat les mauvaises inclinations de ses enfants, qu'un maître excite ses élèves à l'amour du travail.

III. — On le voit, il suffit de caractériser l'émulation, d'indiquer les penchants généreux dont elle dérive et de considérer ses effets, pour se convaincre de la vérité de la parole de Mme de Maintenon.

Qu'attendre de quelqu'un qui est incapable d'émulation ? en qui les instincts de sociabilité, d'imitation, d'estime de soi, le sentiment de l'honneur, le désir de l'excellence, le besoin d'approbation et d'estime, la crainte du blâme, semblent ne pas exister ? Comment le stimuler ? Comment l'exciter au travail, à la poursuite du vrai, du bien, du beau, à la conquête de la science, à la pratique de la vertu, à son perfectionnement physique et moral ? On n'a pas de prise sur lui ; on ne sait sur quoi s'appuyer pour 'amener à un effort. On ne peut rien en tirer de bon : il sera l'esclave de la paresse et de tous les vices qu'elle engendre.

Lectures. — *L'Émulation.* — L'émulation est, malgré les apparences, tout le contraire de l'envie. Elle est une tendance qui nous dispose à nous réjouir de la supériorité d'autrui et à faire effort, en même temps, pour l'égaler et, s'il se peut, la surpasser. L'émulation est donc un hommage sincèrement rendu à ce qu'il y a de meilleur chez nos semblables, puisque, sans chercher à les diminuer, nous ne croyons pas pouvoir donner à notre activité un plus noble but que de les prendre pour modèles. Elle est la condition de tout progrès, intellectuel, moral, social ; elle élève sans cesse au-dessus d'eux-mêmes individus, corporations, générations. L'envie est inerte, ou elle n'agit que pour nuire. L'émulation est infatigable pour le mieux ; elle voudrait les autres plus parfaits encore, afin d'avoir à monter toujours plus haut. Elle est la forme la plus délicate du respect dû à la personne humaine. Les émules s'aiment et s'estiment ; ils s'estiment, parce que chacun reconnaît avec joie les qualités et les vertus de l'autre ; ils s'aiment, parce qu'on aime qui nous inspire le courage et la pensée de devenir toujours meilleur. Dans l'enfance et la jeunesse, entre camarades surtout, elle forme de ces amitiés qui peuvent embellir toute une vie. Ceux qui, dans une classe, se disputent les premières places, sont généralement unis par la plus charmante intimité ; et plus tard, même si les hasards de l'existence les ont séparés, ils se souviennent avec émotion du rival qui, d'un cœur sincère, applaudissait à leurs triomphes, comme ils étaient prêts à applaudir aux siens. C'est donc par une injuste défiance que certains pédagogues ont prétendu proscrire l'émulation. (L. CARRAU. — Texte de dictée, Br. él. Paris, Aspirants, 1897.)

— Il n'est que juste de l'avouer, l'émulation est à part entre toutes les formes que revêt l'esprit de rivalité. Le mot ne se prend qu'en bonne part. Il désigne, à l'encontre de la jalousie et de l'envie, le désir actif et généreux, le besoin avoué et même noble d'égaler d'abord, de surpasser s'il se peut, toujours par de bons moyens, les mérites, les talents, les succès d'un autre en ce qu'ils ont de particulièrement honorable. C'est un sentiment très vif, qui suppose l'énergie, mais qui excite au plus haut point celle que l'on a et en augmente beaucoup l'effet. Un bon cheval ne souffre pas d'être dépassé à la course, et donne, pour ne pas l'être, son maximum de vitesse. L'indifférence à cet égard est, au contraire, le signe d'une grande pauvreté de sang. De même pour les enfants : les mieux doués sont, au travail comme au jeu, pleins d'une émulation joyeuse, qui seule leur fait donner toute leur mesure ; manquer tout à fait de ce sentiment n'est certes pas un signe de supériorité ni une promesse de brillant développement. On comprend donc à merveille qu'une tendance si générale à la fois et si honorable ait été utilisée dans l'éducation. Une infériorité notoire des éducations privées, c'est que l'émulation y fait défaut, et l'on croit souvent, avec raison, devoir y remédier en donnant par exemple aux jeunes princes des compagnons d'études. Au contraire, parmi les avantages de l'éducation en commun, et principalement des écoles publiques, on compte à bon droit celui de placer l'enfant dans les conditions mêmes de la vie sociale et de le préparer à ses luttes.

L'esprit de lutte jouant dans nos sociétés un rôle immense, ce serait déjà un progrès moralement, que d'y faire prédominer l'émulation de bon aloi sur les rivalités mauvaises. (H. MARION, Colin, éditeur. — Texte de dictée, Br. él. Lille, Aspirants, 1900[1].)

Autres sujets. — 1. Qu'est-ce que l'émulation ?
A quelles conditions peut-elle être bienfaisante et féconde dans l'éducation des enfants ? (Br. sup. Montpellier, Aspirants, 1896.)

2. Dans le IIe livre de l'*Émile*, J.-J. Rousseau condamne l'émulation, qu'il appelle « une passion dangereuse ». C'est qu'il confond l'émulation avec la jalousie.
Définissez nettement ces deux sentiments, et faites-en ressortir la différence.
Montrez que l'émulation, quand elle est bien réglée, est un précieux stimulant dans une école, et qu'elle constitue un des principaux avantages de l'éducation publique. (Br. sup. Paris, Aspirantes, 1901. Et Montpellier, Aspirants, 1914.)

3. L'émulation et l'envie. — Distinguez ces deux sentiments en expliquant et appréciant ces vers de Voltaire :

> De l'émulation distinguez bien l'envie :
> L'une mène à la gloire et l'autre au déshonneur.
> L'une est l'aliment du génie,
> Et l'autre, le poison du cœur.

(B. él. Charente, Aspirants, 1893 ; Rennes, Aspirants, 1900.)

---

[1] Voir, sur l'Émulation, *Cours de Philosophie*, par F. J., 6e leçon de Psychologie, p. 117.

4. Un de vos amis se propose d'élever son fils à la maison paternelle.

Ecrivez-lui pour lui démontrer les avantages de l'éducation en commun : émulation, assouplissement du caractère, formation d'amitiés durables. (Br. él. Paris, Aspirants, 1903.)

5. L'émulation, a dit La Bruyère, est un sentiment volontaire, courageux, sincère, qui rend l'âme féconde, qui la fait profiter des grands exemples, et la porte souvent au-dessus de ce qu'elle admire.

L'envie, dit le même auteur, est l'aveu contraint du mérite qui est hors d'elle : elle va même jusqu'à nier la vertu dans les sujets où elle existe ; ou si elle est forcée de la reconnaître, lui refuse les éloges et les récompenses, passion stérile, vice honteux.

Montrer, d'après cela, les ressemblances et les différences qui existent entre ces deux sentiments ; et tirer de là un précepte pédagogique. (LA BRUYÈRE, *Les Caractères*.) (Br. sup. Nancy, Aspirants, 1908.)

XLI

Mᵐᵉ de Maintenon disait souvent à ses élèves :

« *Soyez simples.* »

Indiquez en quoi consiste la simplicité, comment elle se manifeste dans le ton, le maintien, les paroles, et pourquoi elle est une qualité essentielle.

(Br. él. Montpellier, Aspirantes, 1897 ; Paris, 1910.)

Sommaire. — Trois parties :

1º Ce qu'est la simplicité. S'en faire une idée large, compréhensive. Toutes les vertus sont simples. Le vrai, le bien, le beau, sont simples.

2º Dire, de façon précise et concrète, comment la simplicité se manifeste dans le ton, le maintien, les paroles.

3º Les raisons pour lesquelles elle est une qualité essentielle doivent résulter de la manière dont elle a été caractérisée dans la première partie.

Développement.

I. — Simple signifie : qui n'est pas composé, pas double, pas compliqué ; sans ornements artificiels, sans faste ni ostentation, sans affectation ni recherche, sans déguisement ni malice.

La sincérité, la franchise, la loyauté, la droiture, l'honnêteté, sont des formes de la simplicité. La modestie également : comment être modeste, si l'on n'est pas simple ?

La dissimulation, la duplicité, la déloyauté, le mensonge, l'hypocrisie sont ses contraires.

Le vrai, le bien, le beau, la raison, le bon sens, le génie, qui est un bon sens supérieur, le naturel, la vertu, sont simples. Tout ce qui manque de simplicité les altère.

On a dit qu'un des principaux caractères de la beauté, c'est la simplicité, et que le sublime ne va pas sans elle. La seule simplicité d'un récit fidèle, affirme Bossuet, pourrait soutenir la gloire du prince de Condé. Cette exclamation : « Madame se meurt ! Madame est morte ! » dans l'oraison funèbre d'Henriette d'Angleterre, n'eût pas produit une si forte impression, n'eût pas été sublime, sans la simplicité des mots et du tour.

Mêmes remarques pour ce vers de Corneille :

Que voullez-vous qu'il fît contre trois ? — Qu'il mourût.

On a dit aussi que ce qui caractérise les hommes supérieurs, c'est le talent de réduire les questions au plus grand po'nt de simplicité, et qu'il serait plus difficile à un écrivain d'être simple que d'être grand, si l'on pouvait être grand sans être simple. La grande distinction, c'est la grande simplicité.

II. — On est simple dans le ton, quand on a des manières, des habitudes, des mœurs conformes aux convenances de son état ou de sa situation, s'écartant également de la hauteur orgueilleuse et de la basse vulgarité ou trivialité. Le ton simple, le bon ton, est toujours distingué ; il n'a jamais rien de vulgaire ni de trivial.

On est simple dans le maintien, quand on évite toute affectation dans ses vêtements, dans sa toilette, dans sa démarche, dans la façon de se tenir et de se présenter.

On est simple dans ses paroles, quand elles sont la fidèle expression de la vérité ; quand elles sont en parfaite conformité avec ce que l'on pense et ce que l'on sent, quand elles ne l'affaiblissent ni ne l'exagèrent, quand elles le mettent au point avec mesure et avec tact ; quand on ne déclame pas, quand on ne donne aux choses que l'accent qui leur convient et que le bon sens ou le bon goût indique.

III. — L'importance de la simplicité ressort de ce que nous venons de dire. Être simple, en effet, c'est être sincère, franc, loyal, droit, honnête ; c'est fuir la dissimulation, la duplicité, la déloyauté, le mensonge, l'hypocrisie, l'ostentation ; c'est aimer le vrai, le bien, le beau, le naturel, la raison, le bon sens, la vertu.

La simplicité, si on l'entend bien, est impliquée dans toutes les qualités, dans toutes les vertus, qui sont de justes milieux, nous disent Aristote et saint Thomas.

Tout défaut, tout vice, est contraire à la simplicité. « Je ne crains point d'assurer, dit Bossuet, que pour régler notre conscience dans la plupart des devoirs du christianisme, la simplicité et la bonne foi sont de grands docteurs. »

IV. — Mme de Maintenon, cette admirable éducatrice, avait donc bien raison de recommander souvent à ses élèves d'être simples.

Lecture. — *Mme de Maintenon éducatrice.* — Ce que Mme de Maintenon recherche dans l'enfant, c'est avant tout le naturel et la simplicité. Assurément, elle ne pense pas à supprimer, ni même à atténuer dans l'éducation l'effort nécessaire. Elle ne demande pas, « qu'on n'oblige point les enfants d'apprendre tout ce qu'il faut qu'ils sachent, parce que cela leur fait de la peine » ; mais elle prend grand soin de ne pas laisser confondre la légèreté et la dissipation avec le besoin de mouvement et d'activité ; elle ne veut pas « qu'on juge qu'une fille est légère, parce qu'elle sort de son banc, ou parce que, après avoir lu quelques lignes, elle regarde un oiseau qui vole. Cette légère vaudra peut-être mieux qu'une sournoise qui paraît plus sage ; ce n'est pas même parler juste de dire qu'elle est légère, car cette joie, cette vivacité, ce pétillement des enfants qui fait qu'ils ne peuvent demeurer en place est un effet de la jeunesse ; on est ravi de se sentir jeune, d'avoir de la santé ; on n'a rien dans l'esprit ; si quelque chose fâche, cela ne dure guère. » Bien plus, elle aime ces bonnes filles qui se découvrent et qui se donnent. Rien ne vaut, à ses yeux, l'esprit de droiture et de franchise, dût-il s'y joindre quelques défauts, que corrigeront l'âge et la raison. Ce qu'elle redoute, ce qu'elle poursuit impitoyablement, ce sont les dissimulations, les cachotteries, les mystères, les esprits retors et difficultueux qui se retranchent, se dérobent et mettent tout le monde mal à l'aise : « On ne tue pas, disait-elle énergiquement, un monstre caché. » (O. GRÉARD, *Mme de Maintenon*, Introduction. — Hachette, éditeur. — Texte de dictée, Doubs, Aspirantes, 1896.)

Autres sujets. — 1. Montrer combien la simplicité dans la tenue et la modestie dans les goûts sont choses précieuses pour une jeune fille. (Br. él. Pas-de-Calais, Aspirantes, 1894.)

2. On dit d'une jeune fille qu'elle est la joie de la maison. Montrer quelles qualités elle doit posséder pour mériter ce titre. (Br. él. Paris, Aspirantes, 1899.)

3. Faites le portrait de deux jeunes filles, dont l'une se montre telle qu'elle est, dont l'autre, au contraire, essaye de paraître ce qu'elle n'est pas.

Puis montrez les conséquences de la conduite de l'une et de l'autre, et concluez. (Br. él. Poitiers, Aspirantes, 1905.)

4. Lettre d'une jeune fille à sa sœur, qui s'était vantée de sa « finesse », et qui répétait, après tant d'autres, que « la ruse est l'arme de la femme ». (Br. él. Paris, Aspirantes, 1898.)

5. Lettre d'une sœur aînée à une jeune fille qui s'était vantée de sa finesse, et qui répétait, après tant d'autres, que la ruse est l'arme des femmes.

La finesse est un manque de sincérité ; elle ressemble par certains côtés au mensonge et à l'hypocrisie ; elle a des conséquences fâcheuses. On s'habitue à déguiser sa pensée ; on se défie d'autrui ; on se trompe sur les sentiments des autres hommes ; on finit par perdre soi-même tout crédit. Éloge de la jeune fille simple et franche. (Br. sup. Doubs, Aspirantes, 1893.)

6. La Bruyère dit :

« Quelques jeunes personnes ne reconnaissent point assez les avantages d'une heureuse nature et combien il leur serait utile de s'y abandonner ; elles affaiblissent ces dons du ciel, si rares et si fragiles, par des manières affectées et par une mauvaise imitation ; leur son de voix et leur démarche sont empruntés ; elles se composent, elles se recherchent, regardent dans un miroir si elles s'éloignent assez de leur naturel. Ce n'est pas sans peine qu'elles plaisent moins » (chap. iii).

Développer sous forme de lettre : une institutrice à une jeune fille sortie de l'école. (Br. sup. Paris, Aspirantes, 1903.)

7. Dites quelles sont, à votre avis, les qualités qui font dire d'une jeune personne : « C'est une jeune fille bien élevée. » (Br. él. Paris, Aspirantes, 1899.)

8. Faites l'éloge de la simplicité. — Indiquez les différentes formes qu'elle peut revêtir, et montrez son importance dans les relations sociales. (Br. él. Lille, Aspirantes, 1908 ; Toulouse, 1915.)

9. Que faut-il entendre par l'élégance ? Énumérez diverses sortes d'élégance (manières, toilette, mobilier, etc.).

L'élégance est-elle incompatible avec la simplicité ? Est-elle une qualité ou un défaut ? (Br. él. Rennes, Aspirantes, 1911.)

10. Exposez vos réflexions à propos de ces vers de La Fontaine :

> Ne forçons point notre talent,
> Nous ne ferions rien avec grâce.

Trouvez quelques exemples à l'appui de vos conclusions. (Br. él. Paris, Aspirants, 1912.)

11. Un poète contemporain, Verlaine, parlant de la vie domestique, a dit :

> La vie simple, aux travaux ennuyeux et faciles,
> Est une œuvre de choix qui veut beaucoup d'amour.

Expliquez ces paroles et dites ce que vous en pensez. (Br. sup. Poitiers, 1915.)

XLII

Exactitude, ordre, propreté. Dites ce que vous pensez de ces qualités. Comment en ferez-vous contracter l'habitude, quand vous serez instituteur?

(Br. él. Évreux, Aspirantes, 1887; Aspirants, 1895.)

Sommaire. — Dans une *première partie*, caractériser ces trois qualités, de façon à montrer l'estime qu'on en fait ; — dans une *seconde* comment on procède pour en faire contracter l'habitude par ses élèves.

Développement.

I. — Ce sont de très précieuses qualités.

L'exactitude est la conformité rigoureuse avec la règle. Non seulement l'élève exact ne manque pas la classe, mais il arrive constamment à l'heure, après avoir étudié ses leçons et fait ses devoirs. Il est où il doit être, il fait ce qu'il faut faire. On peut compter sur lui : si on le charge d'un emploi, il s'en acquittera ; si on lui donne une commission, il la fera au moment et de la manière qu'on lui aura indiquée.

L'exactitude fait partie de l'ordre.

L'ordre a une place pour chaque chose et met chaque chose à sa place. Qu'est-ce qu'une vie sans ordre ? Une vie décousue où rien ne tient à rien, une dépense faite au hasard et sans but des forces et du temps. La raison veut l'ordre en toute chose : elle le cherche partout, elle veut le mettre partout. Aimer l'ordre, c'est aimer la raison.

La propreté est une forme du respect de soi-même et des autres, une des conditions de la santé et un des premiers devoirs de l'homme envers lui-même : où elle manque, manque aussi généralement la dignité personnelle. « Je ne sais, disait Henri IV, comment on peut se dispenser de civilité et de propreté, lorsqu'il ne faut qu'un verre d'eau pour être propre et qu'un coup de chapeau pour être poli. »

II. — Pour faire contracter à mes élèves l'habitude de ces qualités, je leur en parlerai avec conviction et leur en donnerai l'exemple.

Je commencerai et finirai ma classe à la minute marquée par

le règlement; les leçons de même. Je veillerai à ce qu'on ne puisse jamais me trouver en faute, relativement à l'exactitude.

Quant à l'ordre et à la propreté de l'école, ils seront l'objet de ma sollicitude constante. Tout y sera à sa place, et le balayage se fera chaque jour, autant de fois qu'il sera nécessaire. J'exigerai que mes élèves viennent à l'heure, que les leçons soient sues et les devoirs faits régulièrement, exactement; qu'il y ait dans chaque pupitre une place pour les cahiers, les livres, l'encrier, les plumes, et le reste; que tous ces objets soient disposés avec ordre et demeurent dans un état d'intégrité et de propreté aussi parfait que possible.

Je ferai des visites d'ordre et de propreté. Les mains, le visage, les habits, les cahiers, les livres, seront fréquemment passés en revue.

Lectures. — *Exactitude, ordre, propreté.* — On peut récompenser certaines qualités dont l'acquisition exige des efforts de chaque jour, de chaque heure, de chaque instant, qualités que l'enfant ne peut feindre par calcul et par intérêt, et qui sont d'une constatation facile et sûre. De ce nombre sont l'*exactitude*, l'*ordre* et la *propreté*. Elles se révèlent par la répétition fréquente de menus actes qui, pris séparément, n'ont pas sans doute une haute valeur, mais dont l'ensemble constitue des habitudes précieuses, qui forment les meilleures conditions et comme les garanties de la moralité.

En effet, l'exactitude et l'assiduité témoignent d'une volonté qui sait se plier à la règle, et sont par là même une véritable préparation à la pratique de la vertu; l'ordre et le soin me semblent aussi le gage et la promesse d'une vie bien réglée, car il existe des affinités naturelles, et par suite il s'établit des rapports sensibles entre la vie extérieure et matérielle de l'homme et sa vie intime et morale; enfin la propreté en toutes choses et surtout dans la mise, propreté qui se concilie sans peine avec la simplicité la plus grande, et qui n'a rien de commun avec la recherche, développe et fortifie dans l'enfant, dans le jeune homme, le sentiment de la dignité personnelle, qui lui-même devient par la suite un préservatif contre les excès qui avilissent et dégradent. (VESSIOT, *De l'Éducation à l'école*, XIII.)

Causes de l'inexactitude. — L'inexactitude ne part pas d'une cause, comme la plupart des défauts; elle part de plusieurs causes, elle tient à l'âme humaine par plusieurs petites racines différentes, et c'est précisément ce qui la rend si difficile à déraciner. Tantôt elle vient de la paresse, tantôt de la lenteur des mouvements, tantôt de la maladresse des doigts. Une foule de gens sont inexacts, parce que leurs mains s'embrouillent dans toute espèce de préparatifs; parfois le manque d'ordre dans les idées amène l'inexactitude : tous les brouillons sont inexacts; souvent il faut en accuser ou l'imprévoyance, ou la mobilité dans les idées, ou l'inaptitude à mesurer le temps.

J'ai connu des inexacts qui étaient toujours en retard, parce qu'ils se croyaient toujours en avance. Ils sont de la famille du lièvre de La Fontaine. « J'ai bien le temps » est leur mot. L'amour-propre a sa part dans ce genre d'inexactitude ; sûrs de leur facilité, ces gens-là ne commencent les choses que quand il faudrait penser à les finir.

Il y a encore les inexacts par imagination. La vivacité de leurs impressions leur ôte le sentiment du temps ; une fleur, un livre, une idée qui leur vient à l'esprit les emmène tout à coup à mille lieues de ce qu'ils ont à faire.

Enfin le bavardage est une grande cause d'inexactitude ; bavarder c'est, comme on dit, s'oublier ; en d'autres termes, c'est oublier tout ce dont on doit se souvenir.

Je pourrais vous citer les inexacts qui font attendre tout le monde par égoïsme, parce qu'ils n'aiment pas à se gêner et qu'ils s'inquiètent très peu de troubler les autres, pourvu qu'ils ne se troublent pas eux-mêmes. (E. Legouvé, Hetzel, éditeur.) — (Texte de dictée. Br. él. Poitiers, Aspirantes, 1905.)

Pensées. — « Être exact, c'est avoir la conscience de son devoir et la volonté de le remplir. » (Cardinal Donnet.)

« L'esprit d'ordre range la vie comme une maison bien tenue. »
(Chatel.)

« L'esprit d'ordre ne dégénère en ridicules minuties que chez les gens médiocres. » (Chatel.)

« La propreté sert à témoigner le respect que l'homme a pour soi-même. » (Bacon.)

Autres sujets. — 1. On vous a maintes fois vanté l'ordre, la propreté et le bon goût comme des qualités essentielles entre toutes celles que doit posséder la jeune fille.

Dites-nous si vous avez été sincèrement convaincue de la nécessité de ces qualités, et quels efforts vous avez faits pour suivre les conseils qui vous ont été donnés à leur sujet. (Br. él. Lille, Aspirantes, 1900.)

2. Portrait d'un enfant malpropre et désordonné.

Dites les sentiments qu'il inspire.

En terminant, indiquez les conséquences de la malpropreté et du désordre. (Br. él. Toulouse, Aspirantes, 1901.)

3. Ordre et économie.

Dites ce que vous entendez par l'ordre et l'économie.

Montrez que ces qualités, particulièrement précieuses pour une femme, sont la meilleure dot d'une jeune fille.

Que peut-elle faire pour les acquérir ? (Br. él. Paris, Aspirantes, 1899.)

4. Quels sont les avantages de l'exactitude et les inconvénients de l'irrégularité dans la vie scolaire et dans les occupations du ménage (Br. él. Alger, Aspirantes, 1901.)

5. Voltaire a dit :

« Il y a quatre manières de perdre son temps :

Ne rien faire ; — Ne point faire ce qu'on doit ; — Le mal faire ; — Le faire à contretemps. »

Démontrez, en vous appuyant sur des exemples, la vérité de ce précepte. (Br. él. Alger, Aspirants, 1904.)

6. Définir les mots : *économie, prodigalité, avarice.*

Donner des exemples.

Pourquoi et comment une enfant doit-elle être économe ? (Br. él. Alger, Aspirantes, 1903.)

7. Raymond est venu en classe avec un morceau de pain pour son goûter. Quand sa faim a été apaisée, il jeté dans la boue ce qui lui restait. Le maître lui a fait des reproches à ce sujet. Racontez cette scène avec quelques détails ; rapportez les paroles du maître, et dites quelles résolutions vous avez prises en cette occasion. (C. É. P. Lille, 1901.)

8. Vous avez dans votre classe un camarade dont la tenue est toujours négligée. Donnez-lui des conseils et montrez-lui pour quelles raisons il faut être propre. (C. É. P., 1899.)

9. On a dit que « l'ordre a trois avantages, il soulage la mémoire, ménage le temps, conserve les choses ». Expliquez cette pensée par des exemples empruntés à votre expérience quotidienne. (Br. él. Aix, Aspirants, 1908 ; Caen, 1909.)

10. L'exactitude : en quoi consiste-t-elle ?

Montrez l'importance de cette qualité pour l'écolier et pour chacun de nous plus tard dans la vie. (Br. él. Clermont, Aspirants, 1909.)

11. Exactitude. — Ordre. — Propreté. — Définissez ces trois mots, et faites l'application des qualités qu'ils expriment d'abord à l'écolière, ensuite à la femme du ménage. (Br. él. Paris, Aspirantes, 1911.)

12. S'adressant à des fillettes d'école communale, qu'il exhorte à devenir de bonnes ménagères, M. Ernest Lavisse rappelle tout ce qu'il doit à la bonne influence de sa chère maison familiale : « Si je rappelle que je suis sorti d'une maison bien modeste, c'est pour avoir l'occasion de la remercier, ma maison natale qui fut propre, bien rangée, prévoyante, ambitieuse pour moi, honnête, tendre, et dont le souvenir m'est doux comme une caresse. »

Prenant pour texte ces paroles charmantes, vous montrerez toute l'importance morale de l'ordre, de la propreté, de la grâce dans l'aménagement domestique, de l'économie et de la prévoyance dans le gouvernement d'une maison. (Br. sup. Poitiers, Aspirants et Aspirantes, 1911.)

---

1 Voir 1er vol., 2e part., XXIII, et 2e vol., 5e part., XVIII.

XLIII

Quelle différence y a-t-il entre l'amitié et la camaraderie ?
(Br. él. Lyon, Aspirants, 1899.)

Sommaire. — L'amitié et la camaraderie ont leur origine dans les mêmes inclinations naturelles : la sociabilité et la sympathie. C'est là leur fond commun.

La camaraderie est plutôt collective, l'amitié plutôt élective.

Les devoirs de l'amitié et de la camaraderie sont les mêmes, ceux-là plus intimes, plus profonds que ceux-ci, à cause de la différence des rapports.

Le sujet comporte, en toutes ses parties, non seulement des différences, mais des ressemblances et des nuances qu'il faut signaler.

Développement.

Toutes deux ont leur origine psychologique dans les inclinations qu'on appelle aujourd'hui *altruistes*, dans les instincts de sociabilité et de sympathie. « Il paraît manifestement, dit Bossuet, que le plaisir de l'homme, c'est l'homme. » L'homme a besoin de l'homme : ils sont faits pour s'aimer, pour s'unir, pour s'aider.

La camaraderie est le lien particulier qui existe entre des gens qui vivent ensemble d'une même vie, qui ont les mêmes habitudes, les mêmes occupations. Camarade, dit Littré, est d'origine militaire et signifie : de la même chambrée[1]. On dit des camarades de régiment et, par extension, des camarades de collège, d'atelier.

La camaraderie et l'amitié sont des formes de la sociabilité, de la sympathie. Elles sont bienveillantes, bienfaisantes. La camaraderie est plutôt collective; l'amitié plutôt élective. Tous les élèves d'un même collège, tous les ouvriers d'un même atelier, tous les soldats d'un même régiment sont des camarades; ils ne sont pas tous des amis.

Les liens de l'amitié sont plus profonds, plus intimes que ceux de la camaraderie. Il y a les devoirs de camaraderie et les devoirs d'amitié; ceux-ci sont du même ordre, mais plus étroits que ceux-là et demandent plus d'abnégation, plus de générosité, plus

---

[1] De l'italien *camera*, chambre ; *camerata*, chambrée.

de grandeur d'âme. Sans doute on doit à un camarade, comme à un ami, la vérité, la confiance et le dévouement, mais non pas au même degré. On fera beaucoup pour un camarade; on fera plus encore pour un ami.

Un camarade n'est pas un étranger, un inconnu, un simple concitoyen; il est plus proche de nous; sa vie est en contact avec la nôtre; elle se mêle à la nôtre. A tout instant nous avons besoin de sympathiser avec lui; de recevoir de lui des marques de bienveillance et de lui en donner; des services quelconques et de lui en rendre; de lui faire plaisir, de mériter son estime et de lui manifester la nôtre.

Il y a une vraie et une fausse camaraderie, comme il y a une vraie et une fausse amitié. Il ne saurait être question ici que de la vraie camaraderie et de la véritable amitié.

Celle-là mène à celle-ci : deux bons camarades sont bien près d'être deux amis.

Où finit la camaraderie? Où commence l'amitié? Comment indiquer la ligne de démarcation?

N'est-ce pas des amitiés nées de la camaraderie que parle Paul Janet, quand il dit : « Les meilleures amitiés sont les amitiés d'enfance : nouées par l'instinct et par l'habitude, dans une entière liberté et dans cette vie commune qui laisse tout paraître, le bien comme le mal; dégagées évidemment de tout intérêt et de toute contrainte, elles pénètrent presque aussi loin dans le cœur que les affections de famille et y laissent des traces aussi profondes; ce sont celles qui se renouent le plus vite, quand elles ont été interrompues, et elles s'éteignent les dernières. »

Lectures. — *La camaraderie.* — Dans le petit monde des écoles, il y a un esprit public qui se compose par moitié d'honnêteté native et de tradition constante.

Le collège est une sorte de conservatoire grâce auquel l'esprit de justice absolue, le sentiment de l'égalité, l'instinct de la solidarité et la pratique de la loyauté ne périront jamais en France. C'est au collège seulement que celui qui a le mieux fait son devoir est sûr d'avoir la meilleure place, et personne ne se soucierait de l'obtenir autrement. C'est au collège que tous les Français sont égaux devant la loi; il n'en va pas toujours ainsi dans le monde. C'est au collège qu'une absurde et touchante fraternité entraîne quelquefois les bons élèves à faire cause commune avec les autres. C'est au collège, enfin, et pas ailleurs, que les coupables se font un point d'honneur de s'accuser eux-mêmes plutôt que de laisser punir un innocent.

Dans ce milieu d'une salubrité vraiment rare, ni la fortune ni les relations ne comptent pour rien. On n'y connaît ni les protections ni les influences; l'émulation y est toujours en éveil, mais une émulation honnête et qui ne sort jamais du droit chemin. Non certes que les écoliers soient tous de petits saints : mais ils se rectifient les uns les autres, et ils ne pardonnent jamais une faute contre l'honneur. Voilà comment la camaraderie devient une longue épreuve qui nous permet de nous apprécier les uns les autres, de nous améliorer au besoin par un contrôle réciproque, et de choisir nos amis pour la vie. Les vieux amis sont meilleurs et plus solides que les neufs, et la grande fabrique des vieux amis, c'est le collège. Ce n'est pas tout : l'école est une petite patrie dans la grande ; une patrie moins large assurément, mais plus intime. Une sorte de parenté intellectuelle et morale nous unit à tous ceux qui se sont assis sur nos bancs, soit avec nous, soit même avant ou après nous. Nous devons quelque déférence à nos aînés du collège, quelque protection à nos cadets, quelque assistance à tous ceux des nôtres qui ont éprouvé la rigueur du sort. (E. ABOUT, Hachette, édit. — Texte de dictée, Br. él. Paris, Aspirants, 1905.)

A des jeunes gens : l'amitié de collège.

Belle est l'amitié de collège !
Cultivez-la, mes chers enfants :
Elle défend, elle protège,
Elle ennoblit les jeunes ans.

Le poids des jours, elle l'allège ;
Elle sourit comme un printemps,
Et sur les fronts couverts de neige,
Elle éclate en rayons charmants.

Je vous en donne l'assurance :
Vous en ferez l'expérience,
Jusqu'aux cheveux blancs y compris.

Alors, au déclin de la route,
Aux jours fleuris rêvant sans doute,
De mes vers vous saurez le prix. (F. L.)

Autres sujets. — 1. La camaraderie. Vous direz quel est le sens de ce mot ; en quoi la camaraderie diffère de l'amitié. Ce qu'elle doit être à l'école ; la bonne influence qu'elle peut exercer, par quels moyens elle s'entretient. Qualités du cœur qu'elle développe, défauts qu'elle corrige sans l'intervention du maître. (Br. él. Paris, Aspirantes, 1905.)

2. Quelle idée vous faites-vous de la camaraderie ?

Quelles relations doivent s'établir et subsister entre les élèves d'une même école ? (Br. él. Montpellier, Aspirants, 1897.)

3. Qu'entend-on quand on dit d'un élève qu'il est « bon camarade » ?

Quelles sont les qualités, quels sont peut-être les défauts de cette sorte de caractère ? (Br. él. Caen, Aspirants, 1902 ; Dijon, Grenoble, Aspirantes, 1912.)

4. Vous avez souvent entendu dire de l'une de vos compagnes :
« C'est une bonne camarade. »

Vous examinerez si ce jugement peut toujours être accepté sans restriction comme un éloge, et vous ferez le portrait de la compagne à laquelle vous aimeriez à vous attacher, en indiquant les qualités qu'elle doit réunir. (Br. él. Clermont, Aspirantes, 1898.)

5. Qu'est-ce que la camaraderie ? Montrez ce qu'elle doit être à l'école, les qualités qu'elle développe, les défauts qu'elle corrige. (Br. él. Lyon, Aspirants, 1908.)

6. Une jeune fille en pension demande par lettre à sa mère l'autorisation de se lier avec une de ses compagnes, dont elle veut faire son amie. Elle indique les raisons qui ont déterminé son choix. (Br. él. Paris, Aspirantes, 1910.)

7. Vous avez connu à l'école de bonnes et de mauvaises camarades. A quels caractères les distinguez-vous les unes des autres ? (Br. él. Chambéry, Aspirantes, 1911 [1].)

8. « Il faut prendre nos amis avec leurs défauts, » dit Jean-Jacques Rousseau (12 août 1769).

Que pensez-vous de cette réflexion ? Ne vous semble-t-elle pas enfermer en raccourci une véritable et très juste définition de l'amitié ? Développez et expliquez cette définition. (Br. él. Lille, Aspirantes, 1912 [2].)

XLIV

Expliquez et développez la maxime suivante et, à l'aide d'exemples, montrez-en la vérité :

« Regardez ceux qui vous reprennent (ou vous réprimandent), non comme vos ennemis, mais comme vos véritables amis. »

(Br. él. Paris, Aspirantes, 1897.)

Sommaire. — On ne reprend pas, on ne réprimande pas quelqu'un à qui l'on ne veut pas du bien.

Regarder ceux qui nous reprennent comme des ennemis, c'est ne pas comprendre l'inimitié ni l'amitié.

Le véritable ami nous reproche nos fautes, nos défauts.

Qui nous reprend, qui nous réprimande plus que nos parents ? Oserions-nous les considérer comme des ennemis ?

---

[1] Voir 1er vol., 2e part., XLVIII, 5e part., XXIII, et 6e part., XXVI.
[2] Voir 1er vol., 2e partie, XLVIII ; 6e partie, XVI.

Développement.

Nous n'aimons pas à être repris, à être réprimandés. Nous avons tort. Nous devrions « aimer qu'on nous conseille et non pas qu'on nous loue ».

Si on nous reprend, si on nous réprimande, c'est qu'on nous veut meilleurs que nous ne sommes ; c'est qu'on nous veut du bien. On ne reprend pas, on ne réprimande pas quelqu'un à qui on ne veut pas de bien.

Un véritable ami nous reprend de nos défauts, nous reproche nos bévues, nos maladresses, nos fautes ; il nous veut toujours plus dignes de l'estime sur laquelle son amitié est fondée.

> Un sage ami, toujours rigoureux, inflexible,
> Sur vos fautes jamais ne vous laisse paisible.

Il ne nous flatte pas : la flatterie n'est pas l'amitié ; un flatteur n'est pas un ami. Un flatteur se moque de nous :

> Tel vous semble applaudir, qui vous raille et vous joue.

Regarder ceux qui nous reprennent comme des ennemis, c'est ne pas comprendre l'inimitié ni l'amitié. Et cependant n'est-ce pas à quoi nous sommes portés ?

Que si on nous reprend, nous disons tout de suite qu'on nous en veut, qu'on ne nous aime pas. Si nous réfléchissions, si nous nous rendions compte, nous parlerions tout autrement ; nous dirions : On nous reprend, donc on nous veut du bien, donc on nous aime. Aimer quelqu'un, c'est lui vouloir du bien.

La meilleure preuve d'amitié qu'on puisse donner à une personne, c'est de la reprendre de ses défauts, c'est de lui faire des reproches mérités, c'est de lui dire la vérité, au risque de s'attirer sa disgrâce. « Nul ne peut être l'ami d'un homme, dit saint Augustin, s'il ne l'est d'abord de la vérité. » « L'amitié n'est si divine, affirme Lacordaire, que parce qu'elle donne le droit de dire la vérité aux hommes, qui la disent si peu et l'entendent si rarement. »

On n'aime pas ou on n'aime que faiblement la personne dont on ne consentirait pas à encourir la colère pour la préserver d'une faute ou d'un danger. Vauvenargues le remarque avec beaucoup de justesse : « Il faut de grandes ressources dans l'esprit et dans le cœur pour goûter la sincérité lorsqu'elle blesse, et pour la pratiquer sans qu'elle offense : peu de gens ont assez de fonds pour souffrir la vérité et pour la dire. » Et cela justifie ce mot de La

Bruyère qu' « il y a un goût, dans la pure amitié, où ne peuvent atteindre ceux qui sont nés médiocres ».

Un véritable ami, c'est un autre soi-même ; c'est une seconde conscience plus éclairée, plus incorruptible que la première : quand celle-ci est sur le point de s'endormir ou de dévier, l'autre la réveille ou la remet dans la voie. « Notre ami nous doit être, sans comparaison, plus cher que nos yeux, dit Bossuet, parce que souvent nous voyons mieux par ses yeux que par les nôtres, et qu'il est capable de nous éclairer quand notre intérêt nous aveugle. »

Qui nous reprend et nous réprimande plus que nos parents? Oserions-nous prétendre qu'ils ne sont pas nos amis, nos véritables amis? qu'ils sont, au contraire, nos ennemis? A qui voudraient-ils du bien, s'ils ne nous en voulaient pas à nous-mêmes? De quelle amitié serions-nous dignes, si nous ne méritions pas la leur? Sur quelle amitié pourrions-nous compter, si nous nous méfiions de celle de nos parents[1]?

Pensées. — « Prenez garde, jeunes gens, de confondre les flatteurs avec les amis ; vous reconnaîtrez le véritable ami à la franchise avec laquelle il vous reprochera vos défauts et tentera de vous en corriger. » (PLUTARQUE.)

« Tant que tu seras heureux, tu seras entouré d'amis ; le malheur fera le vide autour de toi. » (OVIDE.)

Autres sujets. — 1. Pourquoi devons-nous nous défier de ceux qui nous flattent et ne pas céder au plaisir de les écouter? (Br. él. Paris, Aspirantes, 1898.)

2. « Le mal qu'on dit de nous est, pour notre âme, ce que la charrue est pour la terre : il la déchire et la féconde. »
Que signifie ce mot de Shakespeare? Avez-vous eu l'occasion d'en expérimenter vous-même la justesse? Les critiques les plus malveillantes dont vous avez été l'objet ne vous ont-elles pas porté profit? (Br. sup. Chambéry, Poitiers, 1911.)

---

[1] Voir 1ᵉʳ vol., 4ᵉ part., XLII, et 3ᵉ vol., 6ᵉ partie, XIII et XIV : *On ne peut être l'ami d'un homme sans l'être d'abord de la vérité.*

XI

Suggestion, Confiance, Dévouement, Admiration.

XLV

On a dit que l'art de conduire les jeunes gens consiste avant tout à les supposer aussi bons que l'on souhaiterait qu'ils fussent.

Que pensez-vous de cette assertion?

Sommaire. — L'assertion est juste.

Pour le montrer, s'adresser quelques questions suggestives, par exemple :

Ne suffit-il pas, bien souvent, de dire ou de laisser croire à des enfants, à des jeunes gens, qu'on leur suppose telle ou telle bonne qualité, pour qu'ils s'efforcent de justifier cette opinion?

Le contraire n'est-il pas vrai? etc.

Cette assertion, vraie pour l'éducation, ne l'est-elle pas aussi pour l'instruction?

Développement.

Cette assertion est juste. Il suffit, en effet, bien souvent, de dire ou de laisser croire à des enfants, à des jeunes gens, qu'on leur suppose telle ou telle bonne qualité, pour qu'ils s'efforcent de justifier cette opinion. Au contraire, leur supposer des sentiments mauvais, c'est souvent les leur inspirer. Croire à la méchanceté de quelqu'un, c'est le rendre, en général, plus méchant qu'il n'est.

« Il faut croire au bien, a dit de Bonald, pour le pouvoir faire; » il eût pu ajouter : et y faire croire, pour pouvoir le faire faire.

Il faut donc, en éducation, présupposer la bonté et la bonne volonté, non la méchanceté et la mauvaise intention. Un enfant, par exemple, a commis un action répréhensible : faut-il, en le blâmant, interpréter l'action dans son sens le plus mauvais? Non, car supposer le vice, c'est souvent le produire. Il faut, au contraire, dire à l'enfant, — et presque toujours on sera dans le vrai, parce qu'il est trop inconscient, en général, pour avoir eu une intention tout à fait perverse, — il faut lui dire : « Vous n'avez pas voulu faire cela, mais voici à quoi votre acte eût pu aboutir ; voici comment, si on ne vous connaissait pas, on eût pu l'interpréter. »

Des instincts plus ou moins mauvais s'éveillent nécessairement dans le cœur d'un enfant à tel ou tel moment de son existence ; faut-il lui en donner la formule ? Non, car par là même on les fortifierait et on les pousserait à passer dans les actes. Quelquefois même, on les créerait.

Autant il est utile de rendre conscients d'eux-mêmes les bons penchants, autant il est dangereux de rendre conscients les mauvais, quand ils ne le sont pas encore.

Est-il même bon de peindre avec relief les défauts et les vices, dans le but d'en inspirer de l'éloignement ? Non. Outre que l'on risquerait quelquefois d'instruire les enfants de ce qu'ils ignorent heureusement, ces peintures indiscrètes pourraient être le point de départ des suggestions les plus fâcheuses.

De plus, en attirant à tout propos et souvent hors de propos l'attention sur tels défauts et tels vices, on a l'air d'être convaincu que les enfants en sont atteints, et on les amène à y songer outre mesure, quand il conviendrait plutôt d'en détourner leur esprit.

L'assertion est donc juste et d'une grande portée pratique en éducation.

Elle l'est également au point de vue de l'instruction. L'art d'instruire les jeunes gens consiste, sinon à les supposer aussi intelligents que l'on souhaiterait qu'ils fussent, — car il faut se mettre à leur portée, — du moins à les supposer assez intelligents pour comprendre ce qu'on leur enseigne, pour faire convenablement le travail qu'on leur donne. La disposition contraire exerce sur l'esprit une action déprimante. De même que l'on peut, parce que l'on croit pouvoir, de même aussi on ne peut pas faire ce que l'on croit ne pas pouvoir.

C'est la foi dans le succès qui assure le succès. Douter de son intelligence, comme douter de sa volonté, c'est la paralyser. Par cela même que l'on est regardé comme incapable de comprendre et que l'on se croit tel, on le devient réellement. « L'homme est ainsi fait, remarque Pascal, qu'à force de lui dire qu'il est un sot, il le croit ; qu'à force de se le dire à soi-même, on se le fait croire. »

Pensées. — Je soutiens que rien n'a fait plus de mal aux vertus sociales que ces hideuses peintures de la société, où tant de philosophes se sont complu ; omettant tout ce qu'il y a de généreux dans le cœur de l'homme, elles l'abaissent au-dessous de la brute, comme un composé de tout ce qui est égoïste et bas. N'en doutez point, c'est déjà un pas vers le bien que de penser dignement de nous-mêmes. L'expérience nous apprend que le meilleur moyen de rendre un individu honnête est de supposer qu'il est honnête et de le traiter comme tel : ainsi, pour l'homme, s'estimer un peu, c'est s'encourager à mériter cette estime. (STERNE.)

Ceux qui méprisent l'homme ne sont pas de grands hommes.
(VAUVENARGUES.)

Gœthe et Napoléon jugent pareillement que si l'on veut obtenir quelque chose des hommes, il ne faut pas leur donner mauvaise opinion d'eux-mêmes, les dégrader à leurs propres yeux ; ils ont besoin de sympathie et d'encouragement pour réussir dans leurs entreprises [1].

Autres sujets. — 1. Expliquer et développer cette pensée de Bonald :
« Pour faire le bien, il faut y croire. » (Br. sup. Loire-Inférieure, Aspirantes, 1893.)

2. Expliquez ces paroles d'André Theuriet :
« Il en est des mauvaises intentions comme des écus : pour les prêter aux autres, il faut les avoir soi-même. » (Br. él. Paris, Aspirantes, 1904.)

3. Développez cette pensée : « Savoir suggérer est la grande finesse pédagogique. » Appliquez à ce sujet le passage suivant de Channing :
« Le meilleur maître est celui qui éveille chez ses élèves la faculté de penser. » (C. A. P.)

---

[1] Voir 1er vol., 10 part., VIII, la pensée de Rondelet, ou le sujet ci-après.

XLVI

Expliquer cette pensée de Rondelet :

« *Le vrai secret de conduire les hommes et de les rendre meilleurs, c'est de s'obstiner à les croire bons.* »

Sommaire. — Conduire les hommes et les rendre meilleurs sont même chose.

Impossible de les rendre meilleurs, si on ne les aime pas.

Impossible de les aimer et de se dévouer à eux, si on ne voit rien en eux de bon et d'aimable.

Donner des exemples tirés de l'expérience et de l'histoire (un maître dans la classe, un chef d'armée, un ingénieur dans sa mine).

Un témoignage d'estime et de confiance porte à faire des efforts pour en être digne.

Plus on croit au bien et plus on y fait croire, plus on éveille l'idée et la volonté de l'accomplir.

Développement.

On ne conduit les hommes que si on les rend meilleurs. Ces deux idées se ramènent donc à une seule.

Est-il possible de conduire les hommes et de les rendre meilleurs, si on ne les aime pas? Et peut-on les aimer, si on ne les croit pas bons, si on ne voit rien en eux de bon et d'aimable?

On ne peut évidemment conduire les hommes sans se dévouer à eux, et, pour se dévouer, il faut aimer. Se dévouer, c'est se donner. Celui-là seul se donne, qui aime véritablement.

Que si l'on ne s'obstine pas à croire les hommes bons, à croire qu'ils ont des ressources, qu'ils sont capables de bons sentiments, de générosité, de courage, peut-on leur inspirer la confiance en eux-mêmes, les efforts qu'ils doivent faire pour se corriger de leurs vices et devenir meilleurs? Évidemment non.

C'est une vérité d'expérience qu'à force de répéter aux hommes qu'ils sont incapables de toute science, de tout bien, on finit par leur faire croire qu'ils le sont, en effet, et par les rendre tels.

Quelle influence, par exemple, peut avoir sur sa classe un

maître qui est convaincu que tous ses élèves sont mauvais, qu'il n'y a rien à attendre d'eux, qu'ils sont réfractaires à tout bon conseil, à toute noble impulsion ? Cet état d'esprit l'empêchera de se dévouer et le portera aux récriminations, aux plaintes, aux reproches perpétuels ; il sera sans énergie morale, découragé et décourageant.

On peut en dire autant d'un chef d'armée. Napoléon électrisait ses soldats par la confiance qu'il leur témoignait la veille des batailles. L'expérience semble montrer que les soldats ont, d'ordinaire, le courage dont leurs chefs les persuadent qu'ils sont capables. Un capitaine qui doute de ses troupes, et qui le leur laisse entendre, est déjà vaincu.

On peut affirmer, en général, que ce qui est vrai pour les hommes pris collectivement l'est aussi pour l'individu, pourvu qu'on ne lui demande pas et qu'on n'attende pas de lui ce qui dépasse sa mesure, ce qui est en disproportion avec ses moyens naturels, avec son âge, avec l'état où il est par suite des habitudes prises.

Il est peu d'hommes, et peut-être pas d'enfants, qui ne soient touchés d'un témoignage d'estime et de confiance, et qui ne se sentent pas portés à faire des efforts pour être dignes du témoignage qu'on leur donne.

Dieu a fait bonne la nature humaine. Viciée par le péché originel, elle reste guérissable. Les vices sont souvent plus apparents que réels ; des défauts superficiels voilent des qualités profondes, essentielles. Les facultés morales : la raison, la conscience, la volonté, demeurent orientées vers le vrai et le bien, qui sont leur objet ; il faut éveiller ces puissances morales, en appeler à elles contre l'ignorance, l'erreur et les passions.

Il y a quelque chose de bon chez les hommes les plus mauvais ; il faut s'obstiner à le découvrir : c'est le *green spot*, le point vert des Anglais. Il faut s'obstiner à voir ce qu'il y a de bon plutôt que ce qu'il y a de mauvais ; c'est de cela et non de ceci, du positif et non du négatif qu'il faut partir pour toute amélioration. On ne bâtit rien sur le vide. Avec l'aide de Dieu, un seul moment suffit pour transformer un scélérat en un saint, témoin le bon larron, et tant d'autres que l'on pourrait citer.

Il faut croire au bien pour pouvoir le faire, et y faire croire pour le faire faire. Plus on croit au bien et plus on y fait croire, plus on éveille l'idée et la volonté de l'accomplir et de devenir bon. Si l'on ne croit qu'au mal et qu'on ne persuade pas aux hommes qu'ils peuvent le bien, on éveille chez eux l'idée et souvent le désir et la volonté du mal ; on les rend mauvais.

Rondelet a donc bien raison d'affirmer que « le vrai secret de conduire les hommes et de les rendre meilleurs, c'est de s'obstiner à les croire bons[1] ».

Pensées. — On est excusable de n'être pas toujours gai, car on n'est pas maître de la gaieté pour l'avoir quand on veut; mais on n'est pas excusable de n'être pas toujours bon, maniable et condescendant, car cela est toujours au pouvoir de notre volonté.

(St François de Sales.)

Ceux qui sont sévères pour les autres ne se sont jamais examinés de près. (Lacordaire.)

Que les hommes comprennent mieux la valeur de la personne humaine et l'identité de nature qui existe entre les hommes, la morale s'étend et s'éclaire. (Paul Janet.)

Autres sujets. — 1. Commenter cette pensée de M. de Bonald : « Il faut croire au bien pour le pouvoir faire. » (Bacc. Philos. Lyon, 1890.)

2.   Mais un fripon d'enfant (cet âge est sans pitié)...
(La Fontaine, *Les deux Pigeons.*)

J'étais enfant, j'étais petit, j'étais cruel.
(Victor Hugo, *Le Crapaud.*)

L'enfance est-elle cruelle?
Si oui, l'est-elle par méchanceté?
Peut-on la préserver de l'être? (Bacc. 1re partie, Besançon, 1894.)

3. Vous commenterez cette pensée d'un contemporain : « Rien n'est doux et fertile en bonnes actions comme de croire aux hommes; on peut alors soi-même pour eux tout ce qu'on croit qu'ils peuvent. » (C. A. à l'enseignement secondaire des jeunes filles, 1894.)

---

1 Voir 1er vol., 5e part., suj. II.

XLVII

On demandait à un instituteur les causes du succès de son école : *J'aime mes élèves*, répondit-il.

Expliquer et commenter cette réponse.

(Br. él. Clermont, Aspirantes, 1898.)

Sommaire. — Cette réponse : *J'aime mes élèves*, signifie : Je me dévoue à mes élèves, je me fais aimer d'eux. Voilà le secret des résultats que j'obtiens dans mon école.

C'est en aimant ses élèves, en cherchant à les rendre bons et heureux, qu'on obtient le maximum d'efforts et de bon vouloir.

Développement.

Cette réponse : *J'aime mes élèves*, signifie : Je me dévoue à eux. On ne se dévoue qu'à ceux que l'on aime.

Je leur veux et leur fais du bien ; ils le comprennent et m'en savent gré, m'en tiennent compte.

Ils craignent de me faire de la peine. Voyant que je m'efforce de les rendre heureux, de chercher mon bonheur dans le leur, ils cherchent le leur dans le mien.

Je profite de toutes les occasions pour leur faire plaisir, et ils en font autant à mon égard.

La réponse de cet instituteur rappelle la parole de Socrate, à propos de l'un de ses disciples qui ne profitait pas de ses leçons : « Que voulez-vous que je lui apprenne ? Il ne m'aime pas. »

Pour faire du bien à quelqu'un, il faut en être aimé, et l'on n'en est aimé que si on l'aime soi-même. C'est l'amour qui fait naître l'amour. « Maîtres et élèves ont un maître commun : l'affection. » (Legouvé.)

La réponse de l'instituteur rappelle également cette pensée de M. Lavisse : « L'enseignement est l'action d'une intelligence sur des intelligences, d'un cœur sur des cœurs. » Pour enseigner la science, il faut la faire aimer, et le cœur seul agit sur le cœur : c'est le cœur qui aime et qui fait aimer. L'instituteur qui n'aime pas ses élèves n'agit pas sur leurs cœurs, il ne peut faire aimer son enseignement et agir efficacement sur leurs esprits.

L'instituteur avait donc raison de voir dans ce seul fait qu'il aimait ses élèves les vraies causes du succès de son école.

L'affection, voilà le grand moyen d'action sur les élèves. Que le maître les persuade qu'il est leur ami, qu'il se fasse aimer d'eux, et il obtiendra tout ce qu'il voudra. Le meilleur secret pour être obéi, c'est d'aimer ceux à qui l'on commande.

« Si vous voulez rendre les hommes bons, a-t-on dit, commencez par les rendre heureux. » C'est en les aimant qu'on les rend heureux, c'est en les aimant qu'on les rend bons et qu'on obtient d'eux le maximum d'efforts et de bon vouloir.

Pensées. — L'affection ! voilà le grand moyen d'action sur les élèves.

Persuadez-leur que vous êtes leur ami, faites-vous aimer d'eux, et vous verrez qu'il vous sera moins difficile de vous faire obéir.

(E. RENDU.)

Dieu a voulu, écrit Lacordaire, « qu'aucun bien ne se fît à l'homme qu'en l'aimant et que l'insensibilité fût à jamais incapable soit de lui donner de la lumière, soit de lui inspirer de la vertu. » Et de fait, à la force qui veut s'imposer, on met sa gloire à résister, à la science qui prétend toujours convaincre, on se fait un point d'honneur d'opposer des objections; mais parce qu'on n'éprouve aucune humiliation à être désarmé par la bonté, facilement on cède au charme de ses procédés. (CHAUTARD, *L'âme de tout apostolat*, 4e partie.)

Autres sujets. — 1. Une institutrice répondait à une de ses amies qui lui demandait les causes du succès de son école :
« J'aime mes élèves ! »
Développer et apprécier cette réponse. (Br. sup. Aude, Aspirantes, 1887 ; Toulouse, Aspirantes, 1898.)

2. « La première vertu de la femme, c'est la bonté. »
Développer cette idée et en chercher les applications dans les actes journaliers de la vie d'une institutrice. (Br. sup. Caen, Aspirantes, 1901.)

3. Exposer comment on rend l'autorité aimable par la douceur, l'affabilité, la bienveillance. (Br. él. Paris, Aspirantes, 1898.)

4. Il faut aimer l'enfant pour pouvoir le comprendre, et il faut le comprendre pour savoir le conduire. (Br. sup. Lyon, Aspirantes, 1902.)

5. Commenter la pensée suivante :
« Pour faire un bon instituteur, il faut trois choses : un peu de science, du bon sens et beaucoup de dévouement. » (Br. sup. Paris, Aspirants, 1893.)

6. « Aimer ceux à qui l'on commande, c'est une grande force pour être obéi. »

Expliquer cette pensée et en montrer l'application à l'école et dans le monde. (Br. él. Seine-Inférieure, Aspirantes, 1893.)

7. Un géographe a dit :

« Savoir se faire aimer est le principal secret de l'art difficile de la colonisation. » (P. Foncin, *Annales de Géographie*, 1891.)

Développer cette pensée et en faire ressortir la justesse. (Br. sup. Montpellier, Aspirants, 1899.)

XLVIII

Expliquer et appliquer à la critique littéraire et à l'enseignement cette parole de Vauvenargues :

« C'est un grand signe de médiocrité que de louer toujours modérément. »

Sommaire. — I. — Expliquer la parole de Vauvenargues.
Dire les raisons pour lesquelles louer modérément est un grand signe de médiocrité.
Admirer, c'est égaler, a-t-on dit.
Plus un homme a de valeur, plus il est capable d'admirer.
La médiocrité ne s'élève pas plus haut qu'elle-même.
Elle condamne ou dédaigne tout ce qui passe sa portée.

II. — Indiquer les inconvénients de cette disposition d'esprit :
1° Dans la critique littéraire : elle engendre une critique froide, mesquine, formaliste, méchante, qui glace le cœur, émousse le sens du beau, et paralyse la faculté d'admirer.
2° Dans l'enseignement : les enfants ont plus besoin de modèles que de critiques, plus besoin de ce qui attire que de ce qui repousse ; de ce qui ouvre l'esprit et dilate le cœur que de ce qui blesse et resserre.

Développement.

I. — Louer, c'est reconnaître et publier le mérite. Pour reconnaître le mérite et le publier, il faut avoir le discernement de ce qui est vrai, de ce qui est bien, de ce qui est beau, de ce qui est grand, de ce qui est sublime, et il faut l'aimer jusqu'à s'oublier soi-même.

La louange spontanée, franche, enthousiaste, sans restriction ni atténuation, est l'expression de l'admiration. Or admirer, a-t-on dit, c'est égaler. Donc, plus un homme a de valeur, plus il est capable d'admirer, c'est-à-dire plus il est capable de sortir de soi pour s'élever à ce qui est bien, à ce qui est beau, à ce qui est grand ; plus il est capable de l'aimer et de le mettre en évidence.

L'admiration, et par conséquent aussi la louange, est le signe d'une raison élevée, inspirée par un noble cœur. « Les peuples, comme les individus, a dit J. de Maistre, sont admirateurs à mesure qu'ils sont supérieurs. La médiocrité refuse toujours d'admirer et souvent d'approuver. »

On voit déjà, dans ce qui précède, la raison du jugement de Vauvenargues et de J. de Maistre sur la médiocrité. Si « elle loue toujours modérément », si elle « refuse toujours d'admirer et souvent d'approuver », c'est qu'elle a la vue courte, qu'elle ne s'élève pas plus haut qu'elle-même, qu'elle dédaigne et condamne tout ce qui passe sa portée.

C'est que, pour aimer les vertus des autres, pour applaudir à leurs talents, pour se réjouir de leurs succès, il faut avoir beaucoup de bon sens et de bons sentiments, et qu'on a fort peu de l'un et fort peu des autres, quand on est médiocre [1] ; c'est que l'on est égoïste, et que l'admiration est un sentiment désintéressé, et la louange, un hommage spontané ; c'est qu'on croit que tout ce qu'on donne au mérite, on se l'ôte à soi-même, qu'on est rabaissé par tout ce qui grandit autrui ; c'est qu'on est envieux, jaloux, orgueilleux, et qu'on repousse le mérite comme une supériorité qui humilie ; c'est qu'on ne veut paraître dupe ni de son esprit ni de son cœur, qu'on croit qu'il y a plus d'esprit à blâmer qu'à louer, et qu'on craint de passer pour naïf en s'abandonnant aux plus naturelles émotions ; c'est enfin qu'on ne veut pas être médiocre seul et que, pour se justifier à ses propres yeux, on cherche le mal plutôt que le bien, les défauts plutôt que les qualités : on s'efforce de croire et de démontrer qu'une chose n'est pas bonne ou belle, ou du moins qu'elle ne l'est pas autant que plusieurs le prétendent. Descartes, dans son *Traité des passions*, remarque « que les plus imparfaits ont coutume d'être les plus moqueurs ; car, désirant voir tous les autres aussi disgraciés qu'eux, ils sont bien aises des maux qui leur arrivent et ils les en estiment dignes. »

« Je plains fort, dit Racine dans la Préface de *Britannicus*, le malheur d'un homme qui travaille pour le public. Ceux qui voient

---

[1] « On n'est jamais médiocre, quand on a beaucoup de bon sens et de bons sentiments. » (JOUBERT.)

le mieux nos défauts sont ceux qui les dissimulent le plus volontiers ; ils nous pardonnent les endroits qui leur ont déplu en faveur de ceux qui leur ont donné du plaisir. Il n'y a rien, au contraire, de plus injuste qu'un ignorant : il croit toujours que l'admiration est le partage des gens qui ne savent rien ; il condamne toute une pièce pour une scène qu'il n'approuve pas ; il s'attaque même aux endroits les plus éclatants pour faire croire qu'il a de l'esprit. »

II. — Appliquée à la critique littéraire, cette disposition d'esprit à louer toujours modérément, à se défier de ses impressions, à se tenir en garde contre l'enthousiasme, comme d'un ridicule ; à hésiter à employer les formules admiratives, même quand on se sent ému et *saisi aux entrailles ;* à découvrir les défauts avant de songer à mettre en lumière les mérites ; à croire que l'intelligence, le savoir et le goût se mesurent à l'art même de critiquer avec le plus de malice ; cette disposition d'esprit, espèce de scepticisme littéraire, engendre une critique froide, mesquine, formaliste, méchante, qui glace le cœur, émousse le sens du beau et paralyse la faculté d'admirer. Elle conduit à méconnaître les vraies beautés des maîtres de la pensée et de la parole, à mettre au même rang les chefs-d'œuvre de Racine et les œuvres vulgaires de Pradon, à placer au-dessus ou à côté des ouvrages inspirés par le génie, des ouvrages artificiels, — Voltaire égalé à Racine, — où une certaine habileté de forme voile le vide du fond.

En éducation surtout, il faut se garder avec soin de cette disposition d'esprit à louer toujours modérément. Dès le début des études, si on veut les rendre fécondes, il faut inspirer le respect et l'admiration pour le talent, le génie, la vertu ; il faut développer chez les enfants un sentiment vif et ingénu des beautés morales, littéraires, artistiques.

Le propre de l'admiration étant d'élever à la hauteur de ce qui la produit, d'exciter à se faire plus ou moins à l'image de ce qu'on admire, on comprend qu'elle soit, en éducation, un élément de premier ordre, que l'on ne peut négliger sans compromettre ou fausser l'éducation elle-même.

Triste éducation que celle où l'on formerait les enfants à critiquer et blâmer, comme pour prendre sa revanche de la supériorité du génie et de la vertu ! Ce n'est pas avec des sentiments négatifs que l'on élève.

Les enfants ont plus besoin de modèles que de critiques, plus besoin de ce qui attire que de ce qui repousse, de ce qui ouvre l'esprit et dilate le cœur que de ce qui blesse et resserre.

De même qu'en les tenant continuellement dirigés vers le vrai, le bien et le beau, l'esprit et le cœur s'élèvent, de même en s'abandonnant aux habitudes de dénigrement et de mépris, on est presque sûr de descendre peu à peu au niveau de ce qu'on méprise.

Sans doute l'admiration ne doit pas être faussé, irréfléchie ; elle doit être raisonnée et guidée, pour ne s'adresser qu'à ce qui la mérite ; mais, si elle est judicieuse, éclairée, elle est toujours féconde : elle ennoblit l'âme, fait épanouir tous les bons sentiments, inspire de généreuses résolutions.

Concluons que la pensée de Vauvenargues est vraie, et qu'il est bon de se la rappeler dans toute critique, soit morale, soit littéraire, soit artistique, mais surtout dans l'art de la pédagogie[1].

Lecture. — « *Une disposition trop commune à notre temps, c'est qu'on blâme plus volontiers que l'on n'approuve.* Pour ne parler que des auteurs, on s'évertue à découvrir leurs défauts avant de mettre en lumière leur mérite. Un esprit de scepticisme littéraire, contre lequel il importe de protéger nos études, tend à dépraver le goût, ou, tout au moins, à émousser le sens du beau et à paralyser la faculté d'admirer. En même temps que les pires écrits trouvent des lecteurs plus nombreux, les chefs-d'œuvre consacrés excitent moins de transports. Dès qu'il faut employer des formules admiratives, on hésite, on entre en défiance, on a peur de passer pour un naïf en s'abandonnant aux plus naturelles émotions. On en arrive à se défendre de l'enthousiasme comme d'un ridicule, et il semble que l'intelligence, le savoir et le goût se mesurent à l'art même de critiquer avec plus de malice. *Pour donner aux études une durable assise, c'est par le respect et l'admiration qu'il faut commencer...* L'admiration est, dans l'éducation des enfants, un élément de premier ordre ; la morale y trouve son compte, comme la littérature. » (E. Manuel, *Rapport sur le concours de 1885*, agrégation de l'enseignement secondaire des jeunes filles.)

Dans ses *Souvenirs d'enfance et de jeunesse*, Renan rend à Mgr Dupanloup le témoignage suivant : « C'était un éveilleur incomparable ; pour tirer de chacun de ses élèves la somme de ce qu'il pouvait donner, personne ne l'égalait... Il répétait souvent que l'homme vaut en proportion de sa faculté d'admirer. »

« Il est bon d'admirer. En tenant continuellement les regards élevés, nos esprits eux-mêmes s'élèvent ; et tout ainsi qu'un homme, en s'abandonnant aux habitudes de dédain et de mépris pour les autres, est sûr de descendre au niveau de ce qu'il méprise, ainsi les habitudes opposées d'admiration et de respect enthousiaste pour le beau nous communiquent à nous-mêmes une partie des qualités que nous admirons. » (Dr Arnold.)

---

[1] Voir, sur la *Moquerie*, 2e vol., 5e part., XXVIII ; sur l'*Esprit critique*, 3e vol., 2e part., XXI.

Bacon a dit : « L'admiration est le principe du savoir. » Axiome sublime, ajoute Ozanam. L'harmonie de la nature, qui est l'objet de la science, est en même temps un foyer de poésie : elle est vérité et beauté.

Nisard dit, en parlant du théâtre de Corneille, où l'admiration est le principal ressort : « L'admiration, dont ce grand homme a trouvé le secret, est bienfaisante et féconde ; elle nous attache aux vertus dont l'héroïsme n'est que le suprême degré ; elle remue notre nature engourdie ; elle nous rend, du moins pour un moment, plus dignes de nous-mêmes. » (Lecture prise dans le *Cours de Philosophie*, F. J., not. complément. sur l'Esthétique.)

Pensées. — Le plaisir de la critique nous ôte celui d'être vivement touchés de très belles choses. (LA BRUYÈRE.)

Laissons-nous aller de bonne foi aux choses qui nous prennent par les entrailles, et ne cherchons point de raisonnement pour nous empêcher d'avoir du plaisir. (MOLIÈRE.)

Il est quelquefois à propos de donner des avis à un auteur. Je voudrais que cela se fît toujours de façon qu'il eût plutôt lieu de se féliciter que de se plaindre de notre critique. (LEIBNIZ.)

Quand notre mérite baisse, notre goût baisse aussi. (LA ROCHEFOUCAULD.)

L'homme ne peut lire que ce qu'il goûte, et ce qu'il goûte est la mesure de sa raison. (LACORDAIRE.)

Autres sujets. — 1. Expliquer cette pensée d'un auteur moderne : « Il y a quelque chose de pire que de ne rien savoir ; c'est de ne rien admirer et de ne rien aimer. » (Bacc. 1re partie, Sorbonne, juillet 1904 ; Br. él. Alger, Aspirantes, 1908.)

2. Expliquer la maxime : « Il faut avoir de l'âme pour avoir du goût. » (Bacc. 1re partie, Caen, oct.-nov. 1903.)

3. Appréciez ce mot de Boileau dans sa lettre à Perrault sur les anciens et les modernes : « La jeunesse s'accommode mieux de l'admiration que des autres passions. » (Bacc. 1re partie, Sorbonne, juillet 1904.)

4. Qu'est-ce que l'esprit critique ? Quels en sont les bienfaits et les périls ? (Bacc. Philos. Aix, oct.-nov. 1900.)

5. De l'esprit de critique. De quels travers procède-t-il et à quels défauts peut-il entraîner ? (Br. sup. Clermont, 1904 ; Lille, 1915.)

6. Discuter et expliquer cette pensée de Chateaubriand : « La véritable critique est celle des beautés et non des défauts. » (Bacc. 1re partie, Paris, 1914.)

7. Expliquer et commenter cette pensée de Renan :

« La science est la première condition de l'admiration sérieuse. » (Bacc. 1re partie, Paris, 1911.)

8. Réfuter ce mot de Mme de Lambert :

« L'admiration est le partage des sots. » (Bacc. 1re partie, Paris, 1914.)

9. Une grande dame du xviiie siècle a dit :

« Approuvez, n'admirez pas, l'admiration est le partage des sots. » D'autre part, un critique a dit :

« L'admiration est un bonheur et un honneur. »

Lequel de ces deux jugements approuvez-vous? (Br. sup. Montpellier, 1910, et Rennes, 1912.)

10. Commenter cette pensée de Chateaubriand :

« L'esprit médisant est, de tous les esprits, le plus facile. Rien n'est si aisé que d'apercevoir un ridicule ou un vice et de s'en moquer. Il faut des qualités supérieures pour comprendre le génie et la vertu. » (Br. sup. Montpellier, Aspirants, 1914.)

11. Nous lisons dans la préface de *Britannicus :* « Le sot croit toujours que l'admiration est le partage des gens qui ne savent rien. » — Cousin a dit : « L'admiration est l'âme de la saine critique. »

L'admiration est-elle un sentiment que vous avez éprouvé? Dans quelles circonstances? Donnez un exemple. — Pouvez-vous, au moyen de votre expérience personnelle, apprécier les deux pensées, et indiquer l'influence que l'admiration peut avoir non seulement dans notre vie intellectuelle, mais aussi dans notre vie morale? (Br sup. Paris, Aspirantes, 1910.)

12. La Bruyère a écrit :

« Le plaisir de la critique nous ôte celui d'être touchés de très belles choses, » et Vauvenargues :

« C'est la preuve d'un esprit médiocre que de louer toujours modérément. »

Commenter ces jugements et dire quelles dispositions de l'esprit et du cœur réclament la lecture et l'appréciation des grandes œuvres. (Br. sup. Dijon, Aspirantes, 1912.)

13. Le respect et l'admiration. — Valeur morale de ces deux sentiments, leur place dans l'éducation. (C. A. P.)

XII

Répressions. Sanctions.

XLIX

Un de vos amis a eu quelques accès de colère. Reprenez-le affectueusement au sujet de ce défaut naissant, et indiquez-lui les moyens de s'en corriger.

Sommaire. — Vous supposez que vous vous êtes promis, votre ami et vous, de vous dire toujours la vérité.

Vous avez appris ses accès de colère, et vous lui écrivez de se tenir en garde contre ce défaut, qui n'est pas enraciné, dont il viendra à bout en réfléchissant un peu sur le caractère et les suites de la colère, en se rappelant que la force n'est pas la violence, en se répétant ce mot de Bossuet :

« La force est dans la raison tranquillement exposée. »

Développement sous forme de lettre.

Mon cher Ami,

Nous nous sommes promis de nous dire toujours la vérité. Je ne prendrai donc aucun détour pour vous rappeler que vous avez eu quelques accès de colère, ces derniers temps, et qu'il faut vous tenir en garde contre ce défaut. Il ne fait que de naître ; il n'est pas enraciné, et il vous sera facile de vous en corriger, en réfléchissant un peu sur le caractère et les suites de la colère.

Vous avez entendu dire qu'il ne faut pas se mettre en colère contre les choses, parce que cela leur est égal ; pas en colère contre les personnes, parce que dès que la colère se met de la partie, on a tort, même quand on a raison.

Vous connaissez sûrement ce conseil pratique souvent donné pour se calmer : Si vous êtes irrité, comptez jusqu'à dix avant

6*

de parler ou d'agir, jusqu'à cent si vous êtes fort irrité; conseil que Molière a mis en vers :

> Lorsque quelque aventure en colère nous met,
> Nous devons, avant tout, dire notre alphabet,
> Afin que dans ce temps la bile se tempère
> Et qu'on ne fasse rien que l'on ne doive faire.

La colère est irrationnelle et aveugle; elle va contre la raison, en empêche l'exercice. Que de fautes elle peut faire commettre !

Dans quels écarts elle peut nous entraîner ! Là où elle a semé, c'est le repentir qui recueille.

Elle n'est pas la règle, mais le dérèglement; pas la force, mais la faiblesse. La règle, la force, c'est la volonté raisonnable dominant les passions, les moralisant, les faisant servir au bien, à l'accomplissement du devoir.

Souvent on se met en colère, parce que l'on confond la violence et la force : on se croit fort, parce que l'on est violent. « La force est dans la raison tranquillement exposée, » nous dit Bossuet. Mot profond, qu'il suffit de méditer de temps en temps pour se déterminer à surveiller les mouvements des passions et à prendre de l'empire sur soi-même.

Méditons le mot de Bossuet, et quand nous serons portés à la colère, disons-nous, non pas une fois, mais cent fois, s'il le faut : « La force est dans la raison tranquillement exposée. »

J'aime les sermons courts. Le mien est fini. Adieu [1] !

Tout à vous.

Autres sujets. — 1. Un de vos camarades se met en colère chaque fois qu'on lui adresse un reproche.

Écrivez-lui pour lui démontrer qu'il agit mal et pour lui faire connaître où peut le conduire cette funeste habitude. (C. É. P. Somme, 1901.)

2. Deux écolières assises sur un banc dans la cour de récréation, se croyant seules, médisaient d'une compagne. Reproduisez leur dialogue. Cependant, par la fenêtre ouverte, la maîtresse les a entendues. Elle ne tarde pas à intervenir et leur montre que la médisance nuit à celui qui médit et à celui devant qui on médit.

Raisons qu'elle a données. (Br. él. Bordeaux, Aspirantes, 1908.)

3. Un élève, pour s'excuser d'avoir été brutal ou insolent à l'égard d'un de ses camarades, répond à son maître qui le réprimande : « Je ne fais que rendre aux autres ce qu'ils m'ont fait. »

Racontez cette scène et faites parler le maître. (Br. él. Aix, Aspirants, 1909.)

---

[1] Voir 2ᵉ vol., 6ᵉ part., XXVII : « *Distinguer la violence de l'énergie et de la force.* »

L

Montrer, avec quelques exemples à l'appui, la justesse de cette pensée de Jean-Jacques Rousseau :

> *« Il faut rougir de faire une faute, et non de la réparer. »*

(Br. él. Cantal, Aspirantes, 1894 ; Dijon, Aspirantes, 1903 ; Paris, Aspirants, 1905 ; Dijon, Aspirants, 1910.)

Sommaire. — Deux parties :
1º Dire pourquoi il faut rougir de faire une faute, en avoir honte.
2º Pourquoi il ne faut pas rougir de la réparer. Réparer le mal, c'est faire le bien ; or faire le bien, c'est un honneur, une gloire, non une honte.

Développement.

I. — Oui, il faut rougir de faire une faute, il faut en avoir honte.

Qu'est-ce que la honte ? Un sentiment moral pénible, excité dans l'âme par la pensée ou la crainte du déshonneur, de tout ce qui peut nous faire déchoir.

La honte naît de l'idée de notre dignité. Commettre une faute, c'est se montrer indigne de sa raison, de sa nature morale : c'est déchoir, c'est se dégrader.

La honte honore l'homme et révèle qu'il se sent né pour être noble et grand.

Dans notre vieille langue, on trouve cette expression : « Avoir ses hontes bues, toutes ses hontes bues, » pour signifier avoir perdu tout respect de soi-même, tout sentiment de sa dignité.

La pudeur, causée par l'appréhension de tout ce qui peut blesser la décence, la modestie, l'honnêteté, et dont on a dit qu'elle est le signe de l'humanité, est une forme de la honte.

II. — Mais, s'il y a de la honte à faire une faute, s'il faut rougir de la vouloir faire, de la commettre ou de l'avoir commise, on se relève, on se réhabilite, on s'honore en la réparant.

On a affligé ses parents par une conduite peu raisonnable : c'est une faute, c'est une honte ; mais c'est un honneur de leur demander pardon et de promettre loyalement de leur faire oublier la peine qu'on leur a causée.

On a dit une parole blessante à une personne, on a contristé un ami par un procédé peu généreux : ce sont des fautes, il faut en rougir ; mais, si on retire la parole blessante, si on s'excuse du procédé, on rentre dans l'ordre dont on s'était écarté, on recouvre sa dignité.

Réparer le mal, c'est faire le bien ; s'excuser d'une faute, en demander pardon, c'est accomplir une bonne action. Or, accomplir le bien, faire de bonnes actions, c'est une gloire, non une honte.

Jean-Jacques Rousseau a raison : *Il faut rougir de faire une faute, et non de la réparer.*

Qui ne commet des fautes ? Les meilleurs ne sont pas toujours ceux qui en commettent le moins, mais ceux qui les réparent le mieux.

Autre sujet. — Expliquer et commenter ces paroles de J.-J. Rousseau :

« Il est des retours sur nos fautes qui valent mieux que de ne les avoir pas commises. » (Br. sup. Paris, Aspirantes, 1896.)

LI

Développer par des exemples et au point de vue pédagogique la maxime suivante :

« Le bien se fait sans bruit et le bruit ne fait pas du bien. »

Sommaire. — I. — Faire remarquer qu'il faut bien entendre cette maxime et ne pas l'appliquer à contresens, qu'il y a bruit et bruit : un bruit qui s'impose parfois, et qui fait en quelque sorte partie du bien, et un autre bruit qui lui est opposé.

II. — Donner des exemples tirés de la manière de conduire une classe.

Développement.

I. — Remarquons d'abord qu'il y a bruit et bruit.

Il faut bien entendre cette maxime et ne point l'appliquer à contresens, comme cela se fait parfois. Elle peut être le refuge et l'excuse de la fausse prudence, de la pusillanimité, de la peur, qui reculent devant un devoir à remplir, en face d'une mesure énergique à prendre.

Il est des cas où le bruit n'est pas l'ennemi du bien, des cas où il faut parler haut, ferme et clair, et où garder le silence, se cacher, se tenir coi, ne pas intervenir, c'est être complice du mal. Mais alors le *bruit* fait, en quelque sorte, partie du bien, du devoir, et c'est la raison qui le commande.

Le bruit qui est opposé au bien, c'est celui qui n'a pas sa raison d'être, qui ne se justifie pas, qui vient d'un caractère fiévreux, emporté, colère, d'un manque d'empire sur soi.

II. — Une classe où maître et élèves parlent beaucoup, où le maître gronde toujours, menace toujours; où il se fait des scènes à propos d'une parole, d'un signe, d'un oubli, d'un manquement quelconque, n'est pas une classe où l'on s'instruit, où l'on se forme le cœur, le caractère. Il s'y fait du bruit, non du bien. Avec des élèves un peu sérieux, une leçon bien préparée se donne clairement, simplement, sans bruit.

Souvent la preuve qu'un procédé n'est pas bon, c'est qu'il est bruyant.

A quoi bon, par exemple, cette réprimande publique? Un simple avertissement suffirait. La réprimande publique indisposera, aigrira, fera du bruit, non du bien.

Un élève est en retard au commencement d'une leçon, il rompt le silence; est-il nécessaire que toute la classe en soit informée? Que de fois un simple regard, un signe d'approbation ou de blâme valent mieux qu'une parole!

Que de choses il ne faut pas prendre au sérieux, qui ne tirent pas à conséquence, qui sont le fait de l'étourderie, de la légèreté, sans préméditation, sans malice; qu'il faut laisser tomber d'elles-mêmes au lieu de les grossir, de leur donner une importance qu'elles n'ont pas, d'en faire *une affaire!*

Le prétexte de faire des exemples, de montrer que l'on est maître, de se faire craindre, d'intimider, n'est qu'un prétexte, n'est pas une raison : le mal que l'on veut empêcher, on le provoque.

Est-ce à dire que le maître ne doit jamais avoir une parole qui vibre et qui remue les âmes? Il serait au-dessous de sa mission, s'il ne savait pas, à l'occasion, condamner la paresse, la nonchalance, s'indigner d'un mauvais procédé, d'une indélicatesse, flétrir le mensonge, la lâcheté, la déloyauté, la délation, un abus de la force.

On pourrait multiplier ces exemples. Ceux qui sont donnés

suffisent pour bien entendre la maxime et montrer l'application pédagogique qu'il en faut faire.

Relativement au bruit, comme en toutes choses, maître et élèves doivent se rappeler pratiquement cette parole de Bossuet : « Le vrai homme est celui qui peut rendre bonne raison de sa conduite. » Entendons ici par rendre bonne raison de sa conduite : savoir éviter le bruit qui est l'ennemi du bien et accepter celui qui lui est utile ou nécessaire.

Autre sujet. — « Le bien ne fait pas de bruit, le bruit ne fait pas de bien. »

Expliquer cette pensée ; donner des exemples. (Br. él. Clermont, Aspirantes, 1908.)

LII

Quelles punitions avez-vous vu infliger et quelles récompenses avez-vous vu décerner dans votre école, quand vous étiez enfant ? Les emploierez-vous à l'égard des élèves qui vous seront confiés ?

Observations. — Ce sujet fournit l'occasion d'indiquer ses idées personnelles sur les punitions et les récompenses.

Donner un plan serait enlever quelque chose à la spontanéité qui doit caractériser la composition.

Développement.

Dès l'âge de six ans, j'ai été confié à M. Durand. C'est un excellent instituteur. Je ne garde pour lui que des sentiments de gratitude et de vénération.

Il récompensait peu et punissait encore moins. Il nous encourageait, il nous entraînait par son geste et son regard expressifs, par sa parole toujours vivante.

A part de rares exceptions, les *bonnes notes* et les *bons points* ui suffisaient, soit à récompenser en les donnant, soit à punir en refusant les bonnes notes et en se faisant rendre les bons points. C'est avec des bonnes notes que l'on méritait les inscriptions au tableau d'honneur, les billets de satisfaction, les médailles, les décorations, les *prix* à la fin de l'année.

Nous accordions une importance extraordinaire aux bons points, qu'il nous permettait quelquefois de prêter à nos camarades dans le besoin, ce qui était une manière de nous apprendre à rendre service et à nous faire des amis.

Ces bons points étaient une monnaie courante parmi nous. De temps en temps, pour les faire rentrer, M. Durand organisait une loterie. Les lots étaient, en général, de très bons livres; parfois des objets d'art, qu'il se procurait je ne sais comment. Il fallait donner un nombre de points déterminé pour avoir un billet de loterie. Le jour du tirage était une fête aimée de tous et ardemment désirée.

Une leçon n'était pas récitée, un devoir n'était pas fait, on les devait. Ils étaient marqués sur le carnet à la colonne *doit*. Nous ne voulions pas rester insolvables et encourir, à la fin de la semaine ou du mois, une *réprimande publique,* ce que nous redoutions par-dessus tout. On récitait la leçon, on faisait le devoir, et l'on était tranquille : la dette était payée.

Il n'employait les punitions que pour détourner de faire le mal, et non pour nous porter à faire le bien. L'amour de Dieu et celui du prochain se persuadent à la conscience et au cœur, mais ils ne s'imposent pas par la contrainte. Il punissait un mensonge, il ne punissait pas l'omission d'un acte de politesse ou de charité.

J'ai compris depuis qu'il ne voulait pas que nous attachions une idée désagréable et pénible à une bonne action.

Il combattait la paresse en excitant au travail, et non en punissant, sans doute pour ne pas unir dans notre esprit la notion du travail et de l'instruction à des souvenirs odieux.

Ses punitions, je le remarque en ce moment, avaient toujours pour objet de créer dans notre esprit une association d'idées, une liaison sensible entre la peine et le mal commis, et de nous faire entendre ou apercevoir que ce qui nous arrivait était une conséquence naturelle de notre faute. Il punissait le menteur en ne le croyant pas, l'indiscret en lui refusant les marques de confiance données à ses camarades, le dissipé en lui enlevant une partie de sa récréation, le bavard en le mettant au silence pendant quelques minutes, le querelleur en l'isolant pendant le jeu, celui qui arrivait en retard le matin en le faisant rester le soir après les autres, pour rattraper le temps perdu. Nous étions punis par où nous péchions.

Ces punitions, assez rares, étaient d'ailleurs données d'une façon si digne, qu'il ne venait à l'idée de personne de s'en plaindre. Chacun avait la conviction que M. Durand remplissait un devoir. Loin de lui en vouloir, on lui en était reconnaissant.

La punition faite, on le remerciait et on lui promettait de ne pas recommencer.

En nous punissant, il avait soin de ménager notre amour-propre, ne blessant pas en nous les sentiments délicats, qu'il s'efforçait au contraire de réveiller et auxquels il faisait appel constamment, nous supposant toujours meilleurs que nos actes, s'obstinant à nous croire bons. Il avait raison : nous l'étions, et peut-être, du moins en grande partie, à cause de son obstination à nous voir tels. Il nous aimait et tenait à nous faire plaisir. Il semblait avoir pour maximes que si l'on veut rendre les hommes bons, il faut commencer par les rendre heureux, et que le vrai secret de les conduire et de les gouverner, c'est de s'obstiner à les croire bons.

Il insistait plutôt sur les exemples *positifs* de qualités ou de vertus, les estimant sans doute bien plus efficaces que les exemples *négatifs* de défauts ou de vices, dont la peinture ne va pas toujours sans inconvénients.

Il s'efforçait de nous persuader d'éviter le mal, parce qu'il est le mal, et non uniquement parce qu'il entraîne une punition, et de faire le bien parce qu'il est le bien, et non, seulement, parce qu'il mène à une récompense.

Il insistait sur l'idée et le sentiment du devoir : il nous répétait à tout propos que c'est par devoir qu'il faut agir, et non par passion, par plaisir et par intérêt ; que l'on n'agit en homme que quand on agit par devoir ; que les autres motifs d'action peuvent se joindre à celui-là, mais qu'il faut que celui-là les règle et les domine ; qu'agir par devoir, c'est obéir à sa conscience et à Dieu, qui ont le droit de commander ; qu'il faut s'habituer à voir son intérêt et son bonheur dans son devoir ; qu'en fin de compte ils ne sont que là, que tout ce qui est contraire au devoir est opposé à notre véritable intérêt et à notre bonheur.

Pour nous rendre le devoir aimable et nous donner la force de le vouloir et de l'accomplir en toute occasion, à propos d'une lecture expliquée, d'une leçon de choses, d'histoire ou de morale, il mettait sous nos yeux des exemples de courage, de justice, de bonté, de dévouement ; il éveillait et développait dans nos âmes les inclinations nobles et généreuses : l'amour vrai de soi, qui est tout l'opposé de l'égoïsme ; l'estime de soi et la confiance en soi, absolument contraires à l'orgueil et à la présomption ; le sentiment de l'honneur, de la dignité humaine ou personnelle, l'émulation, la piété filiale, l'amitié, le patriotisme, l'amour du vrai, du bien, du beau, le sentiment religieux.

Je n'ai jamais rien remarqué de répréhensible dans la conduite de M. Durand à notre égard, et, si je suis un jour instituteur, je veux tâcher de l'imiter, de procéder comme lui, de m'approprier ses idées, ses sentiments, ses maximes, sa manière de récompenser pour exciter l'émulation, et de punir pour prévenir ou réparer les fautes.

Inutile de dire que jamais je ne l'ai vu employer de châtiments corporels.

La plupart du temps, un mot dit à l'oreille, un geste, un signe, un regard expressif, un reproche affectueux nous récompensaient ou nous punissaient suffisamment.

Nous aurions eu tous l'âge de trente ans, qu'il n'eût pas usé avec nous de plus de raison, de plus de sagesse et de réserve, et c'est là ce qui faisait sa force, c'est là qu'était la cause de l'influence qu'il exerçait sur nous, de la confiance et de l'affection qu'il nous inspirait, tant il est vrai qu'à tout âge « la force, comme dit Bossuet, est dans la raison tranquillement exposée ».

Il va de soi qu'il ne s'agit pas ici de la raison purement spéculative, mais de la raison unie au cœur et ne faisant qu'un avec lui, cette raison totale, indispensable dans les vérités morales et dans la conduite des hommes, et dont Pascal n'aurait pu dire qu'il est des raisons qu'elle ne comprend pas[1].

Autres sujets. — 1. Des punitions à l'école primaire.

Quelles sont les punitions prévues et interdites par les règlements ?

Vous paraissent-elles suffisantes pour assurer la discipline et le travail ?

Dans quel esprit et en s'inspirant de quels principes généraux faut-il les appliquer ? (Br. sup. Montpellier, Aspirants, 1901.)

2. La crainte des punitions exagérées et de la sévérité porte souvent les enfants au mensonge et à la dissimulation.

L'avez-vous remarqué ?

La bonté, la douceur et le raisonnement ne sont-ils pas de meilleurs moyens de s'attirer la confiance et l'affection des enfants, ce qui permet de mieux agir sur leur caractère ? (Br. sup. Rennes, Aspirantes, 1904.)

3. Un ministre de l'instruction publique a dit :

« Les récompenses, comme les punitions, doivent servir au progrès moral de l'élève. Elles seront données à la bonne volonté plutôt qu'à la réussite. Il faut donc encourager l'effort plutôt que le savoir-faire et l'intention plutôt que le succès. » (Lettre de M. Léon Bourgeois, juillet 1890.)

Développez cette pensée et dites en quoi elle est fondée. (Br. sup. Montpellier, Aspirantes, 1900.)

---

[1] Voir 1ᵉʳ vol., 9ᵉ part., IX : « *Un instituteur vient de mourir. Un de ses adjoints retrace sa vie.* »

4. Quels sentiments vous ont inspirés vos différentes maîtresses?
Crainte, respect, affection, etc., et lesquels de ces sentiments vous ont fait le mieux travailler?
Tirez une morale de là. (Br. sup. Dijon, Aspirantes, 1899.)

5. Un instituteur peut-il être tout à la fois aimé et obéi dans son école?
Comment comptez-vous faire, lorsque vous aurez une classe à diriger, pour inspirer de l'affection à vos élèves, sans compromettre votre autorité? (Br. él. Paris, Aspirants, 1896.)

6. « La première vertu d'une mère, c'est la fermeté, la justice. Elle est la conscience visible d'un enfant. Quand elle gâte son enfant, c'est la conscience de l'enfant qu'elle pervertit. »
Appréciez la justesse de cette pensée et dites si elle paraît s'appliquer à une institutrice chargée d'une école, et comment. (Br. sup. Toulouse, Aspirantes, 1903.)

7. La discipline scolaire doit être paternelle. Mais un père conscient de ses devoirs punit ses enfants quand il le faut. Il punit avec discernement et mesure, mais il sait punir au besoin. Il n'ignore pas que c'est le vrai moyen de prévenir des fautes de plus en plus graves et qu'une indulgence excessive l'expose au chagrin de voir un jour ses enfants, victimes de sa faiblesse et de leur mauvaise éducation, encourir des sévérités plus rigoureuses que les siennes. (Br. él. Paris, Aspirantes, 1908.)

8. Expliquer et vérifier par un exemple précis cette maxime : « Plus fait douceur que violence. » (Br. él. Clermont-Ferrand, Aspirantes, 1909.)

9. Que pensez-vous de cette réflexion d'un moraliste : « C'est perdre la confiance des enfants que de les punir des fautes qu'ils n'ont pas faites? » Quel est le sentiment que l'on blesse chez eux en pareil cas? Et le résultat n'est-il pas le même, quand on les récompense sans qu'ils l'aient mérité? (Br. él. Paris, Aspirantes, 1912.)

10. Quels sont, à votre avis, les meilleurs moyens de faire régner l'ordre et la discipline dans une classe? (E. N. de Fontenay.)

LIII

Le règlement scolaire interdit l'usage des châtiments corporels ; donnez les raisons de cette interdiction, et montrez-en l'importance dans l'éducation.

Sommaire. — 1° Raisons de cette interdiction.

L'homme est un être moral ; faire son éducation, c'est l'arracher à l'empire des sens et l'élever à la dignité de la vie morale.

Les châtiments corporels favorisent la prédominance des sens, rendent « les âmes plus lâches et plus malicieusement opiniâtres ».

Céder à la contrainte est honteux pour l'homme.

C'est le mal, non les coups, qu'il faut faire craindre.

2° Les châtiments corporels dégradent à la fois le maître qui les emploie et l'élève qui les subit.

Ils empêchent de naître ou étouffent les sentiments moraux, qui sont le premier objet de l'éducation.

Très en usage chez les peuples sauvages et barbares, ils disparaissent avec les progrès de la civilisation.

Développement.

I. — L'homme est un être moral. Faire son éducation, c'est l'arracher à l'empire des sens et l'élever à la dignité de la vie, morale, qui est sa vie propre.

L'éducateur doit apprendre à l'enfant à dominer les sensations, à s'en servir et à ne pas s'y asservir, à les dédaigner et à les braver au besoin ; à supporter, non seulement sans trop s'en affecter, mais avec joie, la gêne, la fatigue, la douleur physique.

« Endurcissez-le à la sueur et au froid, nous dit Montaigne, au vent, au soleil et aux hasards qu'il lui faut mépriser : ôtez-lui toute mollesse et délicatesse au vêtir et au coucher, au manger et au boire ; accoutumez-le à tout : que ce ne soit pas un beau garçon et dameret, mais un garçon vert et vigoureux. »

La prédominance de la vie sensitive ou animale sur la vie intellectuelle et morale, prédominance que les châtiments corporels favorisent, engendre inévitablement la paresse, la lâcheté, le vice. « Je n'ai vu d'autres effets aux verges, dit Montaigne, sinon de rendre les âmes plus lâches et plus malicieusement opiniâtres. » Tout ce que l'on ôte aux sens, aux sensations, on le donne au sentiment, à la volonté, à la force de caractère.

L'excès de sensibilité physique étouffe la sensibilité morale : le sensuel n'a point de cœur; il n'a pas de sentiments, il n'a que des sensations. « Le devoir à l'égard de nous-même, dit Joubert, c'est l'indépendance des sens. »

Il est honteux pour un homme de céder à la peur, à la contrainte physique; il est honorable pour lui, au contraire, d'accepter la nécessité du devoir, de reconnaître le pouvoir moral du droit, de s'incliner devant lui.

C'est le mal qu'il faut faire craindre à l'enfant, et non les coups. La contrainte, la verge ou le bâton peuvent servir à dompter, à dresser un fauve; ils sont impuissants à faire un homme.

II. — L'éducation est une œuvre d'autorité et de respect. Rien de plus contraire à l'autorité et au respect que les châtiments corporels, qui dégradent généralement à la fois et le maître qui les emploie et l'élève qui les subit.

Loin de faire naître et de développer les sentiments moraux, qui sont le premier objet de l'éducation, les châtiments corporels les empêchent de naître ou les étouffent.

Quelle délicatesse de conscience, quels sentiments de dignité personnelle et d'honneur attendre d'un enfant qui ne redoute que les coups de verge ou de bâton ? Il n'aura que le souci de les éviter : il deviendra servile, lâche, hypocrite.

Les châtiments corporels sont fort en usage chez les peuples sauvages et barbares; ils disparaissent avec les progrès de la civilisation. Plus on connaît l'homme, plus on le respecte; plus on le respecte, plus on le traite conformément à sa nature morale, plus on procède à sa formation par des moyens exclusivement moraux.

« En France, dit Eugène Rendu, l'opinion publique, d'accord avec la loi et les conseils de la raison, se prononce énergiquement contre toute punition corporelle, tandis que, chez certains de nos voisins, dans un pays de haute culture pédagogique, on en est encore à réglementer la nature, le nombre et l'intensité des coups. Sur quelle partie du corps frappera-t-on les enfants? — Garçons et filles ? — L'instituteur frappera-t-il de ses mains, de son poing fermé, à l'aide d'un instrument, fouet, lanière ou bâton? — Tous ces points ont été discutés dans une conférence de *Directeurs scolaires*, non point à Honolulu ou au Congo, mais dans une des plus brillantes capitales de l'Allemagne, à Drésde, en 1874. »

Terminons par ce passage du *Cours de Psychologie et de Morale* (1re année), de MM. Paul Janet et Thamin :

« L'abstention systématique de toute peine physique est un des honneurs de notre pédagogie, qui, loin de renoncer à ses traditions, a une tendance marquée, aujourd'hui, à faire de nouveaux progrès dans la même voie et à moraliser de plus en plus la discipline.

« Toutes les peines qui gardent quelque chose de physique, comme la privation de récréation, sont rejetées d'un commun accord par les hygiénistes et les moralistes. Les pensums sont aussi, d'une certaine manière, un châtiment physique, et, de plus, ils enseignent à l'enfant à travailler mal et machinalement. » (2° partie, *Psychologie appliquée*, XV.)

Pensées. — La crainte est comme les remèdes violents qu'on emploie dans les maladies extrêmes : ils purgent, mais ils altèrent le tempérament et usent les organes. Une âme qu'on mène par la crainte en est toujours plus faible. (FÉNELON.)

Que les punitions aient toujours pour objet de créer dans l'esprit des enfants une liaison sensible entre la peine et le mal commis. (E. RENDU.)

Les récompenses les meilleures sont celles qui mettent en jeu des sentiments délicats, sans éveiller aucune idée d'intérêt. (Id.)

Ne promettez jamais aux enfants, pour récompenses, des ajustements ou des friandises. (FÉNELON.)

Autres sujets. — 1. Faut-il faire une part à la contrainte dans l'éducation, et dans quelles limites est-elle légitime ? (Bacc. 1re partie, Clermont, 1908.)

2. Pourquoi les bons maîtres ont-ils, moins que d'autres, l'occasion de punir ? (E. N. de Fontenay.)

3. Que pensez-vous du pensum, employé comme moyen de punition dans les écoles primaires ? (E. N. de Fontenay, 1886.)

XIII

Interrogation, Analyse littéraire, Lecture de livres.

LIV

On a dit quelquefois : « *Savoir interroger, c'est savoir enseigner*. »

Montrez ce qu'il y a de vrai dans cette pensée, et exposez la méthode d'interrogation que vous suivez dans votre enseignement. (C. A. P., Seine.)

Sommaire. — Dans une *première partie*, rappeler les principes pédagogiques qui légitiment cette affirmation.

Savoir enseigner, c'est savoir apprendre à apprendre, c'est faire savoir.

Savoir, c'est comprendre, c'est-à-dire prendre en soi, faire sien ; c'est posséder, c'est pouvoir appliquer.

Cela demande le concours actif de toutes les facultés intellectuelles, concours que l'enfant, vu son inconsistance, ne donne pas par lui-même, sans aide, sans intervention, aide et intervention dont la forme la plus ordinaire et la plus féconde est l'interrogation.

Dans une *seconde partie*, montrer par quelques exemples comment la méthode d'interrogation s'applique aux diverses matières du programme, et le parti que l'on peut en tirer.

Développement.

I. — En deux mots, cette pensée appelle l'attention sur une des questions les plus importantes de la pédagogie : l'art d'éveiller les esprits, de suggérer les idées.

Savoir enseigner, ce n'est pas seulement savoir énoncer ou exposer ce que l'on sait, c'est savoir apprendre à apprendre, c'est développer, c'est rendre actives les facultés intellectuelles, l'attention, la raison, le bon sens, l'imagination, la mémoire.

L'instituteur qui ne sait que bien parler, qui fait des discours à la manière d'un orateur, ne sait pas enseigner. Ce n'est pas, en général, ce qu'on leur dit que les enfants retiennent et savent, mais ce qu'on leur fait dire à eux-mêmes, ce qu'on leur fait souvent répéter et souvent appliquer.

Celui-là sait enseigner qui fait *savoir*. Or, savoir, ce n'est pas avoir confié à sa mémoire des mots, des notions, des règles, des lois, des principes, des faits, non liés, non organisés, ne se rattachant pas, ne formant pas un ensemble, un corps vivant, une mentalité. Comme le remarque fort judicieusement Montaigne : « Savoir par cœur n'est pas savoir. Savoir, c'est tenir (s'être approprié) ce qu'on a donné en garde à sa mémoire. Ce qu'on sait droitement, on en dispose sans regarder au patron, sans tourner les yeux vers son livre. » C'est quelque chose que l'on a fait sien, dont on sait la portée, la valeur, et dont on use à son gré ; c'est une nourriture digérée, assimilée, que l'on a transformée en sa propre substance.

On s'est rendu compte, on a vu le pourquoi et le comment des choses ; on a vu leurs rapports, leurs ressemblances, leurs différences : on a vu comment les principes contiennent les conséquences et comment les conséquences se déduisent des principes ; comment les causes produisent leurs effets et comment les effets naissent des causes ; comment des faits on induit les lois, et des exemples les règles, et comment les lois dominent et expliquent les faits, ou les règles, les exemples.

Mais pour se rendre ainsi compte, pour *savoir*, il faut le concours actif de toutes les facultés intellectuelles. L'enfant, livré à lui-même, n'est pas capable de donner ce concours, d'exercer et de développer harmoniquement toutes ses facultés. Il ne le fait que si on l'amène à le faire, et on ne peut l'y amener qu'en le sollicitant, qu'en l'excitant à se mettre en face de lui-même et des choses. Pour fixer sa curiosité mobile, pour dégager ses facultés supérieures, la raison et la volonté, de ses facultés inférieures, l'imagination, les sens, les appétits ; pour le rendre capable d'attention, c'est-à-dire de cet empire sur soi-même qui permet d'arrêter sur un objet les yeux de l'esprit aussi longtemps qu'il le faut pour en bien juger, il ne suffit pas que le maître expose sa leçon ; il faut que l'enfant y soit intéressé, qu'il y intervienne, qu'il soit mis en demeure de chercher, de découvrir, de formuler son avis, d'émettre une appréciation.

S'il est vrai que « l'éloquence continue ennuie », c'est surtout à l'école primaire, c'est dans l'enseignement des choses élémentaires. Le moins possible de leçons données *ex cathedra*, ou mieux, pas du tout. Le maître ne doit pas se contenter de parler devant et pour son jeune auditoire, il doit entrer en relation intime avec lui. La leçon la plus intéressante, la plus utile, ou plutôt la seule vraie leçon, c'est celle où le maître se met, pour ainsi dire, de plain-pied avec ses élèves : c'est celle qui devient un entretien, une causerie, au besoin une discussion. « Il faut enseigner le moins possible, dit Herbert Spencer, et faire trouver le plus possible. »

Les interrogations sont la gymnastique de l'esprit ; bien conduites, graduées, méthodiques, elles donnent aux facultés la souplesse, l'agilité, la force. Elles provoquent et assurent l'action personnelle de l'enfant. Il n'y a ni formation ni progrès, si le maître, au lieu de diriger, comme il le doit, cette action personnelle, y substitue la sienne. Enseigner, faire l'éducation, c'est faire naître et diriger l'effort personnel. « Ce que le maître fait par lui-même est peu de chose, dit Dupanloup, ce qu'il fait faire est tout. » Et Channing : « Le meilleur maître est celui qui éveille chez ses élèves la faculté de penser, » qui a le talent de *suggérer*.

L'interrogation est le grand moyen de la méthode suggestive. Après Socrate, qui en a fait un tel usage qu'il a donné son nom à la méthode, Montaigne dit là-dessus des choses fort sensées, dans son chapitre de l'*Institution des enfants* (*Essais*, XXV) : « Que le maître ne demande pas compte à l'enfant seulement des mots de sa leçon, mais du sens et de la substance. Que ce qu'il vient d'apprendre il le lui fasse mettre en cent visages et accommoder à autant de sujets, pour voir s'il l'a encore bien pris et bien fait sien. » « Fâcheuse suffisance, ajoute-t-il, qu'une suffisance pure *livresque*, » une capacité qui sent trop les livres, qui n'est que dans la mémoire, dans les mots, dont on n'a pas le sens, dont on ne voit pas la portée.

Ajoutons que la manière d'interroger permet de juger un maître ; elle révèle l'étendue de ses connaissances, l'ordre qu'il leur a donné dans son esprit, son aptitude à les communiquer. L'art d'interroger demande un esprit éveillé, beaucoup de bon sens, un jugement sûr qui découvre soudain le point faible d'une réponse et en profite pour faire chercher et trouver la vérité.

De ces principes et de ces considérations on peut conclure que la méthode *socratique* ou d'interrogation est essentielle à l'enseignement et qu'on a pu dire avec raison que *savoir interroger*, *c'est savoir enseigner*.

II. — Cette méthode s'applique à toutes les parties du programme de nos écoles. La lecture expliquée, l'histoire, la grammaire, les exercices de composition française demandent l'emploi constant de la méthode d'interrogation.

Que de choses, par exemple, une page de nos grands auteurs

peut permettre d'enseigner aux enfants, si on sait les y voir, les
dégager, les faire goûter ! C'est parce qu'ils étaient bien convaincus de cela que les auteurs du programme de l'enseignement
secondaire moderne ont voulu que la langue, la grammaire, la
rhétorique fussent étudiés d'une manière concrète sur des textes
classiques ; en d'autres termes, que l'on apprît la grammaire et
la rhétorique par la langue, et non la langue par la grammaire
et la rhétorique.

Une fable de La Fontaine, une scène de Corneille ou de Molière, un portrait de La Bruyère, sont un thème d'observations
et de réflexions de toutes sortes. Les questions du professeur
doivent les faire naître. De l'analyse et du groupement des faits
ou exemples particuliers, il doit faire induire les règles de grammaire ou les lois du langage. Prenons une des plus simples fables
de La Fontaine, *la Grenouille qui veut se faire aussi grosse que
le Bœuf* ou *le Corbeau et le Renard*. Se place-t-on au point de
vue *lexicologique* ou *littéraire*, que de questions à faire ! C'est
l'étymologie des mots, c'est leur dérivation, ce sont des règles
de grammaire, c'est la liaison des idées, c'est le tour qui les fait
ressortir, ce sont les formes du raisonnement, etc. Est-ce au
point de vue moral ? Quel est le but que se propose l'auteur ? Par
quels moyens y arrivera-t-il ? quelle est l'idée générale de la fable
quelle en est la moralité ? quel est le rapport du fait à la mora
lité ? quelle est la moralité particulière des circonstances et
comment se rattache-t-elle à la moralité générale ? — Ce sont là
les grandes lignes. Les réponses de l'enfant, qu'il faut le plus
souvent corriger ou compléter, ouvrent la voie à une foule
d'autres questions et sous-questions [1].

C'est par l'emploi de la méthode d'interrogation que l'on peut
mettre l'enfant à même de développer une pensée morale, un
proverbe, une maxime, l'amener, en un mot, à faire une petite
dissertation. « Observez toutes les ouvertures que l'esprit de l'enfant vous donnera, dit Fénelon ; tâtez-le par divers endroits,
pour découvrir par où les grandes vérités peuvent mieux entrer
dans sa tête. Surtout ne lui dites rien de nouveau sans le lui
familiariser par quelques comparaisons sensibles. » (*Éducation
des filles*, vii.) Et Montaigne : « La philosophie a des discours
pour la naissance des hommes comme pour leur décrépitude. Un
enfant en est capable au partir de la nourrice beaucoup mieux
que d'apprendre à lire ou écrire. » Le tout est de savoir profiter
de ces ouvertures, de cette capacité naturelle de l'enfant. Les

---

[1] On pourrait concrétiser toutes ces observations par des exemples détaillés
si l'on ne craignait d'allonger le su et.

plus hauts principes peuvent être mis à sa portée. Toutes les idées sont en puissance dans sa raison ; l'enfant ignore qu'il les a, il faut les faire passer à l'état conscient. C'est le but des questions du maître.

Ces questions, qui doivent contenir en germe les réponses, ou du moins les suggérer, les faire pressentir, placent l'enfant en face de lui-même : elles font appel à son bon sens ; et en face des faits, elles le sollicitent à s'en rendre compte, à les juger, à en tirer une instruction. Il faut s'y attacher, comme le fait encore remarquer Fénelon, à rendre clair et sensible, s'il se peut, ce que l'enfant entend et dit tous les jours.

Supposons que l'élève ait à développer ce proverbe : *On récolte ce que l'on a semé.* Voici quelques questions que le maître peut faire sous forme de canevas :

Ce proverbe est-il vrai ? Si l'on veut récolter du froment, faut-il semer de l'avoine ? (Sens propre.)

Notre âme n'est-elle pas comme une terre, où la moisson est de même nature que la semence que l'on y répand ? (Sens figuré.)

A quel âge surtout répand-on la semence dans l'âme ? Ne sème-t-on pas et ne récolte-t-on pas à tout âge ?

Les actes ne sont-ils pas la semence des habitudes ?

Qui sont ceux qui récoltent des vertus ? Qui sont ceux qui récoltent des vices ?

Qui sont ceux qui récoltent la honte et le malheur ? Qui sont ceux qui récoltent l'estime et le bonheur ?

Si l'on veut s'instruire, que faut-il faire ?

Et si l'on veut être heureux ?

Ces exemples montrent que la méthode d'interrogation est la méthode par excellence d'enseignement.

III. — La pratique, comme la théorie, amène la même conclusion : *savoir interroger, c'est savoir enseigner.*

Il ne faudrait pas cependant penser, avec Rousseau, que l'interrogation suffit à tout. Elle est un auxiliaire indispensable des divers procédés d'enseignement, elle ne saurait remplacer ni la leçon du maître ni le livre.

« L'interrogation, comme tout mode de culture, veut être pratiquée avec mesure et discernement. Avec les commençants, elle est prépondérante ; c'est elle qui s'accorde le mieux avec leur vivacité, leur mobilité, l'intermittence de leur attention. D'un bout à l'autre des études elle tient sa place, mais la revendique moins large à mesure que les écoliers sont plus près du terme. Au moment où vous quittez vos élèves, vous devez les avoir mis en mesure de se passer de vous. »

(BOUTROUX, *Revue pédagogique*, nᵒ 1, janv. 1896.)

Lecture. — *Exemple d'interrogations pour les petits enfants pris dans l'Éducation des filles, de Fénelon.* — Dites à un enfant en qui la raison agit déjà : Est-ce votre âme qui mange? S'il répond mal, ne le grondez point; mais dites-lui doucement que l'âme ne mange pas. C'est le corps, direz-vous, qui mange; c'est le corps qui est semblable aux bêtes. Les bêtes ont-elles de l'esprit? Sont-elles savantes? *Non*, répondra l'enfant. Mais elles mangent, continuez-vous, quoiqu'elles n'aient point d'esprit. Vous voyez donc bien que ce n'est pas l'esprit qui mange, c'est le corps qui prend les viandes pour se nourrir; c'est lui qui marche, c'est lui qui dort. Et l'âme, que fait-elle? Elle raisonne, elle connaît tout le monde; elle aime certaines choses, il y en a d'autres qu'elle regarde avec aversion. Ajoutez, comme en vous jouant : Voyez-vous cette table? *Oui*. Vous la connaissez donc? *Oui*. Vous voyez bien qu'elle n'est pas faite comme cette chaise; vous savez bien qu'elle est de bois, et qu'elle n'est pas comme la cheminée qui est de pierre? *Oui*, répondra l'enfant. N'allez pas plus loin sans avoir reconnu, dans le ton de sa voix et dans ses yeux, que ces vérités si simples l'ont frappé. Puis, dites-lui : Mais cette table vous connaît-elle? Vous verrez que l'enfant se mettra à rire, pour se moquer de cette question. N'importe, ajoutez : Qui vous aime mieux, de cette table ou de cette chaise? Il rira encore. Continuez : Et la fenêtre, est-elle bien sage? Puis, essayez d'aller plus loin. Et cette poupée, vous répond-elle, quand vous lui parlez? *Non*. Pourquoi? Est-ce qu'elle n'a point d'esprit? *Non, elle n'en a point*. Mais après votre mort, quand vous serez sous terre, ne serez-vous point comme cette poupée? *Oui*. Vous ne sentirez plus rien? *Non*. Vous ne connaîtrez plus personne? *Non*. Et votre âme sera dans le ciel? *Oui*. N'y verra-t-elle pas Dieu? *Il est vrai...* Et l'âme de la poupée, où est-elle à présent? Vous verrez que l'enfant souriant vous répondra, ou du moins vous fera entendre que la poupée n'a point d'âme.

Sur ce fondement, et par ces petits tours sensibles employés à diverses reprises, vous pouvez l'accoutumer peu à peu à attribuer au corps ce qui lui appartient, et à l'âme ce qui vient d'elle, pourvu que vous n'alliez point indiscrètement lui proposer certaines actions qui sont communes au corps et à l'âme. Il faut éviter les subtilités qui pourraient embrouiller ces vérités, et il faut se contenter de bien démêler les choses où la différence du corps et de l'âme est plus sensiblement marquée. (*Éducation des Filles*, ch. VII.)

Autre sujet. — Les maîtres déplorent souvent l'absence des connaissances positives chez certains élèves, d'ailleurs bien doués et aptes à comprendre.

Pourquoi ces enfants ne retiennent-ils pas ce qu'ils ont compris? Et comment vous y prendrez-vous, dans votre classe, pour faire retenir après avoir fait comprendre? Comment, en particulier, ferez-vous servir à ce but deux sortes d'interrogations : celle qui pousse l'enfant à découvrir les vérités qu'on veut lui enseigner; et celle qui contrôle, vérifie les résultats de l'enseignement? (Br. sup. Poitiers, Aspirants et Aspirantes, 1914.)

LV

Dites à vos élèves comment vous procéderez pour analyser une fable de La Fontaine.

Donnez un exemple et indiquez sommairement le profit que l'on peut tirer de ce travail, tel que vous l'entendez.

Nota. — Ce sujet se trouve déjà dans le 1er volume, 10e partie, XXXVII. On le rapproche ici des analyses de fables où la méthode qu'il expose est spécialement appliquée. — Voir aussi 1er vol., 8e partie, XVII : *Apprécier un morceau en prose ou en vers (Corbeau et Renard)*; — XVIII : *Enseignement que contient la Fable « le Coche et la Mouche »*, et XX : *Fable « le Corbeau et le Renard » analysée pour petits enfants.*

Sommaire. — 1o Dire comment on procède pour analyser une fable ;

2o Appliquer à l'analyse d'une fable la méthode donnée ;

3o Indiquer sommairement le profit que l'on peut tirer de ce genre de travail.

Observation. — La marche à suivre pour l'analyse de la fable est indiquée dans les deux premiers alinéas du développement.

Développement.

I. — *But, moyens, enseignement, forme.* — Le plan que nous allons suivre se trouve dans ces quatre mots.

Nous nous poserons quatre questions, et nous y répondrons :

1o Quel est le *but* de l'auteur ?

2o Quels *moyens* a-t-il pris pour l'atteindre ?

3o Quel *enseignement* pouvons-nous tirer de la fable ?

4o Quelle *valeur* a-t-elle au point de vue de la forme ?

Figurons-nous que nous avons à faire successivement quatre compositions.

Le *but* n'est pas toujours nettement indiqué. Nous tâcherons de le découvrir.

Les *moyens*, nous les trouverons dans le développement de la fable.

L'*enseignement* qu'on en peut tirer, nous le mettrons en évidence par des applications dans l'histoire et dans la vie pratique.

Nous apprécierons la *forme* en peu de mots, évitant les remarques banales, qui ne font pas avancer l'esprit et ne forment pas le goût.

« Une fable est une œuvre d'art; toute œuvre d'art suppose un but; un but suppose des moyens propres à l'atteindre. C'est surtout dans le choix des moyens et dans leur mise en œuvre qu'éclate le talent de l'artiste, que se révèle le mérite de l'œuvre. Quand donc on étudie une œuvre d'art, quand on doit l'apprécier, il est toujours bon de se demander quel but s'est proposé l'auteur et comment il s'y est pris pour y parvenir; il est bon de montrer qu'entre le but et les moyens il y a un rapport étroit, une parfaite concordance. Cette méthode a le double avantage de nous faire pénétrer dans le secret de la composition, et de nous fournir une règle sûre de jugement : est bon tout ce qui va au but; tout ce qui s'en éloigne est mauvais. »

(VESSIOT, *l'Instituteur*, janvier 1890.)

II. — Prenons pour exemple : *Le Laboureur et ses enfants.*

But. — Le but que se propose l'auteur est de montrer que le travail est le meilleur « fonds », la propriété la plus sûre, celle qui court le moins de risques, celle « qui manque le moins ».

Moyens. — Pour atteindre son but, La Fontaine nous présente un riche laboureur qui, sur le point de mourir, recommande à ses enfants, rassemblés autour de lui, de ne pas vendre l'héritage qu'il leur laisse, parce qu'un trésor est caché dedans : ils le trouveront en labourant avec soin. Le père mort, les fils vous retournent le champ, deçà, delà, partout. D'argent, point de caché; mais le champ rapporta davantage : « le travail est un trésor. »

Enseignement. — Le travail est le plus fécond et le plus sûr des capitaux. C'est par lui que se crée, se conserve et s'accroît tout capital : le capital matériel, la richesse; le capital intellectuel, la science; le capital moral, la vertu; sans lui, point de richesse, point de science, point de vertu; sans lui, on ne peut les acquérir; sans lui, on ne peut non plus les accroître ni les conserver, à supposer qu'on les ait.

Le paresseux gaspille tout, perd tout : il lui manque le premier des trésors, le plus sûr, celui qu'une inondation, un incendie, un revers de fortune quelconque, une guerre même, ne sauraient nous enlever; celui qui est toujours en puissance dans nos facultés et qui se refait sans cesse; celui qui peut remplacer tous les autres, s'ils viennent à manquer, pourvu qu'il nous reste et que la maladie ou les infirmités ne nous l'ôtent pas.

Les peuples riches, savants, vertueux, sont les peuples travailleurs.

La vraie richesse n'est pas dans l'or et dans l'argent ; elle n'est pas non plus dans la fécondité de la terre ou la valeur naturelle des facultés ; elle est dans le travail : « le travail est un trésor. »

Que sont devenues les richesses des Romains, à l'époque de leur décadence ? Que sont devenus l'or et l'argent amassés par les Espagnols dans la conquête du Nouveau Monde ? A quoi sert la fécondité de la terre chez les peuples paresseux de l'Orient ? A quoi sert la valeur naturelle des facultés sans le travail ? Autour de nous, que de familles ruinées par la paresse et les vices qui l'accompagnent !

Forme. — La morale est formulée au début, en discours direct :

> Travaillez, prenez de la peine :
> C'est le fonds qui manque le moins,

et à la fin, en guise de réflexion :

> ... Mais le père fut sage
> De leur montrer, avant sa mort,
> Que *le travail est un trésor.*

Cette seconde forme de la morale, plus frappante encore que la première, indique bien qu'il ne faut pas entendre que le *fonds qui manque le moins, c'est la terre : le défaut de succès ne vient pas de la terre, mais de la culture.* Il faut entendre que le *travail lui-même est le « fonds »*, le capital, la propriété, la richesse, le « trésor » le plus sûr, celui qui court le moins de risques.

Deux vers d'exposition amènent le discours du vieillard, discours très net et très simple. Les deux points remplacent plusieurs fois les conjonctions. C'est plus rapide.

Le laboureur est court dans son exposé : il sent la mort venir. Il dit beaucoup en peu de mots.

> Remuez votre champ, dès qu'on aura fait l'*oût*,

expression populaire, qui signifie la moisson, le travail que l'on fait au mois d'août.

Les expressions simples, familières, donnent de la couleur, du relief au style. « C'est, dit Joubert, par les mots familiers que le style mord et pénètre le lecteur. C'est par eux que les grandes pensées ont cours et sont présumées de bon aloi, comme l'or et l'argent marqués d'une empreinte connue. Ils inspirent de la confiance pour celui qui s'en sert à rendre ses pensées plus sensibles ; car on reconnaît, en un tel emploi de la langue commune, un homme qui sait la vie et les choses, et qui s'en tient rapproché. » — Ex. Bossuet. — Voir Joubert, XXIV, 2, Écrivains religieux.

> Creusez, fouillez, bêchez, ne laissez nulle place
> Où la main ne passe et repasse.

Cette énumération de verbes et de détails techniques précise, insiste et enfonce bien dans l'esprit la recommandation. On croit voir les fils à l'œuvre, cherchant avec ardeur ce trésor, à la fois imaginaire et réel.

« Le père mort » : plus bref, plus concis que le père *étant* mort. Dans le style, tout ce qui n'est pas utile est nuisible. *Étant* serait plus qu'inutile. « Les fils *vous* retournent le champ » : ce *vous* explétif donne du relief ; il est donc utile. Utile aussi cette circonstance indiquée plus haut : « Il parla *sans témoins ;* » c'eût été imprudent de faire connaître à d'autres l'existence du trésor. Utile encore cette autre circonstance : « que nous ont laissé nos parents. » Il s'agit d'un *patrimoine* que l'on se transmet de père en fils.

« Deçà, delà, partout » : énumération qui indique le soin avec lequel les fils suivent les conseils du père.

« D'argent, point de caché » : tour rapide, signifiant : il n'y avait point d'argent de caché.

Les idées se lient si naturellement qu'on n'aperçoit pas une seule transition. Les expressions suivantes semblent en tenir lieu : « le père mort ; d'argent point de caché ; mais... »

Bornons-nous à ces quelques remarques. On les variera d'une fable à l'autre, de façon à passer en revue tous les secrets de l'art de composer. Personne ne peut mieux nous les révéler que La Fontaine.

Il n'est pas question de l'imiter, mais de nous initier à l'art d'écrire en étudiant ses fables.

Il y a autant de styles que d'hommes, puisque le style, c'est l'homme. Il ne s'agit donc pas d'acquérir tel style, en imitant tel auteur ou tel autre, mais d'apprendre à écrire dans notre propre style, dans notre style à nous, dans le style qui est notre expression, notre physionomie, qui répond à notre tempérament et à notre caractère[1].

---

[1] Voir 2e vol. : *Sujets préliminaires,* II, et en particulier les *Lectures sur le style,* prises dans Ernest Hello. — Voir aussi, 3e vol., 1re partie, III.

Une importante qualité du style, c'est l'originalité, et le style est original, quand il est nôtre.

Composer, c'est créer : le style est une création de forme par les idées, et une création d'idées par la forme.

Le *fond* et la *forme* ne font qu'un : c'est l'âme et le corps substantiellement unis. C'est l'âme qui fait son corps ; c'est le fond qui fait la forme : la forme est le reflet nécessaire du fond.

Les styles ne sont pas parqués et numérotés en style simple, tempéré, sublime. Il y a des styles appropriés aux sujets et aux auteurs : c'est tout.

La distinction des qualités générales et des qualités particulières du style est tout aussi vaine.

Laissons de côté ces divisions factices qui ne nous enseignent rien, qui sont un obstacle au lieu d'être un moyen, et apprenons l'art d'écrire en analysant les fables de La Fontaine.

III. — On peut tirer un très grand profit de ce travail, non seulement pour la formation du goût, mais aussi pour la formation morale et le développement général des facultés.

Quels bons enseignements contiennent les fables de La Fontaine ! Mais il faut les y voir par l'étude, par l'observation et la réflexion.

Elles sont une école d'expérience : toutes les leçons qu'elles donnent, elles les précisent, les concrétisent, les localisent dans des faits qui nous les font goûter et qui nous aident à les comprendre et à les retenir.

Lecture. — *Les Fables de La Fontaine.* — La Fontaine sut atteindre à la gloire en composant, sans prétention aucune, d'adorables petits poèmes, auxquels il donna le nom modeste de Fables. On les fait apprendre par cœur aux enfants. S'ils voulaient prendre la peine, quand ils sont devenus grands, de relire leur La Fontaine, ils s'apercevraient que chacune de ces fables est un petit drame admirablement composé, plein de grâce et de vérité. Chaque personnage que l'auteur y introduit parle le langage qui convient à son caractère : le loup, le chien, le lion, le singe, ne disent pas un mot qui ne soit conforme aux instincts qu'ils ont reçus de la nature.

Mais, tout en faisant causer les animaux, La Fontaine ne laisse pas échapper une occasion de donner aux hommes des conseils ou des leçons. Il se moque à sa façon de leurs travers. Qu'est-ce que le renard, sinon un courtisan adroit ? Comment ne pas reconnaître, dans le corbeau qui laisse tomber son fromage, le vaniteux dupé par un flatteur sans scrupule ? La grenouille qui veut se faire aussi grosse que le bœuf n'est-elle point le portrait exact de l'orgueilleux ?

Il ne faut pas regarder les fables comme de petites compositions puériles, propres seulement à exercer la mémoire des enfants. Elles sont le fruit d'un art exquis, et quiconque les étudiera avec soin y trouverd de nouvelles beautés à chaque nouvelle lecture. Le bon La Fontaine ne se doutait guère, en les composant, qu'il pût leur devoir un jour l'immortalité. (G. Duruy. — Texte de dictée, Br. él. Toulouse, Aspirantes, 1906.)

Autres sujets. — 1. Indiquer, d'après les Fables de La Fontaine que vous avez au programme, quelles étaient les idées de l'auteur sur la société de son temps.

Comparer ses idées à celles de La Bruyère. (Br. sup. Lyon, Aspirantes, 1906.)

2. *Les Deux Amis.* (La fable est donnée.)

Questions. — 1º Relevez et expliquez brièvement les termes et les tours qui ne sont plus d'usage aujourd'hui.

2º Rendez compte, dans une appréciation ordonnée, de la beauté et de l'intérêt de cette fable. (Br. sup. Besançon, Aspirantes, 1906.)

3. « Cela est peint, » disait Mme de Sévigné de certain passage d'une fable de La Fontaine : *Le Singe et le Chat.*

Vous direz ce que vous entendez par ces mots : « Cela est peint, » et, en prenant pour exemples quelques-unes des fables inscrites au programme, vous montrerez jusqu'à quel point La Fontaine a excellé dans l'art de peindre. (Br. sup. Aix, Aspirantes, 1901.)

4. La Fontaine a dit des enfants :

Cet âge est sans pitié.

1º Est-ce vrai ?
2º Doit-on combattre cette dureté de cœur ?
3º Quels sont les moyens de la corriger ? (Br. sup. Paris, Aspirants, 1905 ; — Br. él. Montpellier, 1918.)

5. Vous avez lu la fable de La Fontaine : *Les Deux Rats, le Renard et l'Œuf.*

Qu'en pensez-vous ? (Bacc. 1re partie, Caen, 1907.)

6. Appréciez les idées, le sentiment et le style de la harangue du *Paysan du Danube.*

La fable sera lue tout entière, mais non dictée. (Br. sup. Paris, Aspirants, 1898.)

7. Décrire la séance du Sénat dans laquelle le Paysan du Danube prononce son discours, et faire la réponse d'un sénateur romain à ce discours. (Br. sup. Paris, Aspirants, 1899.)

8. Lettre de Mme de Sévigné à Mme de Grignan.
Elle vient de lire la fable de La Fontaine qui a pour titre : *L'Homme et la Couleuvre.* Elle admire comme le Bonhomme fait parler la nature, et tourne le conte à son dessein. Elle fait ses réserves sur la morale de cette fable. Qu'en pense « la philosophe » ? (Br. sup. Paris, Aspirantes, 1899.)

9. Après avoir exposé, à des jeunes filles de onze ans environ, le sujet de la fable de La Fontaine intitulée : *L'Alouette, ses Petits et le Maître d'un champ*, vous ferez ressortir l'enseignement qu'on peut en tirer.

Vous adapterez cette leçon à l'âge des élèves ; vous donnerez des exemples tirés de la vie scolaire ou de la vie de famille.

Vous terminerez en les mettant en garde contre les défauts signalés par la fable de La Fontaine. (Br. sup. Chambéry, Aspirantes, 1900.)

10. Décrire la cour du Lion, d'après la fable de La Fontaine. (Br. sup. Besançon, Aspirantes, 1898.)

11. *Le Renard et la Cigogne*, de La Fontaine.

Résumez la fable et dites ce que vous pensez de la conduite du Renard et de celle de la Cigogne.

Ne pourriez-vous trouver une autre morale que celle de La Fontaine :

> Trompeurs, c'est pour vous que j'écris.
> Attendez-vous à la pareille.

N. B. — La fable sera lue une ou deux fois. (Br. él. Paris, Aspirants, 1899.)

12. Analysez et critiquez la fable intitulée : *Le Meunier, son Fils et l'Ane.* (Br. sup. Besançon, Aspirantes, 1899.)

13. Après avoir résumé à grands traits la fable de La Fontaine intitulée : *Le Meunier, son Fils et l'Ane*, vous en étudierez la morale.

Devons-nous chercher à contenter tout le monde ?

Exposez les principes qui doivent sur ce point nous guider dans la vie, et donnez, au besoin, des exemples. (Br. sup. Chambéry, Aspirants, 1898.)

14. Montrez qu'il y a comme un petit drame dans la fable du *Meunier, son Fils et l'Ane.* (Br. sup. Aix, Aspirants, 1898.)

15. Dicter la fable : *Le Songe d'un habitant du Mogol.* (LA FONTAINE, XI, IV.)

Après avoir donné, au cours de votre commentaire, les explications nécessaires sur le sens et la valeur des mots, vous montrerez nettement le sens et la moralité de cette fable.

Vous expliquerez ensuite comment l'épilogue ne s'y rattache que d'une façon indirecte, et vous ferez ressortir ce qu'il y a de charme et d'abandon dans cette rêverie poétique. Vous en prendrez occasion pour faire voir que La Fontaine, dans la façon dont il a traité le genre de la fable, a été le plus personnel des poètes, et vous rappellerez quelques-uns des passages de son livre où il nous a révélé ses sentiments, ses opinions et ses goûts. (Br. sup. Bordeaux, Aspirantes, 1896.)

16. Dictée de la fable de La Fontaine : *Le Renard et les Raisins.* Que pensez-vous de cette fable ?

Qu'est-ce qui en fait le sel et l'agrément?

Commentez-la de manière à motiver votre appréciation. Dites ensuite ce que vaut sa moralité. Dégagez-la et jugez-la. (Br. sup. Paris, Aspirantes, 1896.)

17. Choisissez deux des animaux que La Fontaine a pris pour personnages ordinaires, et faites d'après le poète leur portrait physique ou moral. Rappelez le rôle qu'ils jouent dans les fables que vous connaissez. (Br. sup. Toulouse, Aspirantes, 1898.)

18. Exposez, en justifiant votre opinion par des textes probants, le caractère du Chat, de l'Ane et du Renard, dans les Fables de La Fontaine. (Br. sup. Poitiers, Aspirantes, 1896.)

19. *Le Paysan du Danube.*

Un sénateur romain qui se glorifie d'être ami de Marc-Aurèle et, par conséquent, du parti de la vertu, fait à son jeune fils le tableau de la séance du Sénat où le Paysan du Danube s'est présenté à l'improviste et a surpris l'assemblée par la hardiesse de sa harangue.

Il dira quels sentiments un tel langage lui a fait éprouver et quels enseignements le peuple romain devrait, à son avis, en tirer. (Br. sup. Aix, Aspirants, 1896.)

20. Le Lion, le Loup et le Renard, dans les fables de La Fontaine en général, et en particulier dans la fable qui porte ce titre. (Br. sup. Alger, Aspirants, 1903.)

21. Analyser la fable de La Fontaine : *Le Savetier et le Financier.* Montrer ce que le poète a voulu prouver, et profiter de cet exemple pour donner une indication générale sur la morale de La Fontaine. (Br. sup. Grenoble, Aspirantes, 1905.)

22. Analyser la fable : *Les Animaux malades de la peste.* L'apprécier au point de vue littéraire et moral. (Br. sup. Alger, Aspirantes, 1899.)

23. L'art de la composition dans la fable : *Les Animaux malades de la peste.* (Br. sup. Clermont, Aspirants, 1901.)

24. Vous connaissez cette fable de La Fontaine :

Le Cochet, le Chat et le Souriceau (liv. VI, v).

Un souriceau tout jeune, et qui n'avait rien vu...

(La fable est donnée avec des mots et des expressions en italique.) Commentez cette fable.

I. Rendez compte du sens des mots et expressions en italique : *dépourvu, — se donner carrière, — bénin, — plein d'inquiétude, — un morceau de chair, — étalée, — avec ses bras, — marqueté.*

II. Quel caractère La Fontaine donne-t-il au Souriceau ? Par quels traits ce caractère est-il indiqué ?

III. Cette fable est-elle amusante ? Dites pourquoi. Est-elle vivante et pittoresque, comme presque toutes les fables de La Fontaine? Dites par quels détails de style elle produit cette impression.

Concluez. (Br. sup. Clermont, Aspirants, 1905.)

25. L'originalité poétique ne consiste pas à inventer le sujet, mais à découvrir la poésie du sujet. Les poètes les plus créateurs n'ont presque jamais inventé autre chose. L'invention de La Fontaine, c'est sa manière de conter, c'est ce style admirable, c'est cette imagination heureuse qui jette partout l'intérêt et la vie.

Essayez de le démontrer par des exemples pris dans les fables que vous connaissez. (Br. sup. Pas-de-Calais, Aspirantes, 1893.)

26. Quels sont les mérites de la composition dans les fables de La Fontaine? Montrez par un exemple qui vous soit familier comment dans une même fable le développement de l'action est en harmonie avec les effets esthétiques (description de tableaux ou analyse de caractères) et avec la leçon pratique (maxime de prudence). (Br. sup. Bordeaux, Aspirants, 1904.)

27. Étudier, à trois points de vue (mérite descriptif et pittoresque, peinture des caractères, pensée morale), cette fable de La Fontaine : *Le Coq et le Renard.* (Texte donné.) (Bacc. 1re partie, Bordeaux, 1917.)

LVI

Comment doit-on lire pour tirer le meilleur parti de ses lectures ?

Sommaire. — Il est donné dans la première phrase du développement.

Développement.

Il faut lire avec attention, en se rendant compte du *fond* et de la *forme,* et quelquefois *prendre des notes.*

I. — Quel but se propose l'auteur? Choisit-il les meilleurs moyens pour l'atteindre?

Ses idées sont-elles justes? appropriées au but? S'enchaînent-elles logiquement, naturellement? N'y en a-t-il pas d'inutiles ou de banales? Y en a-t-il trop, ou pas assez?

L'esprit est-il satisfait, convaincu? La volonté ou le cœur, entraînés?

Voilà pour le *fond.*

Soit, pour rendre la chose concrète, un exemple très court : la fable *la Cigale et la Fourmi*.

Quel est le but que se propose le fabuliste ? De nous donner une leçon de prévoyance et d'économie; de nous faire voir, dans un fait de la vie ordinaire, que c'est sur nous-mêmes, et non sur les autres, qu'il nous faut compter ; que nous devons tâcher de nous suffire, et de nous mettre. à même de secourir nos semblables, plutôt que d'être dans la nécessité de leur demander du secours.

Le poète choisit-il les meilleurs moyens pour atteindre son but ? Oui ; sa leçon ressort d'autant plus qu'il nous montre la cigale plus paresseuse et plus imprévoyante, et la fourmi plus égoïste et plus impitoyable. Reprocher à La Fontaine d'avoir fait la fourmi si dure de cœur serait lui reprocher d'avoir été habile : la leçon ne serait pas donnée, si la fourmi était charitable.

Les idées du poète sont justes et appropriées au but : son intention, il est facile de le voir, se révèle dans les moindres détails. Tout s'enchaîne logiquement, naturellement, dans l'attitude, dans les paroles et les actes des deux personnages. Rien d'inutile ou de banal; rien qui soit oublié, par exemple, en fait de garanties, au prêt que sollicite la cigale : date de l'échéance (*avant l'oût*), bénéfice de la prêteuse (*intérêt et principal*), serment et parole d'honneur (*foi d'animal !*).

Il ne paraît pas qu'il y ait rien de trop, ni rien de manque. L'esprit est satisfait : la leçon est dure, mais elle est bonne. Le cœur condamne la fourmi, qui joint une amère ironie à son cruel refus, mais non le fabuliste, qui avait besoin de ce moyen pour mieux atteindre son but.

II. — La *forme* est elle correcte, précise, nette, à la mesure des choses ? Est-elle, comme elle doit l'être, le reflet naturel et nécessaire du fond ?

A toutes ces questions, on peut répondre oui, pour l'exemple ci-dessus : les mots et les tours sont parfaitement choisis, qui servent à montrer l'imprévoyance de la cigale et la dureté de la fourmi, le sentiment de la sincérité dans les offres et les promesses, celui de la sévérité soupçonneuse dans la question de la fourmi, celui de la crainte dans la réponse de la cigale, celui de la raillerie méchante dans les derniers vers.

Y a-t-il, dans le fond et dans la forme, une part faite aux facultés, en rapport avec leur importance ? La première part doit être celle de la raison, puis celle de la volonté ou du cœur, puis celle de l'imagination.

Dans la fable citée, la raison a bien sa part, puisque les moyens sont bien choisis pour atteindre le but ; le cœur a la sienne, puisque les sentiments qui se manifestent sont vrais, sont dans la nature ; la volonté aussi, qui conclut à la nécessité du travail, de la prévoyance ; enfin l'imagination, qui est satisfaite de cette mise en scène, de ce tableau en raccourci, de cette esquisse où le dessin domine plutôt que la couleur.

III. — Quant aux *notes*, sans doute il est bon d'en prendre, mais il vaut encore mieux écrire ses propres réflexions à propos de la lecture que l'on fait. Les bons écrivains sont suggestifs : ils font penser.

Un peu de méditation sur ce qu'on a lu étend et forme plus l'esprit que beaucoup de lecture. « J'aime mieux forger mon âme que la meubler, » disait Montaigne, en recommandant de réfléchir sur ce qu'on lit.

« Sans une réaction volontaire du lecteur sur les pensées de l'auteur, la lecture est un mal plutôt qu'un bien. Avaler n'est rien, si l'on ne digère... Lisez, mais pensez, et ne lisez pas si vous ne voulez pas penser en lisant et penser après avoir lu. »

(A. Vinet.)

Lectures. — Pour bien lire, il ne suffit pas de comprendre le sens lexicographique de chacun des mots : ce sens peut être modifié ou altéré par la place du mot dans la phrase, par les autres mots qui le suivent ou le précèdent, comme une couleur se modifie selon les autres couleurs près desquelles elle est placée. Un mot tout seul ne signifie rien. Sa signification est fonction de tout ce qui l'environne.

Et il en est de même de la proposition, de même de la phrase. Une phrase ne prend son vrai sens que par les autres phrases qui la situent, pour ainsi dire, dans la pensée. Isolée, tantôt elle revêt une forme absolue et dogmatique qu'elle n'avait pas dans son environnement naturel ; tantôt, au contraire, elle paraît énoncer des doutes, exprimer des restrictions que le contexte ramène à leur plus juste valeur.

Pour bien lire il faut donc lire d'ensemble, compenser les unes par les autres les diverses articulations de la pensée, et se bien pénétrer de cette idée que l'on ne peut bien comprendre que si on suit toute l'idée de l'auteur, du commencement jusqu'à la fin. Si quelque chose échappe, on a le droit de dire qu'on ne comprend pas, mais on n'a pas le droit de juger du fond de la pensée.

Et il ne faut pas se laisser rebuter par quelques circuits d'idées ou même par des apparences de contradiction. C'est en ce cas surtout qu'on voit bien qu'en plus de l'attention intellectuelle une certaine disposition morale est nécessaire pour comprendre. Il faut aborder la lecture avec sympathie. Alors même que l'auteur par lui-même ne serait pas sympathique, il faut se mettre dans un état sympathique à sa pensée, se mettre à son point de vue, ou autrement on le comprendra tout de travers et on le jugera sans plus de justice que de justesse.

Ceux donc qui lisent un écrit quelconque avec l'idée préconçue de prendre en faute l'auteur sont bien assurés de trouver des fautes, mais ce sont eux qui les font et non pas nécessairement l'auteur. Tout auteur suspect d'avance est par cela même un auteur que l'on se condamne soi-même à ne pas entendre. Et toutes les fois donc que vous voyez un critique s'acharner, joyeux, après les sottises qu'il relève dans un écrit, dites-vous que sa joie témoigne contre lui-même et doit le faire soupçonner d'incompréhension. Et plus il cite de textes isolés et fragmentaires, plus il est suspect.

Pour bien lire, pour bien comprendre il faut donc être sympathique à l'auteur, l'aborder avec indulgence, je dirais volontiers avec charité, lui faire crédit d'abord, s'efforcer d'interpréter en bien ce qu'il dit, et, si on le trouve en défaut, ne le faire qu'à regret. On finira ainsi par comprendre sa pensée ; et si, après cela, il reste des contradictions, des erreurs ou des sophismes, on pourra les dénoncer tout à son aise, on sera bien sûr de ne les avoir pas inventés.

Les règles d'interprétation des écrits doivent être les mêmes que celles que la morale impose pour l'interprétation des actions. Et de même que le crime ni le mal ne se supposent, de même on ne doit supposer ni le sophisme ni l'erreur.

(Yves Le Kerdec, dans l'*Univers*, cité par l'*Éducation chrétienne*, 10 févr. 1906.)

— Pour qu'un livre puisse être lu par tous, il faut trois choses :

Premièrement, que ce livre soit exigu, portatif, ... accessible ainsi à toutes les classes de lecteurs qui peuvent désirer une instruction ou une distraction d'esprit.

Secondement, que ce livre, au lieu de s'adresser à ce qui divise les hommes, c'est-à-dire aux opinions, à la politique, à l'esprit de système ou à l'esprit de parti, s'adresse exclusivement à ce qui les réunit, c'est-à-dire à l'âme, au sentiment, à la conscience, aux instincts innés et honnêtes du genre humain, à tout ce que Dieu a fait d'évident, d'unanime, d'indiscutable dans le cœur de l'homme, à tout ce qui est écrit dans la langue universelle...

Troisièmement enfin, il faut que ce livre soit irréprochable. Destiné à passer de la bibliothèque du père ou de la mère de famille entre les mains des enfants de tout âge et de tout sexe, il doit être épuré avec scrupule par l'auteur lui-même, non seulement de toute pensée et de toute image, mais même de tout mot qui pourrait ternir la limpidité de ce cristal de l'âme qu'on appelle l'innocence avant qu'on ne l'appelle vertu. S'il y a dans un pareil livre une seule page à déchirer ou à voiler, le livre est manqué, fermez le livre.

(De Lamartine, *Lectures pour tous, Explication*, 1854.)

Pensées. — Ce sont les idées nouvelles que la lecture nous suggère, les réflexions qui nous les rendent propres, qui augmentent nos lumières, nous donnent à penser, étendent nos spéculations, forment notre expérience, en sorte que qui a beaucoup d'esprit en aurait plus encore, s'il avait lu davantage.   (D'ARGENSON.)

Leibniz avait tiré ce fruit de sa grande lecture, qu'il en avait l'esprit plus exercé à recevoir toutes sortes d'idées, plus susceptible de toutes les formes, plus accessible à ce qui lui était nouveau et même opposé, plus indulgent pour la faiblesse humaine, plus disposé aux interprétations favorables et plus industrieux à les trouver.

(FONTENELLE.)

Mon fils a une qualité très commode : c'est qu'il est fort aise de relire deux fois, trois fois, ce qu'il a trouvé beau ; il le goûte, il y entre davantage, il le sait par cœur, cela s'incorpore ; il croit avoir fait ce qu'il lit ainsi pour la troisième fois.   (Mᵐᵉ DE SÉVIGNÉ.)

Autres sujets. — 1. Comment faut-il lire ?
Quels sont les bienfaits de la lecture ?
Quels peuvent en être les inconvénients ? (Br. sup. Poitiers, Aspirants, 1898.)

2. Expliquer et commenter cette pensée de Pascal :
« Quand on lit trop vite ou trop doucement, on n'entend rien. » (Bacc. 1ʳᵉ partie, Grenoble, oct.-nov. 1904.)

3. Une lecture rapide ressemble à un voyage en chemin de fer : on voit beaucoup, mais trop vite, et on retient peu.
Comment comprenez-vous une lecture vraiment profitable ? (Br. él. Montpellier, Aspirants, 1904.)

4. Parmi les livres que vous avez lus, y en a-t-il un qui ait exercé une influence particulièrement heureuse sur votre esprit et votre cœur ?
Citez-le en indiquant les sentiments que cette lecture vous a inspirés et le profit intellectuel et moral que vous en avez tiré. (Br. él. Grenoble, Aspirants, 1900.)

5. Votre éducation scolaire a dû vous donner le goût et l'habitude de la lecture.
Quelles sortes de livres vous promettez-vous de lire et à quels moments de la semaine ou de la journée ? (Br. él. Nancy, Aspirants, 1905.)

6. Une de vos amies trop abandonnée à elle-même lit, sans assez de discernement, tous les livres qui lui tombent sous la main.
Vous lui écrivez pour lui conseiller de ne faire que des lectures où l'esprit et le cœur puissent également trouver leur profit. (Br. él. Caen, Aspirantes, 1896.)

7. Est-il vrai de dire de la lecture ce qu'Esope disait de la langue : « C'est la meilleure et la pire des choses » ? (Bacc. 1ʳᵉ partie, Rennes, 1905.)

8. On rapporte que Louis XIV raillait un jour le maréchal de Vivonne sur son goût pour la lecture. Le maréchal, qui avait de l'embonpoint et le teint fleuri, lui répondit :

« Sire, la lecture fait à mon esprit ce que vos perdrix font à mes joues. »

Décrivez la scène et expliquez cette parole.

Le maréchal aurait pu ajouter que son goût pour la lecture ne l'avait pas empêché d'être un bon soldat, et, en particulier, d'avoir fait avec Duquesne une campagne victorieuse dans la Méditerranée, en 1676.

Ce dernier paragraphe est facultatif. (Bacc. 1re partie, Aix-Marseille, 1905.)

9. Expliquer et justifier ce mot de Mme de Sévigné : « La jolie, l'heureuse disposition que d'aimer à lire ! Elle vous met au-dessus de l'ennui et de l'oisiveté, deux vilaines bêtes ! » (Br. él. Clermont, Aspirants, 1908.)

10. Expliquer et commenter cette pensée : « Lire, bien lire, c'est avant tout comprendre, puis c'est juger et s'approprier les pensées d'un auteur ; c'est en faire comme son miel, à la manière de l'abeille, et les déposer, pour les y garder, dans le plus pur de son âme. » (Br. sup. Toulouse, Aspirants, 1908.)

11. « Un homme qui sait lire est un homme sauvé. » — Vous expliquerez ce vers et vous examinerez si la pensée qu'il exprime est entièrement juste. (Br. sup. Nancy, Aspirants, 1909.)

12. On a dit qu'une lecture rapide ressemble à un voyage en chemin de fer. Montrez la justesse de cette comparaison et dites comment vous comprenez une lecture bien faite. (Br. él. Dijon, Aspirantes, 1909.)

13. Comment il faut lire. Une lecture rapide ressemble à un voyage par chemin de fer : on voit beaucoup, mais trop vite, et on retient peu. — Comment comprenez-vous une lecture vraiment profitable ? (Br. él. Paris, Aspirantes, 1909 et 1911.)

14. On recommande aux jeunes personnes qui ont terminé leurs études de réserver chaque jour une part de leur temps libre pour une lecture sérieuse et instructive. — Quels avantages voyez-vous à suivre ce conseil et quel genre de lectures choisiriez-vous de préférence ? (Br. él. Paris, Aspirantes, 1911.)

15. Étudiez cette réflexion de Rousseau : « Je n'ai point d'autre moyen de juger de mes lectures que de sonder les dispositions où elles laissent mon âme, et j'imagine à peine quelle sorte de bonté peut avoir un livre qui ne porte pas ses lecteurs au bien. » (Br. sup. Toulouse, 1915.)

7*

LVII

Usage du livre dans la classe.

Idées directrices. — Le livre est un sommaire, un guide, un répétiteur.

Il ne donne pas la leçon.

L'enseignement doit être oral.

Le maître se sert du livre et ne s'y asservit pas.

Il le fait goûter aux élèves, en l'expliquant, en le commentant, en leur en inspirant l'estime, en leur montrant le parti qu'ils en peuvent tirer.

Développement.

Le livre est un secours pour le maître, mais il ne le remplace pas ; il doit être auxiliaire, et rien de plus.

Le maître en donne l'intelligence, le modifie, l'étend, le restreint, l'explique, l'interprète, le complète, le simplifie, le met, en un mot, à la portée des élèves.

Jamais il n'arrive que le livre puisse être exactement suivi, qu'il n'y ait pas quelque paragraphe ou quelque chapitre à remettre à plus tard ; sans parler de ce qu'il faut ajouter ici et là, intervertir ou présenter autrement.

Ce chapitre, ce paragraphe, que l'on modifie ou que l'on remet, a moins d'importance, ou bien il offre des difficultés que les élèves ne sont pas encore en état de surmonter, qu'ils surmonteront avec moins de peine et plus vite, lorsqu'ils auront certaines connaissances ou une aptitude qu'on n'a pu encore leur donner, une expérience qu'ils n'ont pu acquérir.

Quelque parfait que soit le livre, les élèves ont, en général, de la peine à le comprendre. Il est froid, inerte, toujours semblable à lui-même, et l'enseignement doit être varié, vivant. Le livre dit les choses de façon trop didactique, trop savante, trop abstraite, trop synthétique pour leur esprit peu attentif, peu réfléchi, peu développé, peu initié au travail de la pensée, à la marche compliquée d'un raisonnement, même à l'exposition toujours un peu artificielle et sommaire des faits. Le maître doit s'ingénier à trouver des exemples multiples, des tours nouveaux, des images, des comparaisons suggestives, afin d'être accessible à tous et de pénétrer dans tous les esprits.

Inutile d'ajouter qu'il ne faut pas faire prendre le livre et dire : Étudiez tel chapitre, telle question, de telle page à telle page. Outre qu'à agir ainsi on ne ferait pas son devoir, ce serait amener les élèves à avoir le livre en dégoût, à le détester, et il faut, au contraire, leur en inspirer l'amour, en leur montrant l'usage qu'ils en peuvent faire, les services qu'il peut leur rendre, soit à l'école, soit après l'école. Ils doivent être tout heureux d'y trouver le résumé des enseignements du maître, qui est ainsi dispensé de leur dicter des comptes rendus ou abrégés de ses leçons.

Il faut expliquer nettement ce qu'il contient, tantôt l'ayant en main et tantôt ne l'ayant pas, suivant l'inspiration du moment, suivant les besoins des élèves, suivant l'attention ou l'intérêt que l'on veut éveiller ou soutenir.

Rien ne vaut l'enseignement oral, et cela aussi bien et plus encore pour les enfants que pour les hommes en général. Mais le livre, si l'on sait s'en servir, n'est pas un obstacle à l'enseignement oral ; au contraire, ce livre, que le maître a choisi, qu'il trouve bon, qu'il aime et qu'il faut aimer, il parle avec lui, il le fait parler, il lui donne son âme et le fait entrer dans l'âme de ses élèves.

C'est le cas de se rappeler que l'enseignement est l'action d'une intelligence sur des intelligences, d'un cœur sur des cœurs. C'est surtout dans l'enseignement oral que cette double action est pleinement efficace.

Il faut s'assurer que les élèves comprennent bien tous les mots du livre, tous les termes figurés, tous les tours ; il faut le lire avec eux, faire semblant d'en chercher le sens pour les amener à le découvrir, avoir l'air d'y trouver de l'attrait, d'y rencontrer des surprises, d'y faire des trouvailles ; il faut leur montrer la liaison des idées ou des faits, leur faire remarquer ce qui est essentiel, ce qu'ils doivent retenir (les définitions, certains plans ou divisions), et ce qu'il suffit de lire attentivement en se rendant compte du sens.

Tout cela, évidemment, ne s'improvise pas, demande une préparation, non cette préparation en quelque sorte matérielle qui consisterait à apprendre une leçon par cœur ou à peu près, et à venir ensuite la débiter devant ses élèves. Une bonne leçon n'est pas celle qui se donne *ex cathedra* ; il n'y faut pas tant d'artifice et de mise en scène, pas de pose, pas de poudre aux yeux ; mais, et même avec les plus jeunes enfants, beaucoup d'instruction, beaucoup de simplicité, surtout beaucoup de bon sens, dont rien ne saurait tenir lieu.

Pour un maître dévoué, la préparation à la classe est constante ; toutes ses préoccupations vont de ce côté ; toutes les idées qui lui viennent, toutes ses lectures, toute l'expérience qu'il acquiert, il les tourne, pour ainsi dire d'instinct, à son œuvre, qu'il ne fait jamais assez bien à son gré, qu'il s'applique toujours à mieux faire. Le désir qu'il a de former ses élèves le rend ingénieux, lui découvre mille ressources, lui suggère mille moyens pour mettre chaque jour plus d'ordre, plus de clarté, plus d'intérêt dans ses leçons ; pour tirer du livre un meilleur parti, pour y découvrir et mettre en évidence tant de choses qu'il laisse entendre, qu'il suggère sans les énoncer.

Il va de soi que, pour donner à l'enseignement de la cohésion et de la suite, il faut, de temps en temps, embrasser d'un coup d'œil un ensemble de leçons et les fondre en une, qui les résume et les enchaîne, qui éclaire la route que l'on suit, qui montre d'où l'on vient et où l'on va, ce qui est fait et ce qui reste à faire.

Si le maître pouvait amener ses élèves à considérer le livre comme un ami, comme un répétiteur bienveillant de ses leçons, répétiteur qui ne se lasse ni ne gronde jamais et qu'on a toujours avec soi, qu'on peut consulter et interroger à son aise et sans crainte !... C'est peut-être un trop beau résultat pour qu'il n'y ait pas d'illusion à se le promettre, du moins de la part de tous les élèves ; mais il faut y tendre, il faut marcher vers cet idéal.

Ce qu'il y a de certain, c'est que, plus le livre sera expliqué, simplifié, rendu intelligible à tous les élèves, par l'enseignement oral dévoué et ingénieux du maître, plus il sera compris et, par conséquent, utile ; plus il sera compris, moins il sera déchiré, maculé, rebuté, et plus les élèves seront à même de concevoir les services qu'il leur rend, le respect et les soins qu'il convient d'en avoir.

De tout ce qui précède il résulte que le maître doit bien préparer ses leçons et ne pas compter sur le livre pour le remplacer. C'est le maître, non le livre, qui donne la leçon. Le livre n'est qu'un sommaire, qu'un guide, qu'un répétiteur, à supposer, évidemment, comme on l'a dit, qu'il soit bien fait et qu'il permette au maître de l'estimer et de le faire valoir.

Dans le journal de *L'Instituteur,* numéro du 5 février 1890, nous trouvons, sous la signature de M. F. Mutelet, directeur d'école normale, les réflexions suivantes sur *le Rôle du maître et le rôle du livre :*

« Dans l'ancienne école, le rôle du maître était presque mécanique : il se bornait à indiquer l'étendue de la leçon et à la faire réciter, avec peu ou point d'explications; aujourd'hui, nous sommes revenus de cette erreur capitale, et nous reconnaissons tous que la parole de l'instituteur doit traduire et animer le texte froid du livre. Peut-être sommes-nous tombés dans l'excès contraire. S'il importe de parler à propos, il convient aussi de laisser l'enfant à ses réflexions, de l'abandonner à ses propres forces, lorsque le chemin lui a été nettement indiqué; n'oublions pas que ce que nous faisons faire profite beaucoup plus que ce que nous faisons nous-mêmes. Si les enfants ne doivent jamais être appelés à étudier une leçon qu'ils ne comprennent point et qui ne leur a pas été suffisamment expliquée, faut-il que l'instituteur, se substituant au livre, expose toutes les leçons d'après un plan nouveau, sans tenir compte de l'ouvrage mis entre les mains des élèves ? Nous ne le pensons pas. Que l'instituteur expose, commente, explique ou complète la leçon selon ses moyens et le temps dont il dispose, mais qu'il suive le plan du livre adopté, pour ne point jeter le trouble dans l'intelligence de l'enfant en présence de son livre.

« Le livre permet le travail personnel à l'école et dans la famille. N'oublions pas que le livre exerce sur les parents une heureuse influence et qu'il les intéresse aux travaux de l'école. Pensons aussi à l'adulte, pour qui les livres classiques seront les meilleurs, souvent les uniques moyens de travail intellectuel, lorsqu'il aura quitté les bancs de l'école. Apprenons-lui à s'en servir d'une manière utile. Nous préparerons ainsi et rendrons possible une culture ultérieure... »

Lectures. — George Fonsegrive, questionné sur l'usage du manuel dans l'enseignement de la philosophie, se pose cette question : « Le professeur doit-il dicter son cours et exclure tout manuel ? » Et il répond : « C'est ce que je ne pense pas. Le professeur doit parler son cours, le penser, le vivre devant ses élèves. Les élèves doivent prendre des notes et le professeur ne doit pas dicter, il ne doit pas même s'efforcer de parler si lentement que l'élève puisse prendre le cours tout entier. » Pourquoi ? Parce que la dictée est mortellement ennuyeuse, parce que, surtout, l'élève qui s'efforce de reproduire le cours fait œuvre passive de phonographe ou de machine à écrire. Il faut que prendre des notes ne soit pas un simple exercice de reproduction, mais sinon de production, au moins de compréhension. Pour cela, il faut que l'élève ait à travailler, à comprendre, à discerner. Si le professeur parle *modo oratorio*, l'élève ne pourra tout prendre, tant mieux ! car alors, il sera forcé de choisir et, pour choisir, de comprendre et de discerner. L'élève s'appliquera à ne noter que l'important et que l'essentiel; le professeur pourra reprendre et varier ses expositions, ses démonstrations, ses formules; l'élève, en revoyant ses notes pour faire sa rédaction, devra fondre toutes ces reprises pour éviter les répétitions : et ainsi le professeur parle et vit sa pensée durant son cours ; l'élève, guidé par le sommaire et les insistances du professeur, se fait à lui-même son cahier, qui lui servira de manuel. Pas de dictée, pas de reproduction *ad verbum*, pas de sténographie, de simples notes et un sérieux travail de rédaction.

« C'est ici que les manuels ont leur utilité. Ils aident l'élève à comprendre ses notes, à fixer les formules, à répéter les démonstrations. Ils lui servent d'aide-mémoire, de soutien et de modèle. Aussi, loin de proscrire, je crois qu'il convient de conseiller aux élèves d'en avoir chacun deux ou trois à leur service.

« On croira peut-être que cette méthode ne convient qu'à une élite. Une expérience de près de trente ans m'a convaincu du contraire. Pourvu que le professeur ait soin d'être clair, simple, de faire son cours à arêtes vives, d'élaguer du cours commun, quitte à les réserver pour les libres explications ultérieures, les questions trop subtiles ou trop curieuses, les élèves les plus ordinaires arrivent à prendre le cours, de façon suffisante pour présenter des rédactions sensées, sur lesquelles ils pourront repasser plus tard et préparer l'examen...

« ... Vivons donc et faisons vivre, pensons et faisons penser, exerçons à penser, c'est, en classe de philosophie, toute la loi et tous les prophètes...

« C'est pourquoi il faut enlever à l'élève tous les prétextes qui autoriseraient la passivité de son esprit[1]. »

(Revue de Philosophie, 1ᵉʳ février 1902, p. 282.)

La Commission (d'Histoire littéraire) a été d'avis que l'usage du cours est définitivement condamné, parce qu'il est stérile pour la formation des esprits. Nous aurons un manuel que les élèves étudieront, et les classes seront employées à expliquer les parties importantes de ce manuel, à exposer oralement quelques questions plus importantes, et à lire les textes.

(*L'Enseignement Chrétien*, nᵒ 8, 1919, page 29.)

Autres sujets. — 1. Pourquoi l'enseignement par le livre ne peut-il jamais remplacer la parole du maître ? (Br. sup. Vendée, Aspirants, 1893.)

2. Le savoir donné par les livres est un savoir incomplet. Comment le compléter ? (Br. él. Paris, Aspirantes, 1900.)

3. « Le livre doit servir à seconder la parole du maître, non à la remplacer. » (GRÉARD.)

Expliquez cette pensée, et dites comment vous l'appliquerez dans votre classe aux diverses matières du programme. (C. A. P. Eure-et-Loir.)

---

[1] Voir *Méthodologie de l'Enseignement de la Philosophie,* d'où est extraite cette lecture, ch. I, v : De l'emploi du manuel dans l'enseignement de la philosophie.

XIV. — Conseils pour la composition française.

LVIII

Comment un instituteur doit-il procéder pour faire progresser rapidement ses élèves dans la composition française?

Sommaire. — Il doit donner à ses élèves des leçons de psychologie, de logique et de morale. Il faut commencer et continuer par là. « Avant donc que d'écrire, apprenez à penser. » (BOILEAU.)

L'instituteur qui donne ces leçons, qui les dégage de la lecture expliquée, de l'analyse des fables, d'une leçon d'histoire ou de choses, apprend à ses élèves à penser, et, quand on sait penser, on arrive vite à parler et à écrire convenablement.

Avec cela, il convient de multiplier les compositions françaises, mais en accordant très peu de temps pour les faire (une demi-heure au plus). Ces compositions doivent être critiquées et appréciées rapidement, mais judicieusement, avec une grande indulgence d'abord, puis avec plus de soin et de sévérité à mesure que les élèves avancent.

Comme les fables de La Fontaine renferment un vaste vocabulaire de mots et de tours dans des genres très divers de compositions, le maître en expliquera et en fera apprendre par cœur le plus possible.

Développement.

Pour faire progresser rapidement ses élèves dans la composition française, un instituteur doit leur donner des leçons de psychologie, de logique et de morale. Il faut commencer et continuer par là[1].

---

[1] Voir *Méthodologie de l'Enseignement de la Philosophie* (Mame et de Gigord), ch. II, II : *Philosophie mêlée à tout l'enseignement.* « La philosophie, non en tant que cours théorique, mais en tant qu'elle constitue le fond même de la pensée, et qu'elle est un ensemble de vérités fondamentales et d'expérience d'où l'on tire des règles pour la direction pratique de l'esprit et de la volonté, ne doit pas être considérée seulement comme le complément et le couronnement des études. Elle doit les inspirer et les pénétrer toutes, à commencer par les études primaires, par celles même des plus petits enfants. » (P. 26.)

« Avant donc que d'écrire, apprenez à penser. » (BOILEAU.)

Penser, c'est porter des jugements, c'est ordonner des idées. On ne pense pas sans idées, et les premières qu'il faut avoir, ce sont celles-là : elles amènent toutes les autres après elles, leur donnent un fondement et un sens précis, tout en permettant de les unifier, de les synthétiser.

L'élève qui n'a pas ces notions n'arrive jamais à saisir et à exprimer nettement ses pensées, à les coordonner ; elles demeurent confuses, incohérentes, faute de fondement naturel, de point de repère et de lien rationnel [1].

La composition la plus simple suffit à mettre en relief son impuissance dans l'art de penser et de s'exprimer.

Il faut que l'enfant se connaisse un peu lui-même ; qu'il discerne son âme de son corps, qu'il sache ce qu'est la vie, quelles sont les vies qu'il y a en lui et dont l'âme est le principe ; quelles sont ses facultés, soit sensibles : sens externes et internes, appétits, passions ; soit intellectuelles : raison, ou intelligence ou entendement, inclinations, volonté libre, habitude ;

— Qu'il ne confonde pas ces mots : sensation et sentiment, image et idée, imagination et entendement, connaissance sensible et connaissance intellectuelle ;

— Qu'il apprenne à formuler, à appliquer les premiers principes, soit de la raison spéculative : d'identité, de contradiction, de causalité, de substance, de finalité ; soit de la raison pratique : il y a le bien ; il y a le mal ; il faut faire le bien ; il faut éviter le mal ; il faut remplir le devoir ;

— Qu'il apprenne à s'en servir pour penser et raisonner juste, pour se conduire en homme ; — il s'agit généralement, dans une composition ou dissertation, de bien appliquer les premiers principes, d'y ramener, d'y rattacher toute affirmation, toute négation, tout raisonnement ; de constater et d'établir des identités, des oppositions ; de chercher la raison suffisante des jugements et des faits ; de rapporter un effet à sa cause, une conséquence à son principe, un fait à sa loi, une maxime au principe rationnel qui la légitime ou la condamne. C'est par l'usage des principes que l'on apprend à développer un sujet par lui-même, à en tirer tout ce qu'il renferme ; il ne faut écrire ou parler qu'à la lumière des principes ;

— Qu'il sache que les raisons des choses, c'est-à-dire ce qui

---

[1] Voir *Méthodologie de l'Enseignement de la Philosophie*, ch. III, v : *Philosophie et Composition française.* — Comment les notions de philosophie servent de point de repère à la pensée (p. 95). — La composition dans les examens de l'enseignement primaire (p. 97).

les explique, ce sont les principes, les causes et les lois ; que les causes peuvent se ramener à quatre : la cause *matérielle* ou matière (de quoi se fait le pain ?), la cause *formelle* ou forme (quelle est la nature du pain, comment il se fait ?), la cause *efficiente* (par qui ou par quoi ?), la cause *finale* (pourquoi ? pour quel but ?) : notions très simples et à la portée de l'enfant, comme le prouvent les leçons de choses qu'on lui donne et qui ont justement pour objet de lui faire dégager et préciser ces notions ;

— Qu'il comprenne ces mots : perception externe, conscience psychologique, conscience morale (avec ses deux éléments : sens moral et sentiment moral), goût (avec ses deux éléments : sens esthétique et sentiment esthétique), sens commun, bon sens ;

— Qu'il n'ignore pas ce que c'est qu'abstraire, généraliser, juger, raisonner ;

— Qu'il distingue le raisonnement *inductif,* qui va du particulier au général, de l'exemple à la règle, — du raisonnement *déductif,* qui va du général au particulier, de la règle à l'exemple ;

— Qu'il puisse reconnaître et faire un syllogisme, un enthymème, un épichérème, un dilemme, toutes choses plus simples que les mots qui les expriment, et d'un usage courant dans la conversation ;

— Qu'il ait le sens de ces mots : vérité, erreur, science, ignorance, évidence, certitude (physique, psychologique, métaphysique, logique, morale), et de ceux-ci : ordre, désordre, loi morale, bien, mal, devoir, droit, liberté, responsabilité, mérite, démérite, vertu, vice, sanction, satisfaction de la conscience, remords, motifs (idées) et mobiles (sentiments) d'action : passion, plaisir, intérêt, devoir ; — morale *individuelle* ou devoirs envers soi-même : prudence, force, tempérance ; — morale *sociale* ou devoirs envers nos semblables : justice et charité, honnête homme et homme de bien ; devoirs domestiques, devoirs civils et patriotiques ; devoirs envers tout homme par cela seul qu'il est homme ; devoirs internationaux ou droit des gens ; — morale *religieuse* ou devoirs envers Dieu : piété et adoration ; — économie politique, science de l'utile ; l'utile et l'honnête, celui-ci règle et mesure de celui-là, etc.

L'instituteur qui donnera ces notions et d'autres semblables, qui les dégagera de la lecture expliquée, de l'analyse d'une fable, d'une leçon d'histoire ou de choses, d'un travail classique quelconque, apprendra à ses élèves à penser, et, quand on sait penser, on arrive vite à parler et à écrire convenablement.

Avec cela, il conviendra de multiplier les compositions françaises : une par jour, si on le peut ; mais en accordant peu de temps pour les faire, vingt minutes ou une demi-heure seulement, et en choisissant bien les textes, *qui ne doivent pas dépasser l'expérience et les connaissances acquises des élèves.* — En général, les textes donnés pour le certificat d'études et pour le brevet élémentaire peuvent être considérés comme des modèles du genre.

Au début, le maître pense avec les élèves pour leur apprendre à penser seuls; il les aide à trouver et à disposer leurs idées, mais sans se substituer à eux, en leur laissant même l'illusion que ce sont eux qui trouvent.

Le sommaire, oral ou écrit, doit être de plus en plus court à mesure que les enfants avancent; il disparait même tout à fait lorsqu'ils peuvent s'en passer, lorsqu'ils ont acquis assez d'ouverture d'esprit et d'initiative.

Il faut que ces compositions soient appréciées et critiquées rapidement, mais judicieusement, avec une grande indulgence d'abord, puis avec plus de soin et de sévérité au fur et à mesure que les élèves progressent.

Le maître ne se payera pas de mots et de phrases; il louera tout ce qui est simple, clair, sobre, fort, sensé; tout ce qui va droit au but; il sera impitoyable contre le fracas des mots, les ornements affectés, les images multipliées, forcées, disparates; le mélange des termes pompeux et des locutions triviales, le factice, l'artificiel, le convenu, le *cliché*. Il se gardera de donner comme modèles des morceaux de prose poétique, bien persuadé qu'il doit être que c'est un genre faux, dans lequel il est dangereux de se lancer.

Après avoir rendu les copies, en faisant quelques observations, il lira chaque fois un modèle ou *type* qui fixe le jugement et le goût des élèves sur le sujet donné. — (Voir aussi les sujets suivants, 1er vol., 1re partie: IV, V et VI.)

Les compositions, ainsi multipliées et ainsi faites et critiquées, vaudront beaucoup mieux, pour faire progresser les élèves, que des exercices purement phraséologiques, où l'esprit ne travaille que sur des mots et des phrases, non sur des idées et des pensées.

Le temps perdu à ces exercices n'est pas le plus grand inconvénient qu'ils offrent. Ils habituent l'élève à se payer de mots et à s'imaginer qu'il ne s'agit pas, en composant, de dire quelque chose, mais de faire des phrases, des périodes, des figures de mots ou de style. Il ne faut pas séparer le mot de l'idée, la phrase de la pensée; il faut éviter tout exercice qui tend à faire croire à l'élève que le travail de la pensée est quelque chose d'artificiel.

Comme les fables de La Fontaine renferment un vaste vocabulaire de mots et de tours, dans des genres très divers de compositions : descriptions, narrations, discours, dialogues, comédies, tragédies, drames, etc.; comme elles sont très propres à former le jugement, à suppléer l'expérience, à pourvoir l'élève des matériaux dont il a besoin pour composer, et qu'elles donnent lieu à rappeler, à préciser, à localiser en quelque sorte constamment les notions de psychologie, de logique et de morale, aussi bien que les règles du goût, l'instituteur en appliquera et en *fera apprendre par cœur* le plus possible. Voilà qui sera bien préférable aux exercices purement phraséologiques [1].

C'est dans les lectures expliquées que le maître fait, en passant, remarquer les figures de mots : métonymies et métaphores, et les figures de style et de pensée, sans donner à ces figures plus d'importance qu'il ne faut, et en insistant bien sur ce point que, quand on compose, on ne songe pas à faire des figures, mais on tâche simplement d'exprimer le mieux que l'on peut ce que l'on pense et ce que l'on sent.

Pensées. Aimez donc la raison ; que toujours vos écrits
Empruntent d'elle seule et leur lustre et leur prix.
(BOILEAU.)

Une doctrine littéraire qui m'impose la raison et le vrai, a plus de souci de ma liberté que celle qui autorise mes caprices.
(NISARD, *Hist. de la Litt. franç.*)

Quand une âme est chrétienne, tout accent magnanime la remue.
(LACORDAIRE.)

Quiconque rit du mal, quel que soit ce mal, n'a pas le sens moral parfaitement droit. S'égayer du mal, c'est s'en réjouir. (JOUBERT.)

Les hommes de peu de foi attendent la paix, disent-ils, pour agir ; l'apôtre sème dans la tempête pour recueillir dans le beau temps.
(LACORDAIRE.)

C'est dans le cœur du jeune homme que se creusent et s'assoient les forteresses de l'âge mûr, et celui qui a trop craint les périls de l'erreur, ne craindra jamais assez les périls de l'indifférence. (*Id.*)

Il faut traiter notre vie comme nous traitons nos écrits : mettre en accord, en harmonie, le commencement, le milieu et la fin. Nous avons besoin, pour cela, d'y faire beaucoup d'effaçures. (JOUBERT.)

Il faut se piquer d'être raisonnable, mais non pas d'avoir raison ; de sincérité, et non pas d'infaillibilité. (*Id.*)

Une pensée n'est parfaite que lorsqu'elle est disponible, c'est-à-dire lorsqu'on peut la détacher et la placer à volonté. (*Id.*)

---

[1] Voir la dissertation sur la moralité des Fables de La Fontaine, 2ᵉ vol., 3ᵉ partie, et celle sur les motifs d'action d'après ces mêmes fables, plus haut, 4ᵉ partie, sujet X.

Nous perdons toujours l'amitié de ceux qui perdent notre estime.
(JOUBERT.)

Quand on se contente de comprendre à demi, on se contente aussi d'exprimer à demi, et alors on écrit facilement. (*Id.*)

Quand on lit un ouvrage bien fait, il y a toujours dans l'esprit une netteté de plus, ne fût-ce que par l'idée ou le souvenir que l'on en garde. (*Id.*)

La direction de notre esprit est plus importante que son progrès.
(*Id.*)

Une impression suffit pour faire à l'âme de l'enfant une irréparable blessure, ou pour lui donner dans le bien une assiette qu'il ne quittera jamais sans remords. (LACORDAIRE.)

Tout ce qui multiplie les nœuds qui attachent l'homme à l'homme le rend meilleur et plus heureux. (JOUBERT.)

L'axiome premier de l'école est celui-ci : « L'ordre existe, et, loin d'amoindrir la puissance, il l'assure et l'étend. » Être de cette école, c'est être classique au sens large et noble du mot. (P. LONGHAYE.)

Les dons de Dieu sont personnels dans le siège qui les porte, universels dans l'office qu'ils doivent remplir. (LACORDAIRE).

On ne sait bien quoi que ce soit que longtemps après l'avoir appris. (JOUBERT.)

Nécessité qui vient des choses nous soumet; nécessité qui vient des hommes nous révolte. (*Id.*)

Ce qui nuit si fort dans notre pays à un établissement social permanent, c'est que les questions de personnes l'emportent sur les questions de principes. (LACORDAIRE.)

Le critique sans bonté trouble le goût et empoisonne les saveurs.
(JOUBERT.)

Aux enfants, en littérature, rien que de simple. La simplicité n'a jamais corrompu le goût; tout ce qui est poétiquement défectueux est incompatible avec elle. (JOUBERT.)

Je n'ai jamais regardé qu'en haut pour y lire le devoir. (LACORDAIRE.)

Les meilleurs gouvernements sont toujours ceux à qui l'on donne beaucoup de pouvoirs. (WILSON.)

On ne peut régner sur les hommes, quand on ne règne pas sur leurs cœurs. (LACORDAIRE.)

Il faut que la fin d'un ouvrage fasse toujours souvenir du commencement. (JOUBERT.)

Que le dernier mot soit le dernier; c'est comme une dernière main qui met la nuance à la couleur : on n'y peut rien ajouter. Mais aussi que de précautions à prendre pour ne pas dire le dernier mot le premier ! (*Id.*)

Le style concis appartient à la réflexion. On moule ce qu'on dit, quand on l'a pensé fortement. (*Id.*)

1re Lecture. — Exemple de causerie familière.

Supposons qu'on veuille faire une causerie sur le premier sujet du premier volume de la *Composition française*, qui a pour texte :

Comment un instituteur doit-il procéder pour faire progresser rapidement ses élèves dans la composition française?

On choisit, par exemple, dans ce sujet, les deux lignes suivantes comme objet de la causerie :

« *Que l'enfant ait le sens de ces mots : vérité, erreur, science, ignorance, certitude (physique, psychologique, métaphysique, logique, morale).* »

On se bornera à définir simplement les premiers mots, et l'on pourra s'arrêter sur la certitude et l'évidence.

DÉVELOPPEMENT

VÉRITÉ, ERREUR. — Qu'est-ce d'abord que la vérité? La *vérité*, c'est *ce qui est*. Quand je dis : Il y a des corps, le soleil nous éclaire, je pense, je suis, j'existe, je suis une personne, un être intelligent et libre, — j'exprime des vérités, je dis ce qui est (au point de vue objectif).

Quel est le contraire de la vérité? C'est l'erreur.

L'erreur, c'est *ce qui n'est pas*. Quelqu'un nous dirait, par exemple, qu'il n'y a pas de corps, que le monde n'existe pas, que l'homme n'est pas une personne, un être intelligent et libre, que l'homme n'est qu'un animal comme les autres, qu'il n'a que l'instinct pour se conduire, — il exprimerait des erreurs, il nierait ce qui est et il affirmerait ce qui n'est pas.

SCIENCE, IGNORANCE. — Connaître une vérité (au point de vue subjectif), c'est *savoir*, avoir de la science; ne pas la connaître, c'est *ignorer*.

L'ignorance est le contraire de la science. Elle diffère de l'erreur.

Être ignorant, c'est ne pas savoir. Être dans l'erreur, c'est croire savoir, quand on ne sait pas; c'est affirmer ce qui n'est pas ou nier ce qui est.

La *science* est la *connaissance certaine de la vérité*.

CERTITUDE, ÉVIDENCE. — Quand est-ce qu'on est certain d'une chose? C'est quand on peut l'affirmer sans crainte de se tromper, quand on n'a aucun motif d'en douter, quand elle nous apparaît avec *évidence*, c'est-à-dire avec une clarté qui rend le doute impossible.

L'*évidence* est la *clarté d'une proposition qui exclut tout doute*.

Douter, c'est hésiter, c'est ne pas oser affirmer ni nier. Dans le doute, l'esprit est comme en balance entre le oui et le non, entre l'affirmation et la négation. — Les planètes sont-elles habitées? On ne le sait pas, on n'en est pas certain, on en doute.

D'où vient le mot *certain*? Il vient du mot *certitude*.

Qu'est-ce que la certitude? L'assurance raisonnée de l'esprit de posséder la vérité.

Qu'est-ce à dire raisonnée? Fondée sur de solides raisons ou motifs.

La certitude va avec l'évidence et prend les mêmes noms; elle est : *physique, psychologique, métaphysique, logique, morale.*

On est certain de ce qui est évident. La certitude se fonde sur l'évidence.

CERTITUDE PHYSIQUE. — Je suis certain que vous êtes là devant moi. Quelle certitude en ai-je? Je vous vois de mes yeux : j'en ai la certitude *physique*.

On appelle certitude *physique* la croyance de l'esprit au témoignage des sens : la vue, l'ouïe, l'odorat, le goût et le toucher.

Quelle certitude avez-vous que je vous parle en ce moment? La certitude physique : vos oreilles m'entendent parler.

Quelle certitude avez-vous que le pupitre sur lequel vous êtes appuyé existe? Encore la certitude physique : vous le touchez, vous le voyez.

Ainsi des autres sens. Chacun d'eux nous donne une évidence physique, une certitude physique, c'est-à-dire fondée sur le témoignage des sens.

CERTITUDE PSYCHOLOGIQUE. — J'éprouve du plaisir à entendre vos bonnes réponses à mes questions; quelle certitude ai-je de ce plaisir?

C'est que je le sens, cela est évident pour moi; je saisis directement en moi-même ce sentiment par une sorte de sens intérieur qu'on appelle *sens intime* ou *conscience psychologique.* De là, le nom donné à la certitude qui y répond : la certitude *psychologique.* De là aussi sa définition : *croyance de l'esprit au témoignage de la conscience ou sens intime.*

Quelle certitude avez-vous que vous m'écoutez, que vous pensez et sentez avec moi, que vous voulez me faire plaisir en me donnant de bonnes réponses? La certitude psychologique.

Tout ce qui se passe dans l'âme, nos pensées, nos sentiments, nos volontés, nos appétits, nos inclinations, nos penchants, nos plaisirs et vos peines, nos joies et nos douleurs, est objet de certitude *psychologique.*

Voilà deux espèces de certitude. Il y en a d'autres.

CERTITUDE MÉTAPHYSIQUE. — Quand je dis : Un homme est un homme, ce n'est pas une chose, pas un animal (sans raison — sens ordinaire du mot); un carré est un carré, ce n'est pas un cercle, pas un triangle, vous ne me contredisez point, vous répondez : c'est vrai.

Quel motif avons-nous, vous et moi, de croire que c'est vrai? Nous appliquons un principe de la raison, qu'on appelle *principe d'identité,* qui signifie que *le même est le même,* que *ce qui est, est :* ce qui est homme est homme, ce n'est pas autre chose; ce qui est carré est carré, et n'est pas une autre figure.

Je ne puis pas concevoir, je ne puis pas affirmer qu'une chose soit et ne soit pas en même temps : que ce qui est carré, par exemple, soit et ne soit pas en même temps carré ; qu'une porte soit en même temps ouverte et fermée. C'est ce qu'on appelle le principe de *contradiction*. Il signifie que je ne puis pas me contredire, dire oui et non sur la même question, affirmer et nier en même temps la même chose.

Quand je dis : Il n'y a pas d'effet ou de fait (un fait est un effet) sans cause, vous croyez que c'est vrai.

Effet veut dire : ce qui est produit par une cause ; cause signifie : ce qui produit un effet.

Un effet n'est pas effet, s'il n'est pas produit par une cause ; une cause n'est pas cause, si elle ne produit pas d'effet.

Cette proposition : *Il n'y a pas d'effet sans cause*, comme la précédente : *Ce qui est, est*, se nomme un axiome, un des premiers principes de la raison.

On n'a pas besoin de démontrer un axiome pour y croire. La raison en saisit directement la vérité, l'évidence.

Aussi définit-on l'axiome : *Vérité nécessaire, évidente par elle-même et qui sert à démontrer d'autres vérités.*

Quand on dit : Il n'y a pas de moisson sans culture, pas de fumée sans feu, pas d'œuvre sans ouvrier, pas d'horloge sans horloger, pas de peinture sans peintre, pas de progrès sans effort, — on rappelle et on applique ce premier principe, qu'on nomme le principe de *causalité*.

Quelle certitude avons-nous de ces affirmations ? La certitude qu'on appelle *rationnelle* ou *métaphysique*.

Pourquoi *rationnelle* ? Parce que ces principes : d'*identité*, de *causalité* et quelques autres, sont le fond même de la raison, qui ne fait aucune affirmation sans les appliquer.

Pourquoi *métaphysique* ? Parce ce que cette certitude a son principe au delà, au-dessus des choses physiques, des choses sensibles, des choses qui tombent sous les sens [1].

Les trois espèces de certitude et d'évidence dont nous venons de parler, — physique, psychologique, métaphysique, — sont les plus importantes. Elles répondent à nos trois moyens naturels, de connaître : les sens, la conscience, la raison ; les sens, pour le monde matériel ; la conscience psychologique, pour l'âme et ses facultés ; la raison, pour les idées et les principes, l'universel, le nécessaire, Dieu.

Les autres espèces de certitude, — *logique* et *morale*, — supposent les trois premières, en dérivent, en sont des applications.

CERTITUDE LOGIQUE. — La certitude logique est *la croyance de l'esprit aux résultats du raisonnement ou de la démonstration.*

Une conséquence tirée d'un principe ou d'une proposition évidente a la même valeur, produit la même certitude que ce principe ou cette proposition évidente.

---

1 Pour compléter ces idées, voir p. 761, du premier volume : *Comment il faut faire appel à la raison chez les enfants.*

L'expérience me montre, par exemple, que tout homme est mortel ; or, je suis un homme ; donc je suis mortel. J'affirme cette conclusion avec la même certitude que la proposition générale elle-même.

La raison me dit qu'il n'y a pas d'effet ou de fait sans cause ; je constate que le liquide s'élève à la même hauteur dans des vases communiquants, ou j'entends un coup de tonnerre : voilà des faits ou des effets. Donc il y a une cause à l'un et à l'autre.

CERTITUDE MORALE. — Enfin, il y a la certitude qu'on appelle *morale* et que l'on définit : *Croyance de l'esprit au témoignage des hommes.*

Que de choses, dans l'espace et dans le temps (en géographie, en histoire), que nous ne pouvons connaître par nous-mêmes ! Comment les connaissons-nous ? Par le témoignage des hommes qui les ont connues, qui ont vu, qui ont entendu, etc.

Aucun de nous n'a été à Pékin, et nous croyons que Pékin existe. Comment savons-nous que Louis XIV et Napoléon ont existé ? Par le témoignage des contemporains qui les ont entendus, qui les ont vus ; et par la tradition, qui conserve les témoignages.

Nous connaissons Notre-Seigneur Jésus-Christ de la même façon, par le témoignage des apôtres, des disciples, des évangélistes.

Toutes ces certitudes, qui impliquent chacune certaines conditions, sont, à leur manière, une assurance raisonnée de l'esprit de posséder la vérité. Elles le satisfont, elles le mettent en repos. C'est ce que signifie le mot *acquiescer* à la vérité : se reposer dans la vérité connue avec certitude.

(F. LOUIS. Lettre sur *Les Humanités pour tous par les sciences morales et religieuses*, p. 65.)

2ᵉ **Lecture.** — *Critique littéraire*[1].

> Écoutez, mon ami, vous faites fausse route :
> Il fallait raconter la chose comme elle est.
> Ce qui paraît forcé n'est pas ce que l'on goûte ;
> La mesure et le tact : voilà ce qui nous plaît !
>
> Vos rêves d'amateur ne valent pas sans doute
> La pure vérité du récit simple et net.
> Toujours ce qu'au réel l'invention ajoute
> Du vraisemblable au moins doit garder l'intérêt.
>
> On n'embellit le vrai qu'en lui restant fidèle.
> Quiconque s'en écarte et s'y montre rebelle,
> Offense le bon goût et choque la raison.
>
> Que de détails charmants contenait l'aventure !
> Qu'alliez-vous donc chercher, si loin de la nature ?
> Quittez cette manière et changez votre ton.   (F. L.)

---

[1] Sonnet fait à propos d'un récit exagéré, invraisemblable.

Autres sujets. — 1. De la clarté dans le style ; principales qualités dont elle dépend ; moyens pratiques à employer pour l'acquérir. (Br. sup. Ardèche, Aspirantes, 1893 ; — Poitiers, Aspirantes, 1897.)

2. Pascal a dit : « La dernière chose qu'on trouve en faisant un ouvrage est de savoir celle qu'il faut mettre la première. »

Expliquez cette pensée, dont vous avez dû maintes fois vérifier par vous-mêmes l'exactitude.

(Br. sup. Charente, Aspirants, 1894.)

3. On lit, dans le *Discours sur le style*, de Buffon, le passage suivant :

« C'est faute de plan, c'est pour n'avoir pas assez réfléchi sur son objet, qu'un homme d'esprit se trouve embarrassé et ne sait par où commencer à écrire. Il aperçoit à la fois un grand nombre d'idées, et, comme il ne les a ni comparées ni subordonnées, rien ne le détermine à préférer les unes aux autres ; il demeure donc dans la perplexité. Mais lorsqu'il se sera fait un plan, lorsqu'une fois il aura rassemblé et mis en ordre toutes les pensées essentielles à son sujet, il s'apercevra aisément de l'instant auquel il doit prendre la plume, il sentira le point de maturité de la production de l'esprit, il sera pressé de la faire éclore, il n'aura même que du plaisir à écrire : les idées se succéderont aisément et le style sera naturel et facile ; la chaleur naîtra de ce plaisir, se répandra partout et donnera de la vie à chaque expression ; tout s'animera de plus en plus, le ton s'élèvera, les objets prendront de la couleur ; et le sentiment, se joignant à la lumière, l'augmentera, la portera plus loin, la fera passer de ce que l'on dit à ce que l'on va dire, et le style deviendra intéressant et lumineux. »

Déterminer, d'après ce passage, quelles vertus Buffon attribue au plan dans un ouvrage intellectuel ; exposer et expliquer les raisons qui paraissent justifier le jugement de Buffon ; — apprécier ce jugement. (Br. sup. Somme, Aspirants, 1894.)

4. Quels sujets de composition française préférez-vous, et pourquoi ? (Bacc., 1re partie, Dijon, octobre 1905.)

5. « Pour bien écrire, il faut une facilité naturelle et une difficulté acquise. » (Joubert.) (Bacc., 1re partie, Alger.)

6. Tous les conseils sur l'art d'écrire ne peuvent-ils pas se résumer dans ce précepte de Pascal : « Rien de trop et rien de manque ? »

(Bacc., 1re partie, Grenoble.)

7. Lettre de Voltaire à un de ses jeunes amis qui lui avait demandé quelques conseils sur l'art d'écrire.

Il lui rappelle : 1o que ce qu'on écrit doit être dicté par le bon sens ou par le cœur ; qu'écrire vaguement et sans avoir rien à dire, c'est mâcher à vide.

2o Qu'il faut aller vite au but et ne dire que le nécessaire : « au fait » est ma devise.

3o Qu'il convient de se corriger sans cesse : « le rabot et la lime sont mes instruments. »

Bref, il lui prêchera « cet art d'écrire que Despréaux. a si bien connu et si bien enseigné…, ce naturel qui est le fruit de l'art; et cette apparence de facilité qu'on ne doit qu'au travail. » (Bacc., 1re partie, Tunis.)

8. Un jeune bachelier, reçu avec éloge, expose à l'un de ses camarades, encore candidat, comment il faut s'y prendre, quels sont les mérites à acquérir, les défauts à éviter, pour faire une bonne composition française.
(Bacc., 1re partie, Alger.)

9. Expliquer cette phrase de Martha : « L'art d'écrire n'est le plus souvent que l'art de suggérer plus d'idées et de sentiments qu'on n'en exprime. »

10. « Les grands hommes parlent comme la nature, simplement. » Expliquer cette pensée de Vauvenargues.

LIX

Un jeune instituteur demande à un de ses collègues plus âgé ce qu'il doit faire pour former à la composition française quelques jeunes élèves qui se destinent à l'École normale, et qui désirent obtenir le brevet élémentaire. — Faire la réponse.

Observations. — Se procurer les textes de compositions du brevet donnés dans les différentes académies, et en faire traiter le plus possible.

Les diviser par séries de dix ou de vingt; chaque série formera ce qu'on peut appeler une *campagne* de compositions.

Donner très peu de temps pour développer chaque sujet (de vingt à trente minutes). Lire chaque fois un *sujet type*, en le commentant.

Se convaincre qu'il n'y a pas moyen d'arriver à bien composer sans quelques notions de psychologie, de logique et de morale. Donner ces notions à ses élèves, les mettre à leur portée en les dégageant de tout ce qui les rend imprécises et vagues; y revenir à propos de tout travail de la pensée, à propos de toute lecture expliquée, de toute leçon de choses. Multiplier les exemples.

L'expérience montre que ces moyens sont les meilleurs.

Développement.

Procurez-vous les textes de compositions françaises données au brevet élémentaire, dans les diverses académies [1]. Ces sujets sont choisis et formulés par des hommes du métier. Faites-en traiter le plus que vous pourrez.

Divisez-les par séries de vingt. Chaque série formera ce que vous appellerez une *campagne*. C'est comme une série de vingt combats qu'il faut livrer.

La campagne finie, vous en additionnez les résultats, et vous les proclamez, avec quelques éloges pour les premiers et quelques encouragements pour les derniers, à qui vous dites que ce n'est pas le succès qui importe, mais l'effort : que c'est en se trompant qu'on apprend, en forgeant qu'on devient forgeron, en composant beaucoup qu'on arrive à composer bien ; — qu'il faut avoir remué beaucoup d'idées, traité beaucoup de questions, pour pouvoir penser et écrire avec exactitude et précision, faire les distinctions nécessaires, marquer les nuances, ne pas confondre un sujet avec un autre ; éviter ce qui s'écarte, ce qui va à côté ou en dehors, ce qui est banal ; choisir ce qui convient, ce qui est direct et approprié, ce qui est simple, exquis, trouvé, soit pour le sens, soit pour le ton et l'allure, dans l'ensemble et les diverses parties, où tout doit être fondu, lié, proportionné, gradué, de manière à satisfaire complètement la raison et le goût.

Donnez très peu de temps pour développer chaque sujet : vingt minutes ou une demi-heure.

Jetez un coup d'œil rapide sur les copies. Au début, elles seront très mauvaises. Dites qu'elles ne sont pas bonnes, et relevez seulement les principales incorrections, les tours gauches, les répétitions de mots et d'idées, les imprécisions, les erreurs, les inexactitudes, les lacunes et insuffisances diverses.

S'il y a quelques idées justes ou à peu près justes, notez-les et faites-les ressortir en les complétant, en leur donnant la forme et le tour qu'il faut. Félicitez ceux qui ont su les trouver et les exprimer presque convenablement.

Après avoir remis les copies et fait, en les rendant, une critique sommaire, vous lirez un sujet *type*, une première fois avec

---

[1] Depuis 1896 à 1912 inclusivement, la librairie Delalain a publié chaque année *les Sujets donnés aux examens des Brevets élémentaire et supérieur*. — 1913 n'a pas paru. Depuis 1914 jusqu'en 1918 inclusivement, la librairie VUIBERT a publié, en deux volumes, l'un pour le brevet élémentaire, l'autre pour le brevet supérieur, le *Recueil des sujets donnés aux examens*. La librairie Delalain a publié les sujets du Brevet élémentaire de 1918 avec corrigés, en deux volumes.

des observations telles qu'elles initient vos élèves au secret de l'art de penser et d'écrire, et mettent en évidence, par contraste et allusion, les défauts que vous avez signalés dans les copies ; puis, une seconde fois, sans observations, mais lentement, de sorte qu'on puisse bien saisir la justesse et l'enchaînement des idées, et garder de la composition entière une impression vive et nette.

Dès que vous aurez quelques copies qui seront à peu près bonnes, ce qui arrivera très probablement dès le milieu de la première *campagne*, vous leur accorderez l'honneur de la lecture publique. Chacun ambitionnera bientôt d'avoir au moins une fois cet honneur et fera des efforts dans ce but.

Je termine en vous disant qu'il n'y a pas moyen d'arriver à bien composer sans quelques notions de psychologie, de logique et de morale.

Donnez ces notions à vos élèves. Mettez-les à leur portée, en les dégageant de tout ce qui les rend imprécises et vagues. Revenez-y à propos de tout travail de la pensée, à propos de toute lecture expliquée, de toute leçon de choses, de toute composition, de tout enseignement, en rappelant les principes et les définitions en peu de mots et clairement.

Prenons un exemple. Supposons que, dans une lecture expliquée, se présentent les mots suivants : *âme, vie, ordre, désordre, loi morale, loi physique, obligatoire, nécessitant, bien, mal, liberté, responsabilité, devoir, droit, mérite, démérite, vertu, vice ;* on donnera de ces mots ces simples définitions, qu'il faudra d'abord expliquer, qu'il suffira de formuler ensuite :

— *Ame :* principe de vie ;

— *Vie :* activité intérieure par laquelle un être se meut lui-même ;

— *Ordre :* ce qui est conforme à la loi, à la nature des choses ;

— *Désordre :* ce qui est contraire à la loi ;

— *Loi morale :* règle obligatoire que l'homme doit suivre pour rester dans l'ordre ; loi *physique :* manière constante dont un fait s'accomplit ; — la loi *morale* est un précepte ou commandement ; la loi physique, une constatation ou une formule ; — ici il s'agit de ce qui est, de ce qui se fait ; là, de ce qui doit être, de ce qui doit se faire ;

— *Obligatoire :* qui s'impose à la volonté, sans la contraindre, sans la forcer ;

— *Nécessitant :* qu'on est forcé de subir, qu'on ne peut pas ne pas subir ; — la loi morale est obligatoire ; les lois physiques sont nécessitantes ; le minéral, la plante et l'animal ne sont soumis qu'à des lois nécessitantes ;

— *Bien* : ce qui est conforme à la loi morale ; *mal* : ce qui est contraire à la loi morale ;

— *Liberté* : pouvoir de se déterminer, possession de soi-même ;

— *Responsabilité* : caractère d'un être qui doit rendre compte de ses actes ;

— *Devoir* : nécessité morale ; — *droit* : pouvoir moral ;

— *Mérite* : accroissement de valeur morale ; — *démérite* : perte de valeur morale ;

— *Vertu* : habitude du bien ; — *vice* : habitude du mal.

Si on a le temps, on pourra s'arrêter un peu plus sur un de ces mots. On dira, par exemple, qu'il y a *trois vies* chez l'homme : la vie *végétative*, caractérisée par la nutrition ; la vie *sensitive*, caractérisée par la sensation ; la vie *morale*, caractérisée par l'entendement et la volonté ; — qu'il n'y a que deux vies chez l'animal, et qu'une chez la plante ; — que la plante a une âme végétative, l'animal une âme sensible, et l'homme une âme intelligente et libre, spirituelle et immortelle. Elle est libre, parce qu'elle est intelligente ou raisonnable ; elle est spirituelle, parce qu'elle est intelligente et libre : il n'y a qu'un esprit qui puisse être intelligent et libre ; elle est immortelle, parce qu'elle est spirituelle : un esprit ne peut mourir. Ces mots intelligente et libre, spirituelle et immortelle, doivent être disposés dans cet ordre, qui est l'ordre naturel et logique.

Supposons encore que nous trouvions ces mots : *impression, sensation, image, idée, pensée, sentiment, détermination, résolution* ; — nous dirons et ferons voir que ces mots sont disposés ici dans leur ordre naturel : que l'*impression* est un fait physiologique, la *sensation* un fait psychologique, l'*image* une copie de sensation conservée dans l'imagination, l'*idée* « ce que voit l'esprit » (Lacordaire), une représentation intellectuelle des choses ; la *pensée*, des idées liées entre elles ; le *sentiment*, qui naît de l'idée, un fait de sensibilité morale ou de volonté ; la *détermination*, la *résolution*, un fait de volonté libre.

On pourra faire des questions pour s'assurer que ces notions sont comprises : A quelle vie rapportez-vous les phénomènes de la circulation du sang, de la respiration ? A la vie végétative. — A laquelle rapportez-vous les sensations, les images, les appétits ? A la vie sensible. — A laquelle les idées, les pensées, les sentiments, les déterminations ? A la vie morale. — A quelle faculté rapportez-vous la connaissance sensible ? A la faculté de connaître par les sens. — Et la connaissance intellectuelle, les idées, les pensées, les jugements, les raisonnements ? A l'intelligence.

— Et les sentiments et les déterminations? A la sensibilité morale ou à la volonté libre.

Résumons-nous. Pour former à la composition française les élèves qui se destinent à l'École normale ou qui désirent obtenir le brevet élémentaire, procurez-vous les textes de compositions donnés dans les différentes académies, et faites-en traiter le plus possible. Divisez-les par séries de vingt. Chaque série formera ce que vous appellerez une *campagne* de compositions. Donnez très peu de temps pour développer chaque sujet (de vingt à trente minutes). Lisez chaque fois un *sujet type*, en le commentant.

Convainquez-vous qu'il n'y a pas moyen d'arriver à bien composer sans quelques notions de psychologie, de logique et de morale. Donnez ces notions à vos élèves, mettez-les à leur portée en les dégageant de tout ce qui les rend imprécises et vagues. Revenez-y à propos de tout travail de la pensée, à propos de toute lecture expliquée, de toute leçon de choses, etc. Donnez des exemples.

Voilà quelques-uns des moyens que l'expérience m'a appris à regarder comme les meilleurs. La plupart de ceux qu'on donne habituellement sont artificiels, mécaniques. Ils coûtent beaucoup au maître et à l'élève, et donnent peu de résultats.

LX

Quelques-uns de vos élèves vont se présenter prochainement à l'examen du brevet élémentaire. Donnez-leur des conseils pratiques qui faciliteront leur réussite à la composition française.

Sommaire. — Se servir, pour développer le sujet, de toute son expérience et de toutes ses connaissances. Ne pas se figurer qu'il est trop difficile. Peser les mots du texte, souligner les plus importants.

Se faire un plan très simple, plutôt avec des mots qu'avec des phrases. Se poser des questions suggestives.

Penser par soi-même. Chercher le développement qui sort naturellement du sujet. Faire appel à la mémoire, ne pas s'en embarrasser.

Soigner la forme, la ponctuation. Ni trop ni trop peu d'alinéas.

Développement.

Dans trois jours vous vous présenterez à l'examen du brevet élémentaire. Je vais vous donner quelques conseils dans le but de faciliter votre réussite à la composition française.

Sachez vous servir, pour développer le sujet qu'on vous proposera, de toute votre expérience et de toutes les connaissances que vous avez acquises. N'allez pas croire qu'il est difficile ou peu intéressant. Les hommes qui l'ont formulé savent leur métier. On ne vous demande ni plus ni moins qu'on ne doit vous demander. On s'est rendu compte, en choisissant le sujet, de ce qu'on peut attendre de vous.

Ne vous laissez pas effrayer par les apparences et ne vous défiez pas trop de vous-mêmes.

Étudiez le sujet de près, et vous verrez qu'il est à votre portée, qu'il est très beau, que vous l'aimerez et le ferez bien.

Il faut aimer ce que l'on fait, ce que l'on doit faire. Il faut s'en former un idéal qui attire, qui captive, qui recueille toutes les facultés et les mette en mouvement.

Ne vous pressez pas pour commencer à écrire. Examinez le texte. Pesez chaque mot, et soulignez les plus importants. N'en oubliez point : un seul mot peut changer le sens des autres, le restreindre ou l'étendre, préciser le point de vue. Supposons ce texte, donné à Lyon au mois de juillet 1898 : « Imaginez un dialogue entre un serf d'autrefois et un paysan *citoyen* d'aujourd'hui [1]. » Soulignez le mot citoyen, et vous voyez tout de suite qu'il vous indique le point de vue où vous devez vous placer : les *droits dont jouit le paysan citoyen et dont le serf était privé.*

Faites-vous un plan très simple, plutôt avec des mots qu'avec des phrases. Marquez seulement la voie que vous devez suivre. Mettez des jalons ; indiquez des points de repère. Quel est le but ? Quels sont les meilleurs moyens d'y arriver ?

Adressez-vous des questions suggestives, pour éveiller les idées. De quoi s'agit-il ? Est-ce bien cela ? Est-ce que je ne me trompe pas ? Est-ce que je ne confonds pas ce sujet avec un autre ? Les idées de cet autre peuvent me venir en aide ; mais ne faut-il pas que je les tourne d'une autre façon ? Comment ? Pourquoi ? Quel écueil faut-il éviter ? Y a-t-il des distinctions, des réserves à faire, des nuances à marquer, pour mettre tout au point ?

---

[1] On trouvera 1ᵉʳ vol., 9ᵉ partie, XIII, le développement de ce texte.

Dans les études que j'ai faites, dans les livres que j'ai lus, dans l'histoire, dans les fables de La Fontaine et les auteurs classiques que je connais, y a-t-il quelque chose qui se rapporte à cette composition, des exemples qui puissent m'être utiles, des citations qu'il soit bon de faire?

Nos connaissances sont les germes de nos productions. Sachons nous en servir, et non nous en embarrasser. Le sujet que vous avez à développer a trait au travail, je suppose. Ne dites pas tout ce que vous savez sur le travail, mais seulement ce qui répond, ce qui convient au texte tel qu'il vous est donné, ce qui peut lui être approprié.

Pensez par vous-mêmes, cherchez le développement qui sort naturellement du sujet; ne vous dérobez pas, ne vous jetez pas à côté, ne fuyez pas du côté de la mémoire.

Composer, ce n'est pas réciter une leçon apprise par cœur, c'est inventer, c'est créer; ce n'est pas associer artificiellement des idées, c'est les lier par des rapports rationnels.

La mémoire, comme l'imagination, peut fournir des matériaux; mais c'est aux facultés de raisonnement et de goût à les employer; sinon, on ne dit rien que de vague, on coud des lambeaux qui ne sont point faits les uns pour les autres, on fait une mosaïque de pièces plus ou moins mal associées, au lieu d'une composition homogène, où la pensée, le sentiment et l'expression s'unissent et se fondent harmonieusement.

Faites un triage parmi vos souvenirs, et éliminez tout ce qui est étranger à la question toute spéciale que vous avez à traiter, et que vous devez nettement circonscrire.

Le plan fait et les idées préparées dans les conditions que nous avons dites, il ne faut plus vous attarder. Prenez la plume et commencez par le commencement, c'est-à-dire sans préambule étranger à la question, sans considérations générales, propres seulement à l'embarrasser et à l'obscurcir.

Sachez bien ce que vous voulez dire, et dites-le convenablement; dites d'abord ce qui doit être dit d'abord, et laissez le reste pour y revenir à propos. Quand un point est traité, passez au suivant, en évitant les redites. Ne croyez pas avancer en répétant les mêmes choses. Ce qui est dit est dit.

Ne déclamez pas, ne prêchez pas, n'exhortez pas, ne tonnez pas contre les gens, pas plus contre les morts que contre les vivants. Exposez clairement la vérité. Cela suffit : la vérité ainsi exposée exhorte par elle-même.

Soignez la ponctuation : bien ponctuer est un moyen d'apprendre à bien penser. Une ponctuation exacte est l'indice d'un esprit méthodique et discipliné ; elle met la phrase dans tout son relief, elle en rend la correction et la lecture faciles.

Ne faites ni trop ni trop peu d'alinéas : s'il y en a trop, la composition semble être formée de versets, comme un psaume ; s'il y en a trop peu, l'esprit est effrayé d'avoir une si longue route à faire avant d'arriver à un repos.

Évitez les phrases longues, embarrassées. Elles sont presque toujours l'indice d'une pensée mal dégagée. La pensée claire s'exprime en des phrases courtes.

La correction est absolument nécessaire. Il ne doit y avoir, dans votre composition, ni faute d'orthographe, ni faute de syntaxe. Corrigez jusqu'à la dernière minute du temps dont vous disposez.

Soyez convaincus qu'une composition raisonnable, où l'on sentira un peu de mérite littéraire, un peu de pensée personnelle, un peu de jugement, une modeste étincelle de goût, de finesse, sera tout de suite remarquée, bien venue, presque fêtée par les correcteurs.

Lectures. — *Le premier devoir d'écolier de Lamartine.* — On nous avait donné, pour texte libre et vague, une description du printemps à la campagne. Le plus grand nombre de mes condisciples étaient nés et avaient été élevés dans les villes ; ils ne connaissaient le printemps que par les livres. Leur composition, un peu banale, était pleine des images des Bucoliques : des rameaux, des troupeaux, des oiseaux, des bergers assis sous des hêtres et jouant des airs champêtres sur leurs chalumeaux, des prairies émaillées de fleurs sur lesquelles voltigeaient des nuées d'abeilles et de papillons...

J'avais été élevé à la campagne... A moins d'emprunter toutes mes images à mes livres, ce qui me répugnait comme un larcin ou comme un mensonge, il me fallait donc décrire d'après nature l'aride et pauvre printemps de mon pays. Je ne trouvais dans cette indigente nature aucune des couleurs poétiques que la nudité de la terre et l'éraillement de mes rochers décrépits me refusaient.

Je résolus de me passer de la nature imaginaire et de peindre le printemps dans les impressions, dans le cœur et dans les travaux des villageois, tel que je l'avais vu pendant mes heureuses années d'enfance au hameau où j'avais grandi.

(LAMARTINE. — Texte de dictée. Br. él. Clermont, Aspirantes, 1902.)

L'art d'écrire. — Exemple de lecture expliquée.

Voici un sonnet qui rappelle, sur l'art d'écrire, quelques principes qu'il est bon d'avoir dans l'esprit pour ne pas faire fausse route :

C'est ainsi que l'on dit, c'est ainsi que l'on pense :
Le terme suit l'idée, et l'idée, — ô bonheur ! —
Jaillit en même temps de l'esprit et du cœur :
L'idée, elle est *sentie*... Oh ! voilà l'excellence !

Rien de sot, de banal ; rien dont le goût s'offense ;
Clair et net, sans détour, sans heurt et sans lenteur,
Et partout la lumière unie à la chaleur,
Et l'arrêt aussi prompt que le jet, — qui s'élance ! —

Oui, voilà l'art d'écrire, en prose comme en vers !
Les règles, bien souvent, font viser de travers :
N'en ayons donc pas trop et sachons les entendre.

Le vrai, le naturel, le propre, le divin,
Va toujours droit au but par le meilleur chemin :
Voilà ce qu'il nous faut comprendre !

(F. L.)

1° Écrire avec toute son âme : imagination, raison, sentiment (1er quatrain).

2° N'avoir pas trop de règles : les ramener à quelques idées nettes (2e quatrain et 1er tercet).

3° Aller au but par le meilleur chemin, procéder par choix et par élimination (2e tercet).

Supposons ce texte :

Mettre en relief les principaux secrets de l'art d'écrire, en expliquant le sonnet ci-dessus.

DÉVELOPPEMENT

« C'est ainsi que l'on dit, c'est ainsi que l'on pense. »

— Remarquons tout d'abord que ce premier vers nous donne une excellente règle tirée de l'observation : « C'est ainsi que l'on dit », — et des principes : « C'est ainsi que l'on pense. »

En se posant cette question : « Est-ce ainsi que l'on dit ? » on se tient en garde contre ce qui est contraire au bon usage, contre ce qui n'est pas vraiment français et reconnu comme tel par ceux qui font autorité, par les maîtres, par les vrais interprètes du goût et du génie national.

En se posant cette autre question : « Est-ce ainsi que l'on pense ? », on s'assure que ce que l'on dit ou écrit ne va pas contre les principes et contre les faits, contre la raison et contre l'expérience, sans parler de l'orthodoxie, qui doit toujours être notre première préoccupation, cela va de soi.

« Le terme suit l'idée. »

C'est l'idée qui crée, qui suscite, qui trouve, qui choisit le terme qui l'exprime, qui la rend sensible, qui la montre, qui la signifie, au sens originaire du mot.

Le terme n'est rien par lui-même, il n'est que pour l'idée ; c'est à elle qu'il doit convenir, c'est sur elle qu'il doit se mesurer, c'est à elle qu'il doit s'adapter ; n'être par conséquent ni trop ample ni trop étroit ; ne pas la fausser en l'exagérant ou la diminuant : ce qui arrive, quand le terme suit vraiment l'idée, quand il vient après elle ou en même temps qu'elle, et non quand l'imagination choisit et associe les mots avant l'idée, indépendamment de l'idée, pour eux-mêmes, pour l'image qu'ils évoquent ou la sonorité qu'ils produisent.

Dans ce dernier cas, on s'occupe plus de la forme que du fond, de la phrase ou de la période que de la pensée ; on remplace l'art par l'artifice.

Prenons pour exemple ce passage du combat de Mérovée contre un Gaulois, dans *les Martyrs* :

« La hache de Mérovée part, siffle, vole et s'enfonce dans le front du Gaulois, comme la cognée du bûcheron dans la cime d'un pin. La tête du guerrier se partage ; sa cervelle se répand des deux côtés ; ses yeux roulent à terre ; il reste encore un moment debout, étendant des mains convulsives, objet d'épouvante et de pitié. »

L'image est imposante, la phrase sonne bien et se termine par une apposition ornée de deux termes abstraits, — épouvante et pitié, — propres à frapper l'imagination.

Mais comment ce guerrier dont « la tête s'est partagée », dont « la cervelle s'est répandue des deux côtés », dont « les yeux ont roulé à terre », peut-il « rester encore un moment debout, étendant des mains convulsives, objet d'épouvante et de pitié » ?

Comment croire que la hache a été assez *intelligente* pour couper d'un seul coup tous les nerfs et les muscles qui tiennent les *deux yeux* fixés dans leurs orbites et les faire rouler à terre ?

C'est de l'artifice, non de l'art. L'art reste vrai ou vraisemblable [1].

On n'embellit le vrai qu'en lui restant fidèle.　　　(F. L.)

> « ... Et l'idée, — ô bonheur ! —
> Jaillit en même temps de l'esprit et du cœur. »

Ce qui revient à dire que l'idée est vivante, spontanée ; qu'elle jaillit de l'âme tout entière, laquelle est raison et volonté, lumière et sentiment, vision et impulsion ; et c'est là ce qui doit être, c'est un « bonheur », un succès, quelque chose de trouvé, une rencontre qui satisfait, qui fait plaisir, qui ravit quelquefois, comme le « *Qu'il mourût !* », du vieil Horace : le « *Je suis jeune, il est vrai, etc.* », de Rodrigue ; le vers de Polyeucte : « *Faisons triompher Dieu, qu'il dispose du reste !* », ou encore la réponse de Joad à Abner : « *Celui qui met un frein à la fureur des flots*, etc. », et tant d'autres exemples (Bossuet en fournit de nombreux et d'un relief saisissant), avec lesquels il est bon de se familiariser pour s'ennoblir et se former le goût.

---

[1] Lire ici le sonnet qui a pour titre : *Critique littéraire*, p. 6 du premier volume de la *Composition française*, ou, dans le présent extrait, n° LVIII.

« L'idée, elle est sentie... Oh ! voilà l'excellence ! »

Ce vers répète, en insistant, l'affirmation du vers précédent, et en des termes concrets, précis : « l'idée, elle est sentie. »

Si l'idée n'est pas sentie, elle ne vient pas de toute l'âme, elle ne s'adresse pas à toute l'âme, elle n'atteint pas toute l'âme ; elle n'est qu'une abstraction, non spontanée, non vivante, non douée de force d'impulsion, de force motrice.

Pour remuer l'âme, pour la saisir et l'émouvoir, l'idée doit se faire sentiment. C'est un mot d'Aristote.

« Malheur, dit aussi Bossuet, à la connaissance stérile, qui ne se tourne pas à aimer et se trahit elle-même ! » Ce qui revient à dire : à la connaissance qui n'est pas pénétrée de sentiment, qui n'entraîne pas l'amour, qui n'agit pas sur la volonté ou le cœur.

Quand l'idée et le sentiment sont unis et proportionnés, c'est « l'excellence », c'est le but atteint, c'est la perfection.

« N'écrivez, dit Gratry, que là où vous voyez, où vous sentez ; là où vous ne voyez pas, où vous ne sentez pas, n'écrivez pas. Ce silence-là aura son prix et rendra le reste sonore. »

Il est bon de compléter cette règle de Gratry par celle-ci que La Fontaine nous enseigne et nous dit tenir d'Horace : « Cet auteur (Horace) ne veut pas qu'un écrivain *s'opiniâtre contre l'incapacité de son esprit ni contre celle de sa matière. Jamais*, à ce qu'il prétend, un homme qui veut réussir n'en vient jusque-là ; *il abandonne les choses dont il voit bien qu'il ne saurait rien faire de bon* (Préface des *Fables*).

« Rien de sot. »

C'est-à-dire rien qui soit dénué de jugement, de bon sens, de présence d'esprit ;

Pas d'affirmation qui contredise l'expérience, qui porte à dire, par exemple : « Pas exact ; ce n'est pas ce qui a lieu ; ce n'est pas ainsi que ça se passe ; »

Pas d'affirmation qui contredise les premiers principes de la raison, laissant entendre, par exemple, qu'une chose peut être et n'être pas en même temps ; qu'il n'y a pas à tout une raison suffisante, une raison explicative ; qu'on peut récolter sans semer, obtenir un effet sans poser la cause, atteindre une fin sans prendre les moyens qui y mènent ; qu'on peut, suivant l'intention que l'on a, faire le bien par le mal, etc., etc. ; qu'on peut faire de l'ordre avec et par des perturbateurs, de l'apaisement avec et par des oppresseurs, bénéficier du respect des consciences avec et par des sectaires, etc. ;

Pas d'affirmation qui contredise les premiers principes de la conscience morale : *Il y a le bien, il y a le mal ; il faut faire le bien, il faut éviter le mal ; il faut remplir le devoir :* principes qu'il suffit de rapprocher de certaines maximes courantes très spécieuses pour voir ce qu'elles contiennent de faux ; de celles-ci, par exemple :

Il faut faire comme tout le monde. Il faut éviter le mal, partout et toujours, quand même personne ne l'éviterait ; et il faut faire le bien, partout et toujours également, quand même personne ne le ferait.

Il faut vouloir ce qu'on ne peut empêcher. Il faut éviter le mal, il ne faut jamais le vouloir, y donner son consentement, alors même qu'on ne pourrait pas l'empêcher [1].

La fin justifie les moyens. Il faut éviter le mal dans les moyens comme dans la fin; le mal ne peut devenir le bien par le but que l'on se propose; quelle que soit la fin poursuivie, il ne saurait se justifier [2].

Il faut suivre la nature. Il y a le bien qu'il faut faire, il y a le mal qu'il faut éviter, il y a le devoir qu'il faut remplir, quelle que soit sa nature, bonne ou mauvaise [3].

« Rien de banal. »

C'est-à-dire rien de commun, de vulgaire, de trivial, rien qui porte à dire : « A quoi bon? Pas la peine! Cela va de soi! Connu! »

Il y a tant de choses qui sont connues de tous, et qu'on ne dit pas ou qu'on ne fait que rappeler d'un mot en passant, sans en avoir l'air.

Les lieux communs sont un *nid à banalités* pour qui s'y asservit, pour qui se croirait obligé, à propos de tout, de les passer en revue.

« Rien dont le goût s'offense. »

Le goût, qui est la conscience littéraire et esthétique, composé de raison et de sentiment unis à une imagination heureuse et disciplinée, s'offense de tout ce qui est contraire à la nature ordonnée, de tout ce qui est faux, de tout ce qui est mal, de tout ce qui est laid, de tout ce qui est bas, de tout ce qui manque de mesure, de proportion, de mise au point; il s'offense de ce qui est extravagant, de ce qui est malveillant, de ce qui détonne, de ce qui n'a pas le ton et le tour qu'il faut suivant les circonstances de temps, de lieux, de personnes, etc.

« Clair et net. »

« Clair » : bien visible à l'esprit attentif. On a dit que ce qui n'est pas clair n'est pas français; on peut ajouter que ce n'est d'aucune langue. On parle, on écrit pour dire quelque chose et pour être compris.

La première qualité qu'il faut avoir, en parlant et en écrivant, c'est donc la clarté. Et l'on n'est jamais trop clair. S'il faut répéter un mot pour être plus clair, n'hésitons pas à le répéter. Si un synonyme ou un équivalent précise ou explique l'idée, n'hésitons pas à l'employer.

---

[1] Voir discussion de cette maxime, deuxième volume de la *Composition française*, p. 242 et 245.

[2] Voir réfutation, premier volume, p. 72, et deuxième volume, p. 250.

[3] Pour plus de détails, voir premier volume, p. 761 : *Comment il faut faire appel à la raison chez les enfants.*

« Net » : sans confusion, avec les distinctions nécessaires ou utiles, avec des réserves ou des remarques, s'il y a lieu, les contours bien marqués, les limites bien arrêtées; qu'on ne puisse pas se méprendre, prendre ceci pour cela ; le faux pour le vrai, le mal pour le bien, une négation pour une affirmation, un sens pour un autre.

Oralement, on donnera ici des exemples; mais par écrit et pour ne pas allonger, on s'en abstient.

Combien de fois, en corrigeant les copies, il est arrivé de demander à leurs auteurs ce qu'ils voulaient dire! En général, ce qu'ils répondaient était juste, était au point, et on leur faisait observer que c'était cela qu'ils auraient dû écrire; que ce qu'ils avaient écrit signifiait le contraire de leur pensée, ou du moins la laissait douteuse, obscure, vague.

Certains sont plus clairs lorsqu'ils parlent que lorsqu'ils écrivent; d'autres, c'est le contraire, et si l'on veut obtenir d'eux des renseignements précis, il faut leur demander de les écrire.

« Sans détour. »

Aller directement aux choses, éviter les circonstances, les indications inutiles; tout amener, mais pas de trop loin; ne pas s'embarrasser de tout ce qui ne mène pas au but, de tout ce qui va autour, à côté, de tout ce qui est en dehors de la question que l'on traite et dont on ne tient compte que pour rester exact, pour ne pas être exclusif, pour ne pas faire valoir une vérité ou un fait au détriment d'une autre vérité ou d'un autre fait, par exemple, la charité au détriment de la justice, ou la justice au détriment de la charité; l'instruction au détriment de l'éducation, ou inversement; la théorie au détriment de la pratique, ou la pratique au détriment de la théorie, etc.

« Tout ornement qui n'est qu'ornement ne vaut rien. ».(Fénelon.) Toute citation qui ne s'amène pas, qui ne se fond pas dans le mouvement de la pensée, n'est pas bonne non plus. Elle révèle plus d'érudition que de jugement. De plus, elle rompt la suite des idées et détourne l'attention.

« Sans heurt et sans lenteur. »

« Sans heurt » : les idées et les sentiments se heurtent, quand ils ne sont pas similaires, unifiés, fondus, motivés; quand ils ne cadrent pas, quand ils contrastent violemment avec ce qui les précède ou les suit.

« Sans lenteur » : rien qui traîne, qui s'allonge, qui se répète sans profit, sans éclairer davantage l'esprit ou émouvoir davantage le cœur.

Quand on a dit ou écrit ce qu'il faut pour produire une conviction ou une émotion suffisante, il faut s'arrêter, non pas brusquement, mais sans lenteur, laissant l'esprit et le cœur satisfaits.

« Et l'arrêt aussi prompt que le jet, — qui s'élance ! — »

Il faut savoir finir à temps. Rien de manque, ni rien de trop. Le style sobre est le style des maîtres.

Le jet, c'est le début, c'est l'élan, « qui s'élance, » qui ne procède pas par hésitations, mais qui va de l'avant vers le but dès les premiers mots où le but est nettement marqué.

Il faut une promptitude égale dans l'arrêt et dans le jet. Alors l'esprit demeure sous une impression favorable, heureuse.

On a dit qu'Eugénie de Guérin, dans son *Journal*, était aussi admirable d'arrêt que de jet. Pour s'en convaincre, il suffit de lire, à la fin du premier volume (10e partie, sujet XLV, page 847), le sujet qui a pour titre : *Vous connaissez le Journal d'Eugénie de Guérin. Essayez de caractériser sa manière de penser et d'écrire. Donnez des exemples.*

« Oui, voilà l'art d'écrire, en prose comme en vers. »

Il n'y a pas de façon artificielle d'écrire. On écrit sans artifice, — ce qui ne veut pas dire sans art, — en prose comme en vers, pour dire quelque chose, avec le tour et le ton qu'on juge le plus convenables.

Le vers, en général, doit condenser la pensée. Puisqu'on y compte les syllabes, il faut les peser et n'en point mettre qui ne soient nécessaires, qui ne soient que des *chevilles* [1].

« Les règles, bien souvent, font viser de travers :
N'en ayons donc pas trop, et sachons les entendre. »

Il y a, dans les manuels, une foule de règles dont il faut éviter de s'embarrasser, et qu'il faut remplacer par des observations de bon sens, que le travail de la pensée et de bonnes lectures inspirent vite aux esprits réfléchis.

« Et sachons les entendre » : combien ont appris par cœur toutes les règles de la rhétorique, et ne les entendent pas !

« Le vrai, le naturel, le propre, le divin
Va toujours droit au but par le meilleur chemin :
Voilà ce qu'il nous faut comprendre [2]. »

« Le vrai » : le style vrai est l'homme même, l'homme ordonné, l'homme qui suit son principe naturel d'activité, la raison ; il n'a rien de convenu, rien d'artificiel ; on pense, on sent, et la parole suit.

« Le naturel » : le style naturel est au fond même chose que le style vrai, le style qui montre les choses comme elles sont, qui ne

---

[1] On fera bien de lire ici, vers la fin du premier volume, les sujets XLII, XLIII, XLIV, p. 820 à 847, sur la versification et la poésie.

[2] Voir 2e vol., Sujets préliminaires, II, p. 7.

les dénature pas, qui ne les fausse pas, qui les met, comme on dit, au point [1].

« Le propre » : le style propre, c'est le style qui convient, qui est approprié, qui a le ton et le tour qu'il faut dans la circonstance.

« Le divin » : le plus excellent, le parfait.

N'oublions pas qu'il y a des *trouvailles*, des découvertes heureuses, des idées et des sentiments qui sont des récompenses. Il faut les mériter pour les avoir, et on les mérite en s'oubliant soi-même, en ne cherchant que le vrai et le bien, partout et toujours.

« Va toujours droit au but par le meilleur chemin. »

Il importe de choisir le chemin que, pour de bonnes raisons, on croit le meilleur, en rapport avec son expérience, ses facultés, ses ressources, ses moyens ; et une fois le chemin choisi, ne se préoccuper que d'une chose : aller, par ce chemin que l'on s'est tracé, tout droit au but que l'on se propose d'atteindre, et en évitant avec soin tout ce qui n'y tend pas, tout ce qui pourrait en détourner ou ralentir la marche.

« Voilà ce qu'il nous faut comprendre. »

Si l'on comprend bien cela, on pourra pratiquement se passer d'une foule de règles qui gênent plutôt qu'elles ne servent dans le travail de la pensée [2].

On ne saurait mieux terminer cette lecture expliquée qu'en citant un passage du deuxième volume de la *Composition française* :

« Il n'y a pas d'art de parler, pas plus qu'il n'y a d'art d'écrire, si l'on entend par art le procédé, l'artifice, la substitution du système à la nature, au bon sens, à l'inspiration vivante de l'âme.

« Il y a un art de parler et un art d'écrire, si l'on entend par art la nature embellie, ordonnée, cultivée, perfectionnée, suivant sa loi, qui est le progrès constant, la marche vers la perfection.

« On a dit que le génie apprend par les règles mêmes à se passer des règles ; » les règles, il les trouve en lui-même ; il les applique d'instinct, spontanément.

« Partout où les règles ne sont pas interprétées et appliquées par le génie ou le bon sens, elles sont des obstacles, et non des moyens ; elles sont des entraves, et non des secours ; elles tiennent l'esprit en lisière, au lieu de favoriser son essor ; elles portent à s'écarter de la nature, de la vérité, de la vie, dont le caractère est la spontanéité, et

---

1 Voir, pour plus de développement, 2ᵉ volume, 1ʳᵉ partie, sujet XXII, le commentaire de cette parole de Nisard : « *Le naturel dans les écrits n'est pas d'une autre sorte que le naturel dans la vie humaine.* »

2 (F. Louis, Lettre sur *les Humanités pour tous par les sciences morales et religieuses*, p. 55.

à croire qu'on a fait un original, quand on a fait un pastiche; qu'on a créé des œuvres vivantes, quand on s'est borné, d'après des procédés connus, à préparer des momies et à donner à des animaux empaillés les apparences de la vie. »

On ajoute encore à ce passage la citation suivante de Jules Simon, qui se trouve un peu plus loin dans le même sujet :

« Vous voulez, dit-il, former le jugement d'un enfant? Ce sera une pauvre méthode à prendre pour y parvenir que de lui réciter les meilleures règles de la logique; mais donnez-lui fréquemment l'occasion de juger; reprenez-le, quand il se trompe; obtenez de lui de constants efforts; et son esprit contractera de bonnes habitudes qu'il ne perdra plus.

« Il en est de même pour le raisonnement. Qui raisonne bien? Est-ce celui qui sait par cœur toutes les règles d'Aristote? ou celui qui, par un exercice journalier, s'est rompu à l'argumentation?

« De même pour la rhétorique, car tous les préceptes de goût ne valent pas, pour un écolier, une seule page écrite sous la direction d'un bon professeur. » (JULES SIMON, *Le Devoir.*)

Pensées. — La forme est le reflet naturel et nécessaire du fond.
(F. L.)

Il ne faut écrire qu'à la lumière des principes et des faits. (*Id.*)

En littérature comme en morale, vouloir être et non paraître. (*Id.*)

L'homme ne peut lire que ce qu'il goûte, et ce qu'il goûte est la mesu   de sa raison. (LACORDAIRE.)

Le mauvais goût consiste à aimer ce qui n'est pas aimable, et le faux enthousiasme, à s'enflammer pour ce qui naturellement n'enflamme point. (JOUBERT.)

Vouloir se passer de ce qui est nécessaire, ou employer ce qui est inutile : sources de maux dans la composition. (*Id.*)

Nous vivons dans un siècle où les idées superflues surabondent, et qui n'a pas les idées nécessaires. (*Id.*)

La mesure est à la fois ce qu'il y a de plus rare et *ce qui contient le plus de force.* (LACORDAIRE.)

Rien ne calme comme la vie pratique; rien n'exalte comme la théorie. (*Id.*)

Il ne faut jamais regretter le temps qui a été nécessaire pour bien faire. (JOUBERT.)

Un petit nombre de principes simples et assurés, d'axiomes de bon sens, pareils à ceux qui avaient vu grandir la France d'autrefois et qui la protégeaient, seront aussi les ressources de l'avenir.
(J. BAINVILLE, dans l'*Examen de conscience d'un siècle.*)

Ce n'est pas du vrai et du faux qu'il faut s'occuper avant toutes choses, mais du mal et du bien; car c'est moins l'erreur qu'il faut craindre que le mal. (JOUBERT.)

8ᴬ

Ce qu'il y a de pire dans l'erreur, ce n'est pas ce qu'elle a de faux, mais ce qu'elle a de volontaire, d'aveugle et de passionné. (*Id.*)

Écrire, c'est agir. (LACORDAIRE.)

Sans modèle, et sans modèle idéal, nul ne peut bien faire. (JOUBERT.)

On n'est correct qu'en corrigeant. (*Id.*)

Le goût est la conscience littéraire de l'âme. (*Id.*)

Autres sujets. — 1. Expliquer ces paroles d'un grand écrivain : « Voulez-vous avoir un style clair? faites d'abord la clarté dans votre esprit. Voulez-vous avoir un grand style? ayez un grand cœur. »	(E. N. de Saint-Cloud.)

2. Boileau a écrit de lui-même : « Et mon vers, bien ou mal, dit toujours quelque chose. » Qu'en pensez-vous? (Bacc. 1re partie, Caen, 1900.)

3. Apprécier et expliquer cette pensée de Vauvenargues : « On dit peu de choses solides, quand on cherche à en dire d'extraordinaires. » (Bacc. 1re partie, Clermont, 1905.)

4. « Les grands hommes parlent comme la nature, simplement. » Expliquer cette pensée de Vauvenargues.

5. Expliquer cette phrase de Martha : « L'art d'écrire n'est le plus souvent que l'art de suggérer plus d'idées et de sentiments qu'on n'en exprime. »

6. « Pour bien écrire, il faut une facilité naturelle et une difficulté acquise. » (JOUBERT.) (Bacc. 1re partie, Alger.)

7. De la clarté dans le style; principales qualités dont elle dépend; moyens pratiques à employer pour l'acquérir. (Br. sup. Ardèche, Aspirantes, 1893; Poitiers, 1897.)

8. Pascal a dit : « La dernière chose qu'on trouve en faisant un ouvrage est de savoir celle qu'il faut mettre la première. » Expliquez cette pensée, dont vous avez dû maintes fois vérifier par vous-même l'exactitude. (Br. sup. Charente, Aspirants, 1894.)

9. Lettre de Voltaire à un de ses jeunes amis qui lui avait demandé quelques conseils sur l'art d'écrire.

Il lui rappelle : 1o Que ce qu'il écrit doit être dicté par le bon sens ou par le cœur; qu'écrire vaguement et sans avoir rien à dire, c'est mâcher à vide.

2o Qu'il faut aller au but et ne dire que le nécessaire : « Au fait est ma devise. »

3o Qu'il convient de se corriger sans cesse : « Le rabot et la lime sont mes instruments. »

Bref, il lui prêchera « cet art d'écrire que Despréaux a si bien connu et si bien enseigné,... ce naturel qui est le fruit de l'art; et cette apparence de facilité qu'on ne doit qu'au travail ». (Bacc. 1re partie, Tunis.)

N. B. — La recommandation d'*être personnel* est donné de temps en temps à la suite de textes d'examens. — En voici deux exemples :

Quel est votre poète préféré? Expliquez le genre de plaisir que vous éprouvez à sa lecture.

Surtout gardez-vous bien de réciter une leçon apprise : dites simplement, de votre mieux, le plus élégamment qu'il vous sera possible, *ce que vous pensez, vous.* Et gardez-vous encore de traiter ce sujet, si vous n'avez pas un poète que vous connaissiez pour avoir lu vous-même ses œuvres, et que vous préfériez à tout autre, par goût personnel. Toutes les banalités littéraires ne feraient que gâter votre affaire. Soignez extrêmement la *composition* et le *style.* (Bacc. 1re partie, Rennes, 1913.)

A propos d'un texte de Renan, l'académie de Besançon faisait, en 1911, une remarque semblable :

« Prenez garde de ne pas réciter ou transcrire des fragments de cours ou des passages de livres qui auraient chance de ne pas se rapporter au texte proposé. »

IV. — MOTIFS D'ACTION

V. — VOLONTÉ. — OBÉISSANCE. — CARACTÈRE

VI. — HABITUDE. — RÉPÉTITION

VII. — MÉMOIRE. — ASSOCIATION DES IDÉES. — IMAGINATION

VIII. — MENSONGE. — SINCÉRITÉ

IX. — DÉFAUTS

X. — QUALITÉS

XI. — SUGGESTION. — CONFIANCE. — DÉVOUEMENT.
— ADMIRATION

XII. — RÉPRESSION. — SANCTION

XIII. — INTERROGATION. — ANALYSE LITTÉRAIRE. — LECTURE. — LIVRE

XIV. — CONSEILS POUR LA COMPOSITION FRANÇAISE

---

¹ Ce même sujet est répété au second et au troisième volumes, mais il y a, chaque fois, quelques idées en plus.

AUTRES SUJETS DE PÉDAGOGIE
ET D'ÉDUCATION

DÉVELOPPÉS DANS LES TROIS VOLUMES
DE LA COMPOSITION FRANÇAISE AUX DIVERS EXAMENS

N. B. — 1° On suit l'ordre adopté dans la table précédente ;
2° On donne ici seulement l'idée générale des textes de compositions. Il faut lire ces textes en entier, si l'on veut se rendre compte du sens et de la portée des sujets a traiter.

I. — PSYCHOLOGIE ET PÉDAGOGIE

I. — « Connais-toi toi-même, » a dit Socrate. — Importance de ce précepte en morale pratique. (2e vol., 6e partie, II, p. 441.)

II. — Philosophie et Pédagogie : pas de vraie pédagogie sans philosophie. (Méthodologie de l'Enseig. de la philosophie, III, 1 [1], p. 66.)

II. — DU RESPECT DANS L'ÉDUCATION

III. — Pour quelles raisons ceux qui sont chargés d'instruire les autres leur doivent-ils le plus grand respect ? (1er vol., 5e partie, XIII, p. 411.)

IV. — Pourquoi nous devons respecter le nom que nous portons. (2e vol., 7e partie, XXVI, p. 591.)

---

[1] *Méthodologie de l'Enseignement de la philosophie*, in-8° de 116 pages, chez Mame et de Gigord.

III. — CULTURE DE LA RAISON. — INSTRUCTION ET MORALITÉ

IV. — MOTIFS D'ACTION

XX. — La vie individuelle n'a de prix que par ce qui la dépasse.
(1er vol., 4e partie, XI, p. 276.)

XXI. — « Voulez-vous rendre les jeunes gens heureux, apprenez-
leur à faire de leur vie une œuvre, et non une fête. » (1er vol.,
10e partie, X, p. 695.)

V. — ÉTUDE DE LA VOLONTÉ. — OBÉISSANCE. — CARACTÈRE

XXII. — « Il ne suffit pas d'avoir le désir de faire son devoir, il
faut avoir la ferme volonté de l'accomplir. » (1er vol., 4e partie,
XVIII, p. 289.)

XXIII. — « La faiblesse est le seul défaut qu'on ne saurait corriger. »
(LA ROCHEFOUCAULD.) (1er vol., 2e partie, LI, p. 136.)

XXIV. — « Les occasions ne rendent pas l'homme fragile, mais
elles le font paraître tel qu'il est. » (*Imitation*) (3e vol., 3e partie,
XIII, p. 221.)

XXV. — J'ai été un homme, ce qui signifie un lutteur. (GŒTHE.)
(1er vol., 3e partie, XX, p. 175.)

XXVI. — Il faut apprendre à obéir pour savoir commander. (1er vol.,
3e partie, XXIII, p. 180.)

XXVII. — Celui qui fait toujours tout ce qu'il veut, fait rarement
ce qu'il doit. (1er vol., 3e partie, XXV, p. 188.)

XXVIII. — Distinguer la violence de l'énergie ou de la force.
(2e vol., 6e partie, XXVII, p. 504.)

XXIX. — Commenter cet hémistiche de La Fontaine : « Je plie et ne
romps pas. » (1er vol., 3e partie, XLVI, p. 236.)

XXX. — « On ne s'appuie bien que sur ce qui résiste. » (ROYER-COL-
LARD.) (2e vol., 4e partie, XV, p. 271.)

XXXI. — « Quiconque n'a pas de caractère n'est pas un homme, c'est
une chose. » (CHAMFORT.) (3e vol., 3e partie, V, p. 191.)

XXXII. — L'indépendance absolue est une chimère, mais l'esprit
d'indépendance est bon. (3e vol., 3e partie, IV. p. 187.)

VI. — HABITUDE

XXXII. — « Un pas hors du devoir nous peut mener bien loin. »
(CORNEILLE.) (1er vol., 3e partie, XI, p. 155.)

XXXIII. — Nos défauts sont d'abord des passants, puis des hôtes,
puis des maîtres. (1er vol., 2e partie, XXXVI, p. 110.)

XXXIV. — « Celui qui, dans toute sa conduite, laisse longtemps dire

...de lui qu'il fera bien fait très mal. » (LA BRUYÈRE.) (2e vol., 5e partie, XXI, p. 377.)

XXXV. — Distinguer la vertu et la routine. (1er vol., 4e partie, VII, p. 267.)

XXXVI. — « Pierre qui roule n'amasse pas mousse. » Imaginer l'histoire d'une personne qui n'a jamais su se contenter de son sort et qui a exercé successivement sept ou huit métiers. Ces changements continuels l'ont réduite à la gêne : elle n'a rien amassé pour ses vieux jours. (1er vol., 2e partie, V, p. 37.)

XXXVII. — Comment faut-il entendre ce proverbe : « L'habitude est une seconde nature » ? Quelles conséquences pratiques faut-il en tirer ? (3e vol., 3e partie, XIV, p. 224, et 2e vol., 4e partie, XII, p. 261.)

VII. — MÉMOIRE. — IMAGINATION. — ASSOCIATION DES IDÉES

XXXVIII. — Danger du développement exclusif de la mémoire. — Rapports de la mémoire et du jugement. — Éviter d'encombrer la mémoire. (Cours de Philos., 13e Leçon de Psych., Notes complémentaires, p. 200.)

XXXIX. — Association des idées et éducation. (Cours de Philos., 14e Leçon de Psychol., p. 209.)

XL. — Du rôle de l'imagination dans la vie humaine. (3e vol., 3e partie, XX, p. 254.)

XLI. — Montrer comment on peut faire distinguer, par les jeunes enfants, l'imagination et l'intelligence, la sensation et le sentiment (1er vol., 5e partie, XXV, p. 437.)

VIII. — MENSONGE. — SINCÉRITÉ

XLII. — Le mensonge décèle une âme faible, un esprit étroit, un caractère vicieux. (1er vol., 3e partie, XVII, p. 287.)

XLIII. — Montrer que la franchise est la garantie de la bonne conduite, qu'elle implique un fonds de courage et de bonté et qu'elle fait le charme et la sûreté des relations. (1er vol., 4e partie, XXXVIII, p. 341.)

XLIV. — Distinguez la véracité, la franchise et la discrétion. — Que pensez-vous de ces vers de Molière :

> Il est bien des endroits où la pleine franchise
> Deviendrait ridicule et serait peu permise,... etc.

(3e vol., 5e partie, II, p. 339.)

IX. — DÉFAUTS : ÉGOÏSME. — INATTENTION. — BAVARDAGE

XLV. — « La mollesse et l'indulgence pour soi et la dureté pour les autres, n'est qu'un seul et même vice. » (LA BRUYÈRE.) (2e vol., 5e partie, XXX, p. 396.)

XLVI. — « Il faut faire ce que l'on fait. » (PLAUTE.) (2e vol., 4e partie, V, p. 238.)

XLVII. — Qui parle sème, qui se tait recueille. — Appliquer ce proverbe à l'éducation et à la vie en général. (1er vol., 10e partie, XII, p. 701.)

XLVIII. — Dans quel sens faut-il entendre cette maxime : « La charité bien ordonnée commence par soi-même »? (1er vol., 4e partie, p. 328.)

XLIX. — Qu'y a-t-il à dire en faveur du principe : « Charité bien ordonnée commence par soi-même », et comment faut-il l'entendre ? (1er vol., 4e partie, p. 330.)

L. — Dire ce que c'est que la *mauvaise humeur*. Montrer qu'elle est une forme de l'égoïsme et qu'elle ne saurait être habituelle à quelqu'un qui a bon cœur. (2e vol., 7e partie, p. 526.)

LI. — Égoïsme et charité. (2e vol., 6e partie, p. 492.)

LII. — Discuter ce jugement de Fichte : « Il n'y a qu'une seule vertu, celle de s'oublier soi-même en tant que personne, et un seul vice, celui de penser à soi. » (2e vol., 4e partie, p. 313.)

LIII. — Distinguer entre eux ces trois caractères : léger, distrait, inconsidéré. (2e vol., 7e partie, p. 547.)

LIV. — Commenter ces vers de La Fontaine :

> « Est-on sot, étourdi, prend-on mal ses mesures,
> On pense en être quitte en accusant son sort :
> Bref, la fortune a toujours tort. »

(1er vol., 3e partie, p. 167.)

X. — QUALITÉS : CURIOSITÉ. — COMPLAISANCE. — MODESTIE. — ORDRE. — DISCIPLINE. — AMITIÉ

LV. — De la curiosité. Ses avantages et ses inconvénients. Exemples pris dans vos souvenirs. (2e vol., 7e partie, VI, p. 533.)

LVI. — En quoi consiste la curiosité? Est-elle un défaut? En quoi est-elle un mérite? (2e vol., 7e partie, VII, p. 537.)

LVII. — La complaisance est une qualité qui peut dégénérer en défaut. Dans quelles circonstances cela est-il possible? (1er vol., 4e partie, XXI, p. 295.)

LVIII. — Il n'y a pas de honte à dire : « Je ne sais pas. » (1er vol., 3e partie, XXXII, p. 205.)

LIX. — Qu'est-ce que la modestie? Montrer par des exemples que la modestie rehausse toutes les autres vertus. (1er vol., 4e partie, XV, p. 283.)

LX. — La modestie et l'humilité. Les caractériser et les distinguer l'une de l'autre. (2e vol., 7e partie, XXVIII, p. 596.)

LXI. — « On ne doit ni se montrer, ni se cacher, mais se laisser voir. « (LA BRUYÈRE.) (2e vol., 7e partie, XXVII, p. 593.)

LXII. — Une place pour chaque chose et chaque chose à sa place. (1er vol., 2e partie, XXIII, p. 85.)

LXIII. — « Partout où n'est pas l'ordre, il faut nécessairement que se trouve l'ennui. » (MASSILLON.) (2e vol., 5e partie, XVIII, p. 369.)

LXIV. — Discipline et ponctualité. Avantages individuels et sociaux de ces deux vertus. (3e vol., 6e partie, XX, p. 519.)

LXV. — En s'inspirant du proverbe : « Dis-moi qui tu hantes, je te dirai qui tu es, » montrer combien il importe à l'enfant de bien choisir ses camarades. (1er vol., 5e partie, IX, p. 399.)

LXVI. — On ne peut que gagner en bonne compagnie. Exemples. (1er vol., 5e partie, X, p. 401.)

LXVII. — L'amitié ne peut exister qu'entre honnêtes gens, elle n'est pas faite pour les cœurs corrompus. (2e vol., 8e partie, I, p. 605.)

LXVIII. — La vraie et la fausse amitié. (2e vol., 8e partie, II, p. 608.)

LXIX. — « On ne peut être l'ami d'un homme, sans l'être d'abord de la vérité. » (S. AUGUSTIN.) (2e vol., 8e partie, XIII et XIV, p. 489 et 491.)

LXX. — Lettre d'un frère aîné à son frère pour le mettre en garde contre la trop grande facilité à contracter des amitiés. (1er vol., 6e partie, XVI, p. 473.)

LXXI. — Rien n'est si dangereux qu'un ignorant ami.

Mieux vaudrait un sage ennemi. (LA FONTAINE.)

Appliquer à l'éducation. (1er vol., 10e partie, XXVI, p. 754.)

XI. — SUGGESTION. — CONFIANCE. — DÉVOUEMENT. — ADMIRATION

LXXII. — Les exemples corrigent mieux que les réprimandes. (1er vol., 5e partie, IV, p. 389.)

LXXIII. — « Il ne faut pas réveiller le chat qui dort. Proverbe appliqué à l'éducation. » (1er vol., 5e partie, III, p. 387.)

LXXIV. — Mot de Socrate : « Que voulez-vous que je lui apprenne? Il ne m'aime pas. » (1er vol., 5e partie, XIV, p. 413.)

LXXV. — « Si vous voulez rendre les hommes bons, commencez par les rendre heureux. » Appliquer cette maxime à l'éducation. (1er vol., 10e partie, XI, p. 699.)

LXXVI. — On ne fait son bonheur qu'en s'occupant de celui des autres. (1er vol., 3e partie, XXXIV, p. 210.)

LXXVII. — Sur l'admiration : apprendre à admirer plutôt qu'à blâmer. (Cours de Philos., 22e Leçon de Psych., Note complémentaire, p. 326.)

XII. — RÉPRESSIONS. — SANCTIONS. — PUNITIONS ET RÉCOMPENSES

LXXVIII. — « L'esprit du christianisme n'est pas un esprit de crainte, mais un esprit de force, de charité et de modération. » (Saint PAUL à Timothée). Expliquer cette parole au point de vue de la pédagogie chrétienne. (1er vol., 10e partie, XXVII, p. 756.)

LXXIX. — Commenter ces paroles de saint Paul au point de vue de la pédagogie chrétienne :

« Pères, ne provoquez point vos enfants à la colère, mais élevez-les en les instruisant et les corrigeant selon le Seigneur. » (Éph., ch. vi, 4.)

« Pères, ne provoquez point vos enfants à la colère, de peur qu'ils ne deviennent pusillanimes. » (Coloss., ch. iii, 21). (1er vol., 10e partie, XXVIII, p. 758.).

LXXX. — « Il est plus facile de former que de réformer. » (S. FRANÇOIS DE SALES.) (1er vol., 10e partie, XVII, p. 719.)

LXXXI. — Montrer par des exemples combien les hommes sont habiles à trouver de mauvaises raisons pour justifier une mauvaise conduite. (2e vol., 7e partie, XV, p. 563.)

LXXXII. — Un élève vous dénonce un de ses camarades qui a commis une faute. Que lui répondrez-vous? (1er vol., 5e partie, XVIII, p. 421.)

LXXXIII. — « Soyez-vous à vous-même un sévère critique. » (BOILEAU.) Exemples littéraires et moraux. (1er vol., 3e partie, XIV, p. 163.)

LXXXIV. —   ... Aimez qu'on vous censure,
          Et souple à la raison corrigez sans murmure;
          Mais ne vous rendez pas dès qu'un sot vous reprend...

Qualités d'esprit et de caractère nécessaires pour mettre en pratique ce conseil de Boileau. (2e vol., 1re partie, XXII, p. 101.)

LXXXV. — « Soyez sévères à vous-mêmes, indulgents aux autres. » (Mme DE MAINTENON.) (1er vol., 3e partie, XXXVIII, p. 220.)

LXXXVI. — Différence entre agir et s'agiter. — Exemples. (1er vol., 5e partie, V, et 2e vol., 7e partie, V, p. 391 et 530.)

LXXXVII. — On récolte ce que l'on a semé. (1er vol., 2e partie, IV, et 2e vol., 4e partie, X, p. 34 et 254.)

LXXXVIII. — Biens inhérents à la vertu et maux inhérents au vice. (1er vol., 4e partie, VIII, p. 269.)

LXXXIX. — La charité trouve en elle-même sa récompense. (1er vol., 4e partie, XXXV, p. 333.):

XC. — « Le plus grand plaisir est de faire celui d'autrui. » (Mme DE MAINTENON.) (1er vol., 3e partie, XXXV, p. 214.)

XCI. — « Qui se contient, s'accroît. » Application de ce proverbe. (3e vol., 5e partie, VIII, p. 364.)

XCII. — Chacun est le fils de ses œuvres. — Application. (1er vol., 2e partie, XIV, p. 62.)

XCIII. — L'homme est puni par où il pêche. (2e vol., 4e partie, XI, p. 257.)

XCIV. — « Une erreur grossière est de croire que l'oisiveté puisse rendre les hommes plus heureux. » (VAUVENARGUES.) (2e vol., 5e partie, XIX, p. 371.)

XCV. — « L'orgueil déjeune avec l'abondance, dîne avec la pauvreté et soupe avec la honte. » (FRANKLIN.) (1er vol., 3e partie, XXIX, p. 199.)

XCVI. — C'est dans la négligence des petits devoirs que se fait l'apprentissage des grandes fautes. (1er vol., 3e partie, XII, et 2e vol., 5e partie, X, p. 157 et 347.)

XCVII. — Qui compte sans son hôte compte deux fois. (1er vol., 2e partie, XXXV, p. 109.)

XCVIII. — « L'expérience tient une école où les leçons coûtent cher, mais c'est la seule où les insensés peuvent s'instruire. » (FRANKLIN.) (2e vol., 4e partie, XVII, p. 276.)

XCIX. — « La plupart des hommes emploient la première partie de leur vie à rendre l'autre misérable. » (LA BRUYÈRE.) (3e vol., 5e partie, XX, p. 407.)

C. — L'homme n'est jamais heureux lorsqu'il sort de la voie droite, et, en fait, toute mauvaise action est toujours une mauvaise affaire. (3e vol., 5e partie, XXI, p. 410.)

XIII. — ENSEIGNEMENT. — POÉSIE. — LECTURE. —
MÉTHODE

CI. — L'enseignement est l'action d'une intelligence sur des intelligences, d'un cœur sur des cœurs. (1er vol., 5e partie, VI, p. 392.)

CII. — Le but des études est avant tout de créer l'instrument du travail intellectuel. (1er vol., 5e partie, VII, p. 394.)

CIII. — Montrer qu'on a donné à l'étude des belles-lettres le nom d'*humanités*, pour qu'elles développent dans l'homme les meilleures qualités de l'esprit et du cœur. (2e vol., 1re partie, I, p. 16.)

CIV. — « J'aime les sciences ; chacune d'elles est une belle application partielle de l'esprit humain ; mais les lettres, c'est l'esprit humain lui-même. » (NAPOLÉON.) (3e vol., 1re partie, XIV, p. 69.)

CV. — Du rôle de la poésie dans l'éducation, à propos de ce texte : Pensez-vous, avec Platon, que les poètes soient inutiles dans la république? (1re vol., 10e partie, XLIV, p. 837.)

CVI. — Fénelon, ainsi que Platon, veut que le poète emploie son talent en faveur de la sagesse, de la vertu et de la religion. C'est à ce rôle qu'il borne l'action de la poésie. — Êtes-vous de son avis? (2e vol., 1re partie, XX, p. 90.)

CVII. — On a dit que les œuvres littéraires doivent s'apprécier d'après leur élévation morale. — Est-ce votre avis? (3e vol., 1re partie, VI p. 33.)

CVIII. — « Le vers se sent toujours des bassesses du cœur. » (BOILEAU.) (2e vol., 1re partie, XXI, p. 93.)

CIX. — Vous racontez à un ami, dans une lettre, comment vous lisez vos auteurs en vue de devenir plus instruit et meilleur. (2e vol., 1re partie, II, p. 19.)

CX. — Un bon livre est un bon ami. (2e vol., 1re partie, III, p. 25.)

CXI. — Influence des bonnes lectures sur l'esprit et sur le cœur. Motifs qui doivent nous en inspirer le goût. (1er vol., 5e partie, XII, p. 408.)

CXII. — Analyser la fable *l'Hirondelle et les petits oiseaux*, et faire ressortir l'enseignement qu'elle contient. (2e vol., 3e partie, p. 183.)

CXIII. — Analyser la fable *le Vieillard et les trois jouvenceaux*, et mettre en relief l'enseignement qu'elle contient. (2e vol., 3e partie, p. 207 [1].)

CXIV. — Un jeune instituteur demande à son ancien maître comment il doit procéder pour enseigner l'orthographe, surtout celle des verbes.
Faire la réponse de l'ancien maître. (1er vol., 10e partie, XXXVIII, p. 799.)

CXV. — Comment pensez-vous que l'on doive procéder dans l'enseignement de l'analyse soit grammaticale, soit logique? Donnez quelques notions simplifiées d'analyse logique. (1er vol., 10e partie, XXXIX, p. 807.)

---

[1] Outre ce sujet et le précédent, on peut lire, dans ce second volume, toute la 3e partie. — Dans le 1er volume, 8e partie, de XV à XXIV inclusivement, et dans la 7e partie, on peut lire aussi quelques fables en prose, qui sont des sujets pédagogiques.

CXVI. — Exposer l'importance de la ponctuation et le soin qu'il faut y apporter. (1er vol., 10e partie, XL, p. 813.)

CXVII. — Montrer les relations de dépendance qui rattachent la ponctuation à l'analyse logique.
Étudier à ce point de vue une fable de La Fontaine. (1er vol., 10e partie, XLI, p. 814.)

CXVIII. — Les règles de la versification étant connues, comment procéderiez-vous pour former vos élèves à les appliquer ? (1er vol., 10e partie, XLIII, p. 827.)

XIV. — CONSEILS POUR LA COMPOSITION FRANÇAISE

CXIX. — La dissertation et les premiers principes. (3e vol., 1re partie, 1 *bis*, p. 6.)

CXX. — Un jeune homme se prépare, comme vous, à l'École des Mines de Saint-Étienne, et il vous demande des conseils pour la composition française. Répondez-lui. (3e vol., 1re partie, II, p. 13.)

CXXI. — Manière de présenter une même question morale ou de philosophie aux différents cours. (Méthodologie de l'Ens. de la Phil., ch. II, 3, p. 36.)

CXXII. — « Accoutumez-vous à ne parler que pour dire quelque chose. » (JULES SIMON.) (1er vol., 1re partie, VIII, p. 23.)

CXXIII. — Deux aspirantes s'entretiennent de la façon différente dont elles se sont occupées pendant les huit jours qui ont précédé l'examen. — Dire quelle est la meilleure des méthodes suivies, et pourquoi. (1er vol., 1re partie, VII, p. 20.)

CXXIV. — Manière de penser et d'écrire d'Eugénie de Guérin, d'après son *Journal*. (1er vol., 10e partie, XLV, p. 847.)

38094. — Tours, impr. Mame.